国家出版基金项目

現代琴學叢刊

琴人尋訪錄

唐健垣 ◆ 著

重慶出版集團
重慶出版社

琴人尋訪錄

唐健垣 著

畊生署

孫毓芹先生署簽

唐健垣（1946— ）

台湾师范大学中文系学士（1967—1971）

香港中文大学甲骨文硕士（1971—1974）

康州维思大学民族音乐学博士（1979—1983）

任教于香港中文大学音乐系（1971—1974）

任密歇根大学访问教授音乐学、甲骨学（1983—1984）

任香港演艺学院中乐系主任（1984—1992）

　　唐健垣祖籍广东南海，生于香港。早岁从国学大家饶宗颐教授游，听其琴并琴谱、琴论二种文献之研究导引，奠定技、艺、学、道四层次之修习方向。后师承梅庵派吴宗汉、王忆慈，泛川派蔡德允、山林派孙毓芹、虞山派吴景略等琴家，复请益于岭南派杨新伦、川派王华德诸先生。

　　唐健垣大学时编成3000页琴学巨著《琴府》。

　　唐健垣操琴六十年，中岁后渐成自家面貌，雅静圆润、苍古绵长。诚如《太古遗音》所谓"孤云之在太虚，因风卷舒，久而不散"，刚柔、连断、繁简变化万端。更擅用吟猱，充分展现中国传统音乐之精髓，知音人推许为"唐门琴韵"。

唐健垣得孙毓芹、吴景略传授斫琴、修复技艺,收藏唐宋明清老琴过百张,修复百张。从青年至今,斫琴从未间断,佳器得成,妙音满指,为海内外琴友珍视宝藏。

另外,唐健垣在甲骨文、粤曲、地水南音、紫砂壶、普洱茶收藏、红学等领域都有极深造诣,人以"杂家学者"称之。

《琴府》由唐健垣编纂,上册与下一、下二册分别于1971年、1973年在中国台湾出版,书稿达5000页,部分内容缩印,成书3000页,是当代琴学史上的巨著。饶宗颐先生命名为"琴府",并亲笔题名。饶先生在《琴府》序中写道:"……琴学大行,当拜生琴籍流传之赐。而生之所造,亦浸浸焉追踪杨时百而上之,余将拭目以俟之矣。"

五十年来《琴府》再版多次,对港澳台地区及海外古琴发展起到了"实质性的推动作用"。

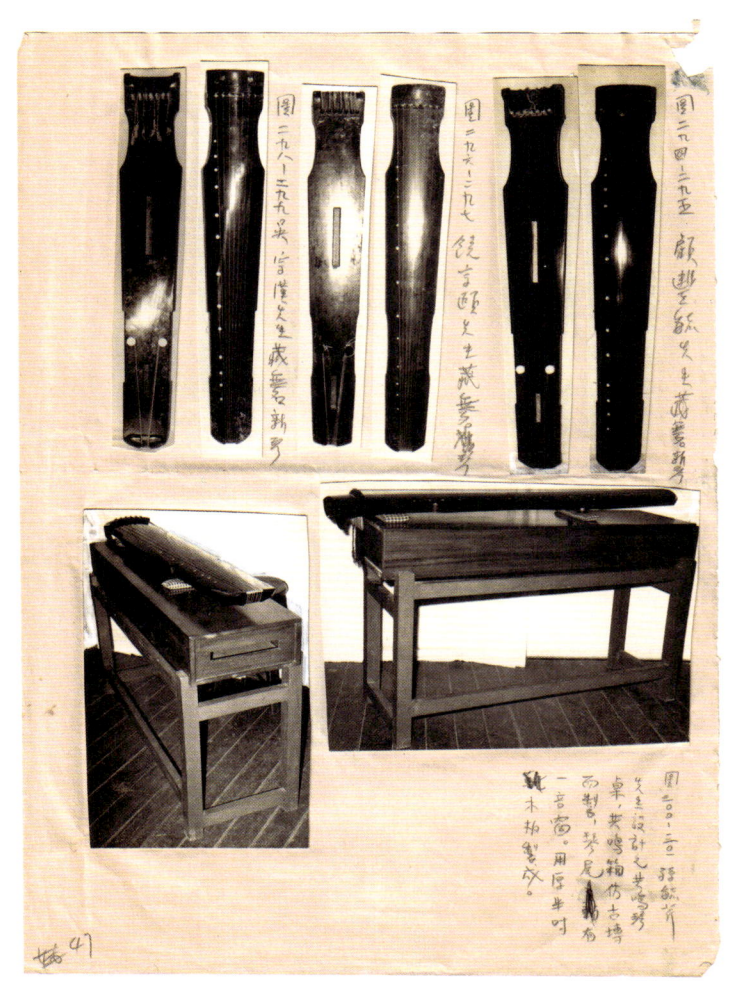

《琴府·近代琴人录》书稿
孙毓芹先生设计之共鸣琴桌,共鸣箱仿古砖而制,琴尾有一音窗,用厚半寸木板制成。

饶宗颐先生为《琴府》署签

近代琴人錄

唐健垣 編

孙毓芹先生为《琴府·近代琴人录》署签

目錄一覽表

	琴人 姓名	性別	年齡	國籍	居住地	我曾否見過	是否認識	曾聽奏琴否	琴府總頁碼
1	三谷陽子	女	87	日	日本				一五四五
2	月溪法師	男		中	已故	✓	✓	✓	一五四五
3	王正平	男	25	中	中國台灣台北	✓	✓	✓	一五四七
4	王令聞	女		中					一五四八
5	王叔岷	男	57	中	中國台灣台北	✓	✓		一五四九
6	王海燕	女	25	中	中國台灣台北	✓	✓	✓	一五四九
7	王進祥	男	57	中	中國台灣台北				一五五〇
8	王憶慈	女		中	中國台灣台北	✓	✓	✓	一五五一
9	吉川良和	男	26	日	日本				一五五二
10	安小方	女	23	中	中國台灣台北	✓	✓	✓	一五五五
11	朱小竹	女	17	中	中國香港	✓	✓	✓	一五五五
12	朱元明	女	25	中	美國	✓	✓		一五五七
13	朱家龍	男		中	中國台灣台中	✓	✓	✓	一五六〇
14	朱雲	男	66	中	中國台灣彰化	✓	✓	✓	一五六二
15	何覺	男		中	中國香港	✓	✓		一五六三
16	吳永猛	男	68	中	中國台灣台北	✓	✓		一五六三
17	吳宗漢	男		中	中國台灣台北	✓	✓	✓	一五六三

琴府 近代琴人錄 目錄一覽表

	18	19	20	21	22	23	24	25	26	27	28	29	30	31	32	33	34	35	36	37	38	39
琴人姓名	呂伯友	呂佛庭	呂振原	呂培原	李文芳	李少琦	李若蘭	李傳愛	李殿魁	汪振華	沈一忠	貝洛	屈志仁	岸邊成雄	林月里	林風	祁偉奧	邱碧漪	侯濟舟	柳希廬
1	男	男	男	男	女	女	女	女	男	男	男	男	男	男	女	男	男	女	女	男
2	31		41	40	67		63	57		76	57	28	26	36	59			32		72	57	
3	星	中	中	中	中	中	中	中	中	中	中	美	中	日	中	美	中	中	中	中	中
4	星洲	中國台灣台中	美國	中國香港	中國台灣台北	中國台灣台北	中國台灣高雄	中國台灣台北	中國台灣台北	中國台灣台北	中國台灣台北	美國	中國香港	日本	中國台灣台北	中國香港	中國台灣台北	中國台灣台北	中國香港	中國台灣台北	中國台灣台北
5		✓	✓	✓		✓	✓	✓	✓	✓	✓		✓		✓	✓	✓	✓	✓	
6	✓	✓	✓	✓		✓	✓	✓	✓	✓	✓	✓	✓		✓		✓	✓	✓	✓	✓
7			✓	✓		✓		✓		✓	✓								✓	✓

	頁碼
18	一五六五
19	一五六六
20	一五六六
21	一五六八
22	一五六九
23	一五七〇
24	一五七三
25	一五七六
26	一五七七
27	一五七七
28	一五七九
29	一五八〇
30	一五八一
31	一五八二
32	一五八三
33	一五八四
34	一五八四
35	一五八五
36	一五八六
37	一五八六
38	一五八七
39	一五八七

一五二四

琴府 近代琴人錄

三谷陽子 月溪法師

三谷陽子：女。日本人。年齡不詳。居址不詳。據前年張世彬先生從日本的來信說：「三谷女士旋臺時曾隨汪振華氏習小曲，陽關是其一也。現而隨弟從頭開始練習。」

藏譜：不詳。

藏琴：張世彬先生來函說三谷女士有「新琴一張，香港造，前年在臺灣買者。」唐按：張先生給我的信每每把在香港買到的內地琴都徵「香港琴」，可能三谷女士的琴亦是內地出品，而非香港造。香港只有一家秦楊記樂器店偶然造琴出售，產量很少。

月溪法師：男。已故。一九六七年九月，我尚住香港，正二十四重到香九有學，有兩信箋同學的邵部進，在作殷行。走到沙田萬佛寺邊的一個小殷門口，我息然感到殷中藏有古琴。於是跑到殷裏找尋，果然在月溪法師的金身後面看到一張破琴。月溪法師的金身，故師的金身後面有一張破琴，四周用繩十圍起來。不記是得在殷中給信家侍奉，四周用繩十圍起來。站得近一點看不清楚，站得近一些，那琴上層厚的舖太近，站得遠看不清楚，也不會注意到原3，二合埃，若非有特別蕾感，也不會注意到原來友向手下面有一張琴。當下我向老培人請教。她耳聲眼矇的，光說不明白，叫我找琴期請教。他耳聲眼矇的，光說不明白，叫我找琴期天來問。「吳先生」到得星期夫，我又趣到那兒找吳先生，乃是年約五十歲的一位浙江人。吳先生說月溪法師是他的叔父。法師數十年前在大陸曾經買了一批梧桐，請工人造了三十六張琴，侯赐張他擊琴的弟子，數十年間已散失殆盡，現在被辯下新琴三張，古琴二張，隨後吳先生帶我到樓上看到另兩張，及兩張新琴，已經塵封很久了。法師生前用的琴譜已找不到。事後我將此事同脆道堂教授問及，脆老師說：「月溪法師十年前曾在沙田累行一次辦集，雅香林敦授、蔡懷先女士和我都參加，他只有八個手指，無名指在小指已斷在佛南嶼了，所以很少彈琴」前年（一九七○年）夏敘由臺北回香港度假，和四子詩谨又去沙田拜訪吳先生，把月溪法師的玉張琴拍了照片。振萬佛寺所卻行的月溪佛戒造記

琴府　近代琴人錄　月溪法師

法師俗姓吳，原籍浙江錢塘，十九歲在上海震旦大學肄業，後即決志出家，在國內南北十餘省請經數百會，和平後重返香港，在沙田創建萬佛寺。歷時七載，一九六五年陰曆三月二十三日涅槃。住世八十七載。云云。萬佛寺眾弟子因法師的肉身埋葬半年後不化，以為已得金剛不壞之身，成為肉身菩薩，乃脂法身加漆鋪金，誓置在神殿中供奉。

藏譜：不詳。
藏琴：五張。

① 一天紋（圖88、89）。樣上近乎列子式。康熙式。紅棕色。螺細徽。長方池沼。有圓眼。木晶軫玉足。琴面有小蛇腹斷紋。琴底夾小蕉葉斷紋及小蛇腹斷紋。面板似是桐木。底板是杉木。漆厚。這張琴四周已刮落了多片灰漆。顯然日久無人整理。絃軫欹池。當日未咐上絃試彈。音色如何不得而知。琴底龍池上刻了琴名「一天紋松書」。池下刻了四行篆文。內容是：

　龍池兩側刻：
　　　托清音之雅趣
　　　樂吾道之自裳
　池下刻了四行篆文。內容是：
　　明大司
　　禮吉燕
　　達知況
　　氏飾製

② 靜遠（圖90、91）。仲尼式。黑色。螺細徽。長方池沼。池沼鑲邊。黃色角軫。木足。赤似是桐質。靜遠兩篆文。刻在底板頸部。池下到小字三行：
　琴材得自於南康贛白雲寺中畫明萬曆時物也。光緒廿二年正月
　嶺南鄧爾雅鑒于何奎齋造。
字內填綠也。「又路方印篆文。填朱色。依山脇。則這張琴是明朝木材。清本聲威琴。因琴齡尚淺。無斷紋。

③ 無名舊琴（圖92、93）。仲尼式。黑色。紅漆作微。善方池沼。有圓眼。不軫。角足。無厭文。底南部是極知篆斷紋。卒是古均。

④ 一天紋（圖94、95）。新琴。仲尼式。黑色。螺細徽。長方池沼。池沼同竹鑲邊。有鳳眼。木軫不足。無斷紋。這是月溪法師多年前請工匠造的琴之一。琴振難。是桐木所製。琴底銘文因鑲前造的明明琴。天紋二字。面型式則是仿解造。底板前部刻榕「一天紋三字」。龍池兩旁刻
　　　托清音之雅趣
　　　樂吾道之自裳

琴府　近代琴人錄　月溪法師　王正平

池下刻了四行篆文：

古漢八
指老衲
月溪監
工雅製

因是「監工雖嚴」而不是親製，此琴板的厚薄、漆的成分、手工等都不合規格，焦尾是用夾板之類雜木貼上，排牽為虎。

圖一天欸（圖96、97）新琴，仲尾式，黑毛，衰已達天長方池沼，池沼有鳳邊，有圓眼，鈴已達天桐木，漆脫落不存。木足。無斷紋。面板是請工匠造的琴之一，和上述第四場琴一樣，此琴長琴為尼龍支仿明第一天欸，型式刻仿辭通，底板頭刻到「一天欸」三字，龍池兩旁刻楷書二行：

抛清吾亡雅趣
繁辛逞己自吳

工眠覺
良家室
話車情
古漢八

大振是因為工匠不僅篆文，把刻到字的原稿紙倒故了，連張琴的手工、製作很差。

王正平：男，二十五歲，原籍浙江杭州，在香港生長，國立臺灣大學外文系畢業，正平對國樂很有興趣，在求學期間曾組織國樂團友誼「中國樂社」，正平特會請得國、新地址將來可以試問吳宗漢老師。正平特別居美國，新地址將來可以試問吳宗漢老師。培原先生反本人重詞。我知正平在臺北相識四年，私交很好。在香港唸中學的時候，正平跟昌培原先生學通錢年琵琶，來臺後曾認以琵琶拜到全國國樂比賽選拔，打擊過高作的演獎。此外還有名的年音樂人，一九六九年十一月我介紹他向吳宗漢老師學古琴，並把競奈頤老師借給我的張明鬢譜借給他使用。正平學了三個月，學到〈仙翁操〉、〈秋風詞〉、〈闊山月〉、〈湘江怨〉、〈陽關三疊〉，跳支來新六田、前年五月二十一日我在國立臺灣師範大學的大禮堂舉辦了一個「古琴音樂欣賞會」，正平擔任陽關三疊獨奏，獲來正平因為忙於應付功課而停止練琴，現在可能已把都令琴曲忘記了。但我深信以他的聰明能幹，後照琴譜自行練習，隨時可以恢復起來。特未正平儒唐海外，有志學琴的人士，不妨向他聯絡請教。

藏譜：①所學各曲的抄本。
　　　②新傳理性元雅。四卷。明張廷玉撰。精裝一冊，臺北大華印書館據明刊本影印。唐接：正平在臺北從書攤買到明萬曆刊本「神奇秘譜」的影印

一五四七

琴府　近代琴人錄　王正平　王令聞

琴府

本一函三冊，永化送了給我，我回贈他一本新傳理性克雜，神奇秘譜現已洋加校訂，影入琴府上冊。

藏琴：無。

王令聞

女，年齡、籍貫、現址都不詳。我與王女士未見過面。一九六二年，胡瑩堂先生病歿在臺灣高雄市樂轉畫廊。孟阿康古琴，其中一張新琴名為海潮音，為王女士所藏。振胡先生亲给我的说明云：「琴係本年夏胡瑩堂挍古法監製，蘇奎珠造，蘇名高雄市人，居陪福便進堂楹畫店内。髹古琴在李萬尚未前閒，菇試造成功，殊為難得，此琴現由瑩堂贈與王令聞女士。」琴是仲尼式，無斷紋，藤客天斫先生玩，王女士是位畫家，跟胡先生学琴，現居海外。琴是用舊日李筝的面板改斵。容先生以前亦有一張涌湖音，已條給王进裤先生，亦是蘇奎林造。胡先生說：「當古琴在本省尚未前閒，在此之前珠城不先生已當用手工製琴一張，後來送給韓娲塘先生的千金。韓先生不會彈琴。但素于對琴的愛好。曾統印行琴谱小冊子若干種，流传琴樂入門，答曉及春草堂琴譜書的幾本琴曲，以前来臺的初期，人很默之琴谱，韓先生對維持琴樂於一線有一定的功勞。韓先生去年初在臺北病逝，附訊於此。

藏琴：海潮音、新琴、仲尼式，是用舊日本琴的面板改製成的。詳情請容看上文。又按：胡先生的附录古琴小檔寫於一九六二年元月，而說明則云係本年夏造。想本年夏是指一九六一年夏，因新曆一九六二年元月時，農曆尚未過年之故。

增订本序

我 1967 年负笈台北，次年大二起得从梅庵琴家吴宗汉、王忆慈贤伉俪学琴。课余我偶然说及，在港念初中时曾想学琴，而患无师无琴无谱，若非高三时有幸拜于饶宗颐教授门下问甲骨文于琴理，恐久已绝学琴之念。饶师勉励我学琴有成之日，要编琴书金针度人。饶师说，书中不单应有正确周详之谱，最要是列出所知各地琴人的地址、师承、能曲等资料，方便有心人寻师交流，是为"己达达人"。

吴师闻言称妙！认为当时我虽未能教琴，但编辑琴人资料可尽早展开。我中学时已熟读诸子、说文解字，于是文史、英语、体育等课付"月薪"请一阮同学代签到，我则"溜课"编书，查访琴人。大二暑假回港和已毕业的大学学姐赖咏洁结婚，同回台后勤力编纂《琴府》。大四毕业时，一千六百页的《琴府》上册先出版，主要是唐宋明清谱之编集注释，下册五线谱、简谱、琴论文、琴人录，则到 1973 年才面世。

三千页的《琴府》早年在港澳台地区及海外稍解琴人觅谱寻师之难，但近时科技一日千里，琴谱、琴人资讯，何患不得？拙编《琴府》是功成身退之时矣！

文友严君晓星慧眼青及，认为《琴府》下册《近代琴人录》记 20 世纪 50 年代至 70 年代港澳台海外琴坛琐事，虽雪泥鸿爪，未尝无参考价值。近日国人习琴雅兴高涨，多欲追踪当时陈迹。倘若敝人能于风烛之年，提朽笔成《琴人寻访录》重新梓行，或有如清宫最后太监记前朝野史，可助谈资。数年前我不自知一己之慵懒，大胆轻诺，致连年不敢接严兄催稿电话。现草草成书以塞责，实在愧对严兄！误购本书者请谅唐公之辞费啰嗦，然老人清心秉笔而书，自觉不偏不颇，若有误记妄评，大雅君子请勿自动对号入座是幸。本书之成赖琴徒安葆岩、邝慧敏教学之余倾力相助查证旧资料，严晓星兄、罗乐兄及编辑人员无私援手，再谢！增补图片多为自藏，个别来自他人著作，皆已注明出处，一并致谢。

唐健垣

二〇二一年辛丑秋序于深圳琴府

原　序

　　前几年我对古琴发生兴趣，想开始学琴，不料找了两年，问遍不少朋友，都找不到一个琴师，想买本琴谱自己学习，又买不到琴谱，一拖再拖，差一点要打消学琴计划了。后来幸亏得投在吴宗汉老师门下，不致希望落空，但是我不禁要问：中外各地，每年会不会有很多人想学琴，因为找不到琴师而结果学不成呢？这是一个不容忽视的问题，我们现在常常说古琴日渐被人遗忘了，这是不是事实？我窃以为，如果能够使有志学琴的人都能够找得到琴师，琴坛岂不是多了一支生力军吗？为了要使每个要学琴的人都可以很轻易地查到中外各地能够弹琴的人的姓名地址，我决定编一本近代琴人录。

　　在我的构想中，这本书要有各地琴人的姓名、性别、籍贯、地址，以备青年人能推测出对方的特长、造诣；要有琴人所能弹琴曲的详细目录，以便青年人有所选择，不致去拜师之后，才发觉对方所能教的琴曲，自己早已跟别人学过；要有琴人所藏琴谱的目录、版本说明，以便要访某种特别琴谱的人可以去借观、借抄，又使有心印行琴谱流传天下的热心人可以按址去借印，求出让（至于成功与否就看诚意够不够感动对方了）；要有琴人所藏琴的详细说明和琴的照片，以使青年人能够多认识有关琴的学问……这是构想，也是理想，可惜未能全部实现。

　　从1969年秋天开始，承廖德雄先生借出镁光灯、余迺永同学借出照相机，我和内子咏洁就在整理、校订、翻译琴谱之余，开始访问琴人的工作。靠师长和琴友的帮助，我们辗转地得到了不少琴人的姓名住址，住在海外的琴人，我们就寄给他一张《琴人调查表》，请对方自行填好连同他的玉照，和他所藏的琴的正面、背面照片一起寄回来；住在台湾和香港的琴人，我们就亲自去拜访、记录、拍照。两年之间走遍台北、台北近郊、台中、彰化、高雄、凤山等地方，也特别回香港两次，结果访问了八十多位琴人，加上靠通讯调查到的数目在一百人以上。我相信国内外一定有不少琴学宗匠和初入门的新进未为我们所知，在内地的八十六位琴人（1956年），更是无法闻问了。

在茫茫人海中找琴人，是很不容易的，师友所提供的琴人地址有时而穷，那就靠我们自己去发现了。我们很留神地倾听琴友及朋友的谈话，希望从中听到一点线索找到一位琴人，在台北路上听到别人房子中传出琴声，就赶快去敲门，看看是有人在弹琴，还是有人在电视上演奏古琴，还是屋主人在听琴曲唱片（爱听琴曲的人有时也可以提供一点琴友的消息），总之是决不放松。在路上看到老远有人提着像是琴盒的东西，也要赶上去查个明白，其经过情形既辛苦，又有趣。有一次我和咏洁坐脚踏车经过台北泰顺街一条小巷，忽然听到一间屋子中传出洪亮的琴声，我立即断定是有人在电视上弹《归去来辞》，又从其拍子断定演奏人不是吴宗汉老师的学生，其人我们一定未见过，于是火速跳下车，前去拍门，希望看看演奏人的样子，和看看电视台访问员怎样称呼他的名字。不料屋中人要等到琴曲奏完了才来开门，急得我俩差一点要爬墙而入！到我们说明来意，冲进客厅里去看的时候，只看到画面上一个小姐的背影了。过了几个月我们才找到演奏者安方小姐。

这两年之中，我们所带的除了照相设备之外，尚有一袋衣服（预备到远地访问后就地住一夜旅店）、一批修琴工具、上弦工具，随时为琴友服务，那时扛这批东西觉得很辛苦，现在倒很怀念那段日子。唯一遗憾的是，没能把所有琴人的演奏录下音来，一方面是缺乏录音机，另一方面是大多数琴友都不肯录音。

十年前，琴正女士为了访琴师，要在报刊上刊登启事，结果找到了胡莹堂老先生。三年前一位六十多岁的陈冕之先生为了访琴师，从美国坐飞机来到台北，住在酒店中，几经朋友介绍，才找到吴宗汉老师，学了数曲，又飞回美国去，着实花了不少金钱和精力。像他们这种锲而不舍的精神固然可佩，但假如琴正女士早知道胡先生的地址，就不必登报了；如果陈先生早知道美国加州有吕振原先生可以教他弹琴，也就不必千里迢迢地飞来台北了！

现在《琴人寻访录》的面世，或多或少地总能为要学琴的人提供一些访师的希望。固然，书中所收录的琴人不一定个个都弹得好，但专家未必便是好老师，能够找到一位琴人指导怎样看琴谱，亦可自修一二了。又十年、二十年之后，部分琴人的地址可能改变，不过琴人之间是常常联络的，只要找到其中一两位琴人，自然可以找到琴师。

这部书之所以名为《琴人寻访录》而不叫《琴家寻访录》，主要是因为书中所录的人很多是初入门的人，称为琴人最适合。至于日常被记者及外行乐人、半外行人士尊称为琴家的琴人其实亦不少，为了免于鱼目混珠，只有一概称为琴人，至于真正的琴家是谁，将来自有定评，也不必我指出了。

以前弹琴的人很喜欢讲琴派，分派之法，有的是以琴人的地域区分，有的以琴人的职业、身份区分，有些以琴人所遵用的琴谱来源区分，有些以琴人的味道、表现来区分。近世各地交通频繁，战后各地琴人互相影响，琴人又常常变换身份，上面的分派方法已不大适用了。我发觉四十岁以上的琴人要为他分派，尚有一些头绪，年青的琴人要谈派别，那是名实不大相合了。

经过长久考虑，我决定在录中不妄谈各琴人的派别。

至于古琴年代的鉴定，我是根据琴名、琴式、琴材、手工、制度、音色、铭文、题识、刻工、灰漆成分、断纹形式等来加以考证的。我所见的八十张古琴之中（清朝或清朝以前造的琴，我叫它做古琴），有不少是有很可信的铭文、题识来指出其制造年月的。我以这些琴的资料做标准，参以从书本及经验中（我曾经制造三张琴、修过十多张琴，并把若干琴破腹）得到的知识，作为鉴定的依据，为其他各琴定下一个时代，供各琴友参考，至于我的鉴定是否一定准确，那就不敢担保了，尚请琴学方家指教。

关于各琴的断纹，我大体上采用传统宋明以来的名称：梅花断、流水断、牛毛断、蛇腹断、冰裂断，以及新加的蕉叶断等，宋明人书中所说的"龙纹""龟纹断"名称则不采用。问题是古人对各种断纹名称的解释并不十分明确、统一，每每同一种断纹或形式而不同的琴人有不同的名称。有时候两个琴人口中所说的"蛇腹断"却原来是指两种不同的断纹！这其间的误会可就大了。我曾经对这八十张古琴的断纹细细记录、分析，希望将来能够把我的见解整理出来，订立一套较为周详而正确的断纹名称。现在手头缺乏各种断纹的放大照片，暂时没法一一举例，尚请各琴友原谅。我从事访问之初，对各种断纹的界说仍未整理好，在这本书中很可能出现断纹名称不统一，不符合我自己后期主张的情形，现在一时也不能改正。幸而我编《琴人寻访录》的重点在人不在琴，在道不在器，断纹及考证上如有偶误，那影响也不至太大。最后有一件心得要贡献给各位的，述于下：

宋明人所说的琴不历三百或五百年不出断纹，多少年出何种断纹，再过多少年又出现何种断纹云云，是不可信的。据我研究，年代只是出现断纹许多条件中的其中一个条件；此外，琴木质的软硬、水分、油质、胶质的多寡，琴板的平直、弧度（影响灰漆拉力），琴板上的木节（即树枝接连树干之处），琴板上的木钉、竹钉、铁钉、灰、漆的质料，调灰漆的比例、灰漆的厚薄，木和灰漆之间是否有加一层布或纸，数百年间琴所在地的天气、湿度、环境等才是最能影响"出不出断纹""出什么断纹"的原因。至于"琴不历三百（或五百年）不出断纹"云云，是夸大的，据我所记录，一百二十年的琴已经出小蛇腹断纹，至于灰漆出零散"断痕"，而未成图案不叫做"断纹"的，那就更是不必一百年了。

在我和内子访问琴人期间，得到各琴友的帮助、合作、招待，我俩万分感激，希望以后各地琴友常常提供有关其他琴人的姓名、地址，以便我们去访问，把这个《琴人寻访录》变得更完备！是为序。

唐健垣

1972 年 7 月于香港

（时已毕业离台）

简体版整理说明

1. 原书为手写繁体竖排，今录入整理为简体横排，在可能产生歧义时，酌情保留繁体字或异体字，标点符号按现在使用规范作适当调整。

2. 整理时，个别明显的错字，均径改，不出校记。为保持原貌，部分音译名称与现用名称不相同的，一仍其旧，不作修改。

3. 原书正文部分皆改为公元纪年。

凡　例

一、本书以收录现代琴人为目的，凡曾学琴，能看减字谱者，谓之琴人。其本身不弹琴，而藏有新旧七弦琴，且常与琴人往来者，亦附录数人。

二、各人不论其性别、国籍、年龄、身份、造诣，依姓名笔画先后为序。

三、外籍琴人以其中文姓名笔画先后为序。

四、已故琴人不录，但月溪法师为方外人士，并无传人，其琴亦无主，兹破例入录。汤德均小姐近日不幸逝世，亦不便改动。

五、本书旨在记录琴人有关"琴"方面之资料，于各人学历、出身、职务之类，则不求详备。

六、《目录一览表》中所列各人国籍未必正确，因为其中部分中国人可能已入外国籍；但各人既未通知本人，本人亦无由详查，姑且一律称之为中国籍。

七、《目录一览表》中居住地方面，凡住在郊外、小城镇者，一律填以该处所属之大县城，以免地名过多，而海外人士根本不知该地何在。

八、《目录一览表》中凡称"见过"者，包括本人在路上或在音乐会中见过对方，而对方不识本人者。所谓"认识"者，包括曾与对方通讯，而未见过面者。所谓"曾听"者，包括听对方之录音带、唱片，未必亲见其人。

九、各琴人之地址以最近所知为准，而各人搬迁频繁，访友访师之前，宜先去函联络，倘有所疑，欢迎函询本人。各琴友搬家，亦盼示知新址。

十、本书之插图印于书首（唐健垣2022年注：本版改为随文插图）；琴人方面，以现存琴人为主，已故者附数人。本人曾拍得其弹琴照片者，用其弹琴照片，否则用普通小照，琴人活动图片附数张。琴照以每琴附正、反面照片为主。琴照之说明，古代琴有琴名者直称其名，下加"琴"字，其为1912年以后所造者，下加"新琴"字样。无名之琴，称为无名旧琴或无名新琴。藏琴者，男性称先生，女性称女士，未婚者称小姐。凡夫妇均有藏琴者，其琴排列于一处，各举其姓名。

十一、琴已送或售与他人者称"旧藏"。

十二、近年琴人交通甚大，各年青琴人习某派者多不能得其味道，本书中暂不明记其派系；若干老一辈琴人，或则渊源复杂，或则并无派别特色，亦不妄分。现在书末列出查阜西先生于1956年所作之分派表，而由本人加入吴宗汉、蔡德允二琴人名字，供琴友参考。

十三、琴式样名称主要据宋人田芝翁撰之《太古遗音》（用《琴府》上册所复影之明精钞彩绘本）及清《五知斋琴谱》之《历代琴式》。

十四、琴轸琴足列举其资料，仅供参考。此等配件经常更换，亦无法深究。

十五、旧琴之年代以有题识而可考者为准。题识不可信者直斥其伪。无题识年号者，则从其断纹、漆灰、木质、音色、形制等推断暂定其年代。

十六、铭文之特殊者依其行款字体录之。刻者曰铭文，以墨写者曰墨书，朱砂写者曰朱书。文字漫漶不可读者以"□"代一字，不知缺多少字者作"▨"。不知是否有缺字者作"□？""▨？"。残缺文字能辨识者补于"□"中。铭文及题识现加标点。

十七、书中叙事全部以1972年为"今年"，所记各人之年龄，亦以今年为准。

十八、原为外国籍者姓名标以＊号。

目　录

增订本序 ··· 1
原　序 ··· 1
简体版整理说明 ·· 1
凡　例 ··· 1
目录一览表 ·· 1
琴谱索引 ··· 5
琴曲索引 ·· 10
琴人传 ··· 17
　　三谷阳子* ··· 18
　　月溪法师 ·· 19
　　王正平 ··· 23
　　王令闻 ··· 25
　　王叔岷 ··· 26
　　王海燕 ··· 27
　　王进祥 ··· 30
　　王忆慈 ··· 32
　　吉川良和*（Yoshikazu Kikkawa） ··· 33
　　安　方 ··· 34
　　朱小竹 ··· 40
　　朱元明 ··· 40

朱家龙	44
朱　云	49
何　觉	54
吴永猛	58
吴宗汉	59
吕伯友*	70
吕佛庭	71
吕振原	72
吕培原	77
李文芳	81
李少琦	83
李若兰	84
李传爱	88
李殿魁	93
李　济	95
汪振华	96
沈一忠	99
贝　洛*（Bruce Bartholomew）	100
屈志仁	102
岸边成雄*（Kishibe Shigeo）	108
林月里	111
林　风	112
祁伟奥*（Dale A. Craig）	113

邱　生	116
侯碧漪	116
侯济舟	120
柳希庐	121
胡安文	122
胡莹堂	123
韦仲公	126
凌纯声	126
唐健垣	128
夏天马 *（Emil Shaw）	142
孙　芸	148
孙芸祉	148
孙培章	149
孙毓芹	149
宫下周平 *（Shuhei Miyashita）	165
容天圻	165
容思泽	175
容丽英	178
徐文镜	179
寇美安 *（Mary Ann Nichols Crookston）	180
张充和	182
张世彬	185
张尊农	190

梁丹丰	191
梁丹美	193
梁在平	195
梁铭越	208
毕　铿 *（Laurence Picken）	217
章克范	224
章志苏	225
莫建明	228
许闻韵	228
许轮乾	229
陈安鸣	230
陈冕之	232
陶筑生	233
曾天来	236
汤德均	237
琴　正	239
盛孝沛	241
盛运策	242
黄特明	247
黄笃修	248
黄继持	249
黄体培	251
叶绍国	255
葛敏久	255

董榕森	257
廖德雄	258
廖德聪	261
刘天云	262
刘克雄	263
刘品良	264
刘毅志	266
欧月里	266
欧清川 *（Mrs. Lois Oksenberg）	268
潘重规	270
蔡德允	271
邓兆华	278
郑向恒	278
卢家炳	278
赖咏洁	308
骆香林	308
谢方回	309
谭先生	311
顾丰毓	313
饶宗颐	315
古琴分派简表	323

因诚而成 ······ 324

目录一览表

	琴人姓名	性别	年龄	国籍	居住地	我曾否见过	是否认识	曾听奏琴否	页码
1	三谷阳子*	女		日	日本				
2	月溪法师	男	87	中	已故				
3	王正平	男	25	中	中国台湾台北	√	√	√	
4	王令闻	女		中				√	
5	王叔岷	男	57	中					
6	王海燕	女	25	中	中国台湾台北	√	√	√	
7	王进祥	男		中	中国台湾台北	√	√		
8	王忆慈	女	57	中	中国台湾台北	√	√		
9	吉川良和*	男	26	日	日本				
10	安方	女	23	中	中国台湾台北	√	√		
11	朱小竹	女	17	中	中国香港	√	√	√	
12	朱元明	女	25	中	美国	√	√		
13	朱家龙	男		中	中国台湾台中	√	√		
14	朱云	男	66	中	中国台湾彰化	√	√	√	
15	何觉	男		中	中国香港	√	√		
16	吴永猛	男		中	中国台湾台北	√	√		
17	吴宗汉	男	68	中	中国台湾台北	√	√		
18	吕伯友*	男	31	新	新加坡		√		
19	吕佛庭	男		中	中国台湾台中		√		
20	吕振原	男	41	中	美国	√	√	√	
21	吕培原	男	40	中	中国香港	√	√	√	
22	李文芳	女	67	中	中国台湾台北	√	√	√	
23	李少琦	女		中					
24	李若兰	女	63	中	中国台湾台北	√	√	√	
25	李传爱	女	57	中	中国台湾高雄	√	√	√	

续表

	琴人姓名	性别	年龄	国籍	居住地	我曾否见过	是否认识	曾听奏琴否	页码
26	李殿魁	男		中	中国台湾台北	√	√		
27	李 济	男	76	中	中国台湾台北	√			
28	汪振华	男	57	中	中国台湾台北	√	√	√	
29	沈一忠	男	28	中	中国台湾台北	√	√	√	
30	贝 洛*	男	26	美	美国	√	√		
31	屈志仁	男	36	中	中国香港	√	√		
32	岸边成雄*	男	59	日	日本		√		
33	林月里	女		中	中国台湾台北	√	√		
34	林 凤	男		中	中国香港	√			
35	祁伟奥*	男	32	美	中国香港	√	√		
36	邱 生	男		中	中国台湾台北	√	√		
37	侯碧漪	女	72	中	中国香港	√	√	√	
38	侯济舟	女	57	中	中国台湾台北	√	√		
39	柳希庐	男		中	中国台湾台北				
40	胡安文	男		中					
41	胡莹堂	男	75	中	中国台湾高雄	√	√	√	
42	韦仲公	男		中	中国台湾台北	√			
43	凌纯声	男	82	中	中国台湾台北	√	√		
44	唐健垣	男	26	中	中国香港	√			
45	夏天马	男	64	中	美国		√		
46	孙 芸	女		中	美国				
47	孙芸祉	女		中					
48	孙培章	男		中	中国台湾台北	√	√		
49	孙毓芹	男	56	中	中国台湾台北	√	√	√	
50	宫下周平*	男	20	日	日本				
51	容天圻	男	35	中	凤山	√	√	√	
52	容思泽	男	39	中	中国香港	√	√	√	

续表

	琴人姓名	性别	年龄	国籍	居住地	我曾否见过	是否认识	曾听奏琴否	页码
53	容丽英	女		中	中国香港	√	√	√	
54	徐文镜	男	79	中	中国香港	√	√		
55	寇美安*	女	25	美	中国台湾高雄	√	√		
56	张充和	女		中	美国		√		
57	张世彬	男	33	中	中国香港				
58	张尊农	女	20	中	中国台湾台北	√	√		
59	梁丹丰	女	37	中	中国台湾台北	√	√		
60	梁丹美	女	38	中	中国台湾台北	√	√		
61	梁在平	男	61	中	中国台湾台北	√	√		
62	梁铭越	男	31	中	美国				
63	毕铿*	男	62	英	英国	√	√	√	
64	章克范	男	46	中	中国台湾台北				
65	章志荪	男	87	中	中国台湾台北	√			
66	莫建明	男		中	中国香港		√		
67	许闻韵	女		中	美国				
68	许轮乾	男		中	中国台湾台北	√	√		
69	陈安鸣	男	56	中	花莲	√	√		
70	陈冕之	男		中	美国	√	√		
71	陶筑生	男	34	中	中国台湾台北	√	√	√	
72	曾天来	男		中	中国香港				
73	汤德均	女	31	中	已故	√	√		
74	琴正	女		中	中国台湾台北	√	√	√	
75	盛孝沛	男		中	中国香港	√	√	√	
76	盛运策	男	68	中	中国香港	√	√		
77	黄特明	男	30	中	中国香港	√	√		
78	黄笃修	男		中	中国香港		√		
79	黄继持	男	34	中	中国香港	√	√	√	

续表

	琴人姓名	性别	年龄	国籍	居住地	我曾否见过	是否认识	曾听奏琴否	页码
80	黄体培	男	46	中	中国台湾台北	√	√		
81	叶绍国	女	21	中	中国台湾台北	√	√	√	
82	葛敏久（瀚聪）	男	20	中	中国台湾台北	√	√	√	
83	董榕森	男	39	中	中国台湾台北	√	√		
84	廖德雄	男	62	中	中国台湾台北	√	√	√	
85	廖德聪	男			中国台湾台北	√	√		
86	刘天云	女		中	中国台湾台北				
87	刘克雄	男			中国台湾台北				
88	刘品良	女	19		中国台湾台北	√	√		
89	刘毅志	男	50	中	中国台湾台北	√	√		
90	欧月里	女		中	中国台湾台北	√	√		
91	欧清川*	女	31	美	美国	√	√	√	
92	潘重规	男		中	中国香港	√	√		
93	蔡德允	女		中	中国香港	√	√		
94	邓兆华	男	24	中	中国香港	√	√		
95	郑向恒	女			中国台湾台北	√	√		
96	卢家炳	男	78	中	中国香港	√	√	√	
97	赖咏洁	女	26		中国香港	√	√		
98	骆香林	男	78	中	花莲	√	√		
99	谢方回	女		中	中国香港	√	√	√	
100	谭先生	男		中	美国	√	√		
101	顾丰毓	男	23	中	中国台湾台中	√	√	√	
102	饶宗颐	男		中	新加坡	√	√	√	

* 各外籍人士的英文名字见正文。

琴谱索引

	书名（作者）	版本及藏书者 人名在括号中表示所藏者为施洛氏影印本
1	《一弦馆琴谱》	岸边成雄
2	《大还阁琴谱》（清·徐祺撰）	清康熙癸丑（1963年）蔡氏刊本——盛运策
3	《五知斋琴谱》（清·徐祺等撰）	①栖心琴社丛刊本有"红杏山房藏板"字样——盛运策 ②乾隆丙寅栖心琴社丛刊本有"本衙藏板"字样——卢家炳 ③校经山房成记书局石印本——吕振原 屈志仁 唐健垣 ④手抄本——朱云 张世彬 ⑤版本不详者——李传爱（乾隆间刊本） 毕铿
4	《今虞琴刊》（今虞琴社编）	朱云 侯碧漪（缺书首照片数页） 毕铿 卢家炳
5	《中国民族音乐选集》	毕铿 按：此为五线谱本，内有数首琴曲，乃影印自《古琴曲集》
6	《太古正音》	岸边成雄
7	《天闻阁琴谱》（清·唐彝铭撰）	清光绪二年（1876年）成都叶氏刊本——吕振原 毕铿 盛运策（只存四册） 饶宗颐
8	《文信国公蕉雨琴记》（清·谭嗣同撰）	1971年香港崇文书局影印本——唐健垣 （容天圻）
9	《古琴曲集》（第一集）（查阜西编）	1962年音乐出版社出版（五线谱减字谱对照）——吕振原 贝洛 唐健垣 张世彬 毕铿 蔡德允
10	《古琴曲汇编》（第一集）（杨荫浏 侯作吾）	1957年音乐出版社出版（五线谱减字谱对照）——吕振原 吕培原 容思泽 毕铿 黄体培（黄体培先生又曾将此书译成简谱一册）
11	《古琴初阶》（沈草农 查阜西 张子谦 撰）	1961年音乐出版社出版——吉川良和 朱家龙 屈志仁 （唐健垣） （容天圻） 黄继持 蔡德允

续表

	书名（作者）	版本及藏书者 人名在括号中表示所藏者为施洛氏影印本
12	《自远堂琴谱》（清·吴灴撰）	⊕清嘉庆六年（1801年）广陵吴氏自远堂原刊本——胡莹堂（纸黄墨淡） 盛运策 卢家炳 ②校经山房成记书局石印本——吕振原 朱云 孙毓芹 ⊗手抄本——张世彬
13	《抒怀操》（清·程雄撰）	清刊黑口本——卢家炳
14	《见在古琴曲传谱解题汇编初编》（查阜西编）	⊕1956年中央音乐学院民族音乐研究所油印本——毕铿 蔡德允 ②抄本——唐健垣 饶宗颐（屈志仁）（容天圻）（盛运策） 按：此书又名《见在有谱琴曲谱内解题汇编》
15	《松风阁琴谱》（清·程雄撰）	⊕清三槐堂刊本——卢家炳 ②版本不详者——岸边成雄
16	《幽兰曲》（物观校正）	旧抄本——（张世彬）（唐健垣） 按：此乃日本人取《碣石调·幽兰》谱以诗歌者
17	《幽兰研究实录》（查阜西编）	1957年4月中央音乐学院民族音乐研究所油印本——蔡德允
18	《春雨草堂琴谱》（卢家炳撰）	1969年油印本——卢家炳 唐健垣
19	《春草堂四均平沙》	韩镜塘先生据《春草堂》卷六影印——孙毓芹
20	《春草堂琴谱》（清·曹尚絅撰）	⊕手抄本（所据版本不详）——朱云 ②孚华书局本——孙毓芹 骆香林（陈安鸣） 按：参看《重刻春草堂琴谱》
21	《重刻春草堂琴谱》	清光绪甲辰仲秋龙邱刊本有须摩提室藏版字样——朱云
22	《音乐之友》（杂志）	1960年6月15日出版（内有有关古琴文章一篇）——琴正
23	《乌古丝兰卷古琴指法》	抄本——岸边成雄 按：疑即《琴用指法》
24	《悟雪山房琴谱》（清·黄景星撰）	清道光十六年（1836年）原刊本——容思泽 卢家炳
25	《流水》（杨时百校订）	韩镜塘先生据《琴镜》油印——孙毓芹

续表

	书名（作者）	版本及藏书者 人名在括号中表示所藏者为施洛氏影印本
26	《神奇秘谱》（明·朱权辑）	1956年音乐出版社据上海胡公玄藏明万历间翻刻本影印——吕振原 唐健垣 张世彬 毕铿 盛运策 蔡德允 按：书后附有查氏跋及袁荃猷指法集注
27	《梅花三弄》	《研易习琴斋琴谱》中一曲之油印本，附指法说明——汤德均
28	《梅庵琴谱》（民国·王宾鲁撰）	⊕1931年初版——吴宗汉 吕培原 蔡德允 王海燕（照片） 唐健垣（照片） ⊘1959年徐卓增订版——吴宗汉 吕振原 屈志仁 张世彬 梁在平 卢家炳 （安方）（朱元明）（唐健垣）（孙毓芹）（容天圻） ⊖1971年唐健垣再增订第三版——安方 朱元明 何觉 吴宗汉 贝洛 屈志仁 祁伟奥 唐健垣 孙毓芹 容天圻 张世彬 梁在平 毕铿 盛孝沛 黄笃修 黄继持 叶绍国 欧清川 蔡德允 卢家炳 饶宗颐
29	《研易习琴斋琴谱》（民国·章志荪撰）	1961年、1962年、1963年出版——吴永猛 李文芳 汪振华 侯济舟 唐健垣 孙毓芹 梁在平 章志荪 陈安鸣 汤德均 琴正 黄体培 廖德雄
30	《阳关三叠》（特辑）	韩镜塘先生据《立雪斋琴谱》《琴学入门》及《琴镜》等抽印——孙毓芹
31	《琴用指法》一卷	日本林谦三先生据旧抄本重抄本——（张世彬）（唐健垣） 按：卷首残存"魏""年""右光禄""仲儒撰"字样，张世彬先生以为是北魏陈仲儒撰。日本岸边成雄先生有一册《乌古丝兰古琴指法》，疑即此卷
32	《琴曲集成》第一辑第一册（查阜西编）	1963年中央音乐学院中国音乐研究所编——吕振原 屈志仁 唐健垣 张世彬 毕铿 盛运策 按：蔡德允女士藏有《琴曲集成》第一辑第一至三册总目录之油印本

续表

	书名（作者）	版本及藏书者 人名在括号中表示所藏者为施洛氏影印本
33	《琴瑟合谱》（清·庆瑞撰）	清同治九年（1870年）原刊本——容思泽 盛运策
34	《琴道（*The Lore of Chinese Lute*）》高罗佩撰（by R.H. Van Gulik）	⊕1940年初版——贝洛 ②1969年增订版——朱元明 祁伟奥 唐健垣
35	《琴操》（汉·蔡邕撰）	韩镜塘先生据《琴学丛书》本影印——唐健垣 孙毓芹
36	《琴学入门》（二卷）（清·张鹤撰）	⊕清同治六年（1867年）心向往斋刊光绪间增刊序跋及板拍本——孙毓芹 ②清同治六年（1867年）心向往斋刊光绪间增刊序跋凡例及板拍本——盛运策 ③上海中华图书馆石印本——朱云 吕振原 李传爱 容天圻 徐文镜 毕铿 卢家炳 ④台北韩镜塘先生据上述第（乙）种本影印本，只印上卷——唐健垣 ⑤台北韩镜塘先生据上述第（乙）种本缩印本——吴永猛 李殿魁 唐健垣 陶筑生 孙毓芹 黄继持
37	《琴学八则》（清·程雄撰）	手抄本——陈安鸣
38	《琴学大意抄》	抄本——岸边成雄
39	《琴学丛书》二十四卷（民国·杨宗稷撰）	民初杨氏舞胎仙馆刊本——吕振原 岸边成雄 梁在平 （唐健垣）
40	《琴镜》九卷（民国·杨宗稷撰）	民初杨氏刊本——李若兰 李传爱（不全） 廖德雄 黄笃修（唐健垣） 蔡德允（晒蓝影印本） 朱云（部分抄本）
41	《琴谱》	刊本——岸边成雄
42	《琴谱讲义》（徐卓编）	民初油印本——吴宗汉 按：此乃徐先生教琴时谱义，内容与《梅庵琴谱》大同小异
43	《琴谱集锦》	民初周季英先生抄集——李传爱

续表

	书名（作者）	版本及藏书者 人名在括号中表示所藏者为施洛氏影印本
44	《嵇康和他的〈琴赋〉》（*Hsi K'ang and His Poetical Essay on the Lute*）高罗佩撰（by R.H. Van Gulik）	1969年增订本——祁伟奥
45	《鄂公祠说琴》（清·朱启连撰）	①抄本——卢家炳 ②1960年马来亚大学东方学报油印本——黄体培 （唐健垣）
46	《新传理性元雅》（明·张廷玉撰）	1969年台北大华印书馆影印本——王正平 唐健垣 孙毓芹 容天圻 谢方回 饶宗颐
47	《与古斋琴谱》（清·周鲁封撰）	节抄本——孙毓芹 廖德雄 （唐健垣）
48	《碣石调·幽兰》（六朝·丘明传谱）	日本人据唐抄本重抄，有日文注音及"琴左右手法"说明——岸边成雄 （张世彬）（唐健垣）
49	《碣石调·幽兰瑟谱》（合订本）（六朝·丘明传谱 元·熊朋来撰）	1936年商务印书馆影印——吕振原
50	《绿绮新声》（明·徐时琪撰）	手抄本——张世彬
51	《广陵散五线谱》（管平湖打谱并演奏 王迪记谱）	五线谱减字谱对照——毕铿 按：张世彬先生曾译成简谱，唐健垣有其影印本
52	《德音堂琴谱》（清·郭裕斋撰）	清康熙刊本——盛运策
53	《蓼怀堂琴谱》（清·云志高撰）	清康熙刊本——吕伯友
54	《历代琴式》	版本不详——岸边成雄
55	《蕉庵琴谱》（清·秦维瀚撰）	清光绪四年（1978年）原刊本——蔡德允 卢家炳

琴曲索引

	曲名	曾学此曲者 ㊐表示灌有唱片　㊐表示编者亲听其弹该曲
1	《幽兰》	吕振原　李若兰（已忘）
2	《获麟操》	夏天马
3	《高山》	朱云㊐　吕振原　胡莹堂　徐文镜（已不弹） 张世彬
4	《流水》（无滚拂者）	李文芳（已忘）　章志荪（已年老不弹）
5	《流水》	朱云　吕振原（改名《流水操》）㊐ 李传爱㊐　唐健垣　孙毓芹㊐　蔡德允㊐
6	《长清》	夏天马
7	《梅花三弄》	王海燕㊐　王忆慈　朱小竹（二段）　吴宗汉 吕振原　李传爱　侯碧漪　胡莹堂　唐健垣 孙毓芹　容天圻　徐文镜（已不弹）　张世彬 梁在平　莫建明　陶筑生　汤德均　琴正 葛敏久　廖德雄　邓兆华　蔡德允　卢家炳㊐ 顾丰毓　安方
8	《乌夜啼》	卢家炳㊐
9	《醉渔唱晚》	朱小竹（改编）㊐　吴永猛　吕振原㊐　李文芳 汪振华　夏天马　孙毓芹㊐　章克范 章志荪（已年老不弹）　汤德均　琴正㊐ 蔡德允　卢家炳（改编）㊐
10	《渔歌》	朱云　吕振原　李传爱　胡莹堂　卢家炳㊐
11	《古怨》	毕铿㊐
12	《渔樵问答》	吕伯友　吕振原　李传爱㊐　汪振华　侯碧 漪㊐　唐健垣　孙毓芹　容思泽㊐　容丽英 （半首）　盛运策　黄特明㊐　廖德雄 蔡德允㊐　卢家炳㊐　谢方回
13	《胡笳十八拍》	朱云　盛运策　卢家炳（改短）
14	《秋塞吟》	胡莹堂
15	《水仙操》	吕伯友　孙毓芹㊐　容思泽㊐　章志荪 盛运策㊐　蔡德允㊐　卢家炳㊐　饶宗颐㊐

续表

	曲名	曾学此曲者 ㊗表示灌有唱片　㊔表示编者亲听其弹该曲
16	《龙翔操》	吕振原
17	《潇湘水云》	朱云㊔　吕振原　李传爱㊔　胡莹堂㊔　唐健垣　容思泽㊔　徐文镜（已不弹）　梁铭越　毕铿（第一段）　蔡德允㊗　卢家炳（改短）　饶宗颐㊔
18	《秋江夜泊》	王忆慈㊔　朱云　吴宗汉　吕振原　凌纯声（已不弹）　卢家炳㊔
19	《凤求凰》	王海燕㊔　王忆慈㊔　安方　朱小竹　朱元明　吴宗汉　吕培原　李文芳　唐健垣　陶筑生㊔　汤德均　刘品良　卢家炳　顾丰毓
20	《古琴吟》	盛运策
21	《石上流泉》	吕伯友　盛运策　黄特明　卢家炳
22	《普庵咒》	王海燕㊔　王忆慈㊔　安方　朱元明　吴宗汉　吕伯友　吕振原㊔　吕培原　李若兰（已忘）　李传爱　汪振华　贝洛　侯碧漪　胡莹堂　唐健垣　容思泽㊔　张世彬　张尊农　梁丹丰　梁丹美　梁铭越　毕铿　陶筑生　琴正　盛孝沛㊔　黄继持（唐听过一二段）　刘品良　蔡德允㊗　谢方回　顾丰毓
23	《墨子悲丝》	容思泽㊔
24	《良宵引》	王海燕㊔　王忆慈㊔　安方　吴宗汉㊔　吕振原　贝洛　夏天马　孙培章　容思泽㊔　徐文镜（已不弹）　莫建明　陶筑生　盛运策　刘品良　谢方回　顾丰毓
25	《平沙落雁》	王令闻㊔　王海燕㊔　王忆慈㊔　朱元明　朱云㊔　吴永猛　吴宗汉　吕振原㊔　李文芳　李传爱　贝洛　胡莹堂　凌纯声（已不弹）　夏天马　孙毓芹㊔　容天圻　容思泽㊔　徐文镜　寇美安㊔　张世彬　梁在平　梁铭越　章克范　章志荪（已年老不弹）　莫建明　陶筑生　汤德均　琴正　盛孝沛㊔　黄继持　邓兆华　蔡德允㊗　卢家炳　谢方回

续表

	曲名	曾学此曲者 ㈱表示灌有唱片　㈤表示编者亲听其弹该曲
26	《鸥鹭忘机》	朱云㈱　吕振原　李传爱　胡莹堂　容天圻　容思泽　徐文镜（已不弹）　梁铭越　莫建明　邓兆华
27	《梧叶舞秋风》	王海燕　王忆慈㈱　朱云　吴宗汉　吕振原　唐健垣（二段）　孙毓芹（唐听部分）　容思泽㈱　卢家炳
28	《捣衣》	王海燕㈱　王忆慈㈱　吴宗汉　唐健垣（五段）　卢家炳
29	《四大景》	梁在平
30	《关山月》	王正平㈤　王海燕㈱　王忆慈　安方㈤　朱元明㈤　朱云　吴宗汉　吕振原㈱　吕培原㈤　祁伟奥　贝洛　屈志仁　林月里　侯碧漪　胡莹堂　凌纯声（已不弹）　唐健垣　夏天马　孙毓芹　张世彬　张尊衣　梁丹丰　梁越铭　毕铿　陈冕之　陶筑生　黄继持　黄体培　叶绍国㈱　葛敏久㈱　董榕森　刘克雄　刘品良　欧月里　蔡德允㈱　赖咏洁　谢方回　顾丰毓㈱　汪振华
31	《长门怨》	王海燕　王忆慈㈱　朱元明　朱云㈱　吴宗汉㈤　吕振原　李传爱　汪振华　岸边成雄　胡莹堂㈱　凌纯声（已不弹）　唐健垣　夏天马　容天圻　梁铭越　陶筑生　琴正㈱　葛敏久　蔡德允㈱　顾丰毓
32	《秋风词》	王正平㈤　王海燕　王忆慈㈱　安方㈤　吴宗汉㈤　吕培原　屈志仁　林月里　唐健垣　张尊衣　梁在平　陈冕之　陶筑生㈱　叶绍国　葛敏久　董榕森　刘克雄　刘品良　欧月里　欧清川　蔡德允㈱　赖咏洁　顾丰毓㈱
33	《玉楼春晓》	王海燕㈱　王忆慈㈱　安方㈤　朱元明　吴宗汉　吕培原　唐健垣　夏天马　张世彬㈱　陶筑生　葛敏久㈱　刘品良　欧月里　蔡德允　顾丰毓

续表

	曲名	曾学此曲者 🈷表示灌有唱片　◐表示编者亲听其弹该曲
34	《阳关三叠》	三谷阳子　王正平◐　王海燕◐　王忆慈◐　吉川良和　安方◐　朱元明　吴永猛　吴宗汉◐　吕振原◐　吕培原◐　李文芳　李若兰（已忘）　汪振华　贝洛　屈志仁　唐健垣　夏天马　孙培章◐　徐文镜（已不弹）　张世彬　梁丹丰　梁在平　梁铭越　毕铿　章克范　莫建明　陈冕之　陶筑生◐　汤德均　琴正　盛运策　黄体培　叶绍国　葛敏久　董榕森　廖德雄◐　刘品良　欧月里　欧清川◐　邓兆华　蔡德允◐　顾丰毓◐
35	《仙翁操》	王正平◐　王海燕◐　王忆慈◐　朱元明◐　吴宗汉　沈一忠　林月里　唐健垣　孙芸　容丽英　张尊农　陈冕之　陶筑生　叶绍国　葛敏久　董榕森　刘克雄　刘品良　欧月里　欧清川◐　蔡德允◐　赖咏洁◐　顾丰毓
36	《湘江怨（湘妃怨）》	王正平◐　王海燕◐　王忆慈◐　吉川良和　安方◐　朱元明◐　吴宗汉◐　吕振原◐　李文芳（唐听两句泛音）　贝洛　林月里　唐健垣　夏天马　孙毓芹　张世彬　张尊农　陈冕之　陶筑生◐　盛孝沛◐　叶绍国　葛敏久◐　刘品良◐　欧月里　欧清川◐　蔡德允◐　卢家炳◐　赖咏洁◐　顾丰毓◐
37	《归去来辞》	王正平　王海燕　王忆慈◐　朱元明◐　朱云　吴永猛　吴宗汉◐　李文芳　李若兰（已忘）　汪振华◐　祁伟奥　唐健垣　孙毓芹　张尊农　梁丹丰　梁丹美　梁在平　章克范　陈冕之　陶筑生　汤德均　黄体培　叶绍国　葛敏久　廖德雄　刘品良　卢家炳　赖咏洁◐　谢方回　顾丰毓
38	《风雷引》	王海燕◐　王忆慈◐　安方　吴宗汉◐　吕培原　李传爱　胡莹堂　唐健垣　陶筑生　刘品良　顾丰毓

续表

	曲名	曾学此曲者 🈴表示灌有唱片　🈯表示编者亲听其弹该曲
39	《极乐吟》	王海燕🈯　王忆慈🈯　安方　吴宗汉🈯　吕培原　唐健垣　陶筑生🈯　顾丰毓
40	《秋夜长》	王海燕　王忆慈🈯　安方　吴宗汉　吕培原
41	《释谈章》	王忆慈　吴宗汉　容思泽🈯　盛运策　卢家炳🈯
42	《挟仙游》	王忆慈🈯　吴宗汉　吕培原🈯
43	《思颜操》	王忆慈　吴宗汉
44	《慨古吟》（慨古引、太古引）	朱小竹　吴宗汉　胡莹堂🈯　寇美安　刘品良　卢家炳🈯
45	《慨古引》	朱元明　屈志仁
46	《秋鸿》	朱云
47	《太古引》（慨古引）	吴永猛　孙毓芹　章克范　汤德均
48	《鹿鸣》	吴永猛　吕伯友　李若兰（已忘）　容思泽　盛运策
49	《搔首问天》	吴宗汉　容思泽🈯　卢家炳　饶宗颐🈯
50	《洞天春晓》	吕伯友　盛运策　黄特明
51	《空山忆故人（忆故人）》	吕振原🈯　李传爱　侯碧漪　胡莹堂　唐健垣　孙毓芹　容天圻🈯　张世彬🈯　梁铭越　蔡德允🈯　卢家炳🈯
52	《伐檀》	李若兰（已忘）
53	《耕莘钓渭》	屈志仁　胡莹堂　黄继持　蔡德允
54	《风入松》	夏天马（据明·谢琳《太古遗音》自习，而误将《听琴赋》第三段作为《风入松》）
55	《诗篇八首》	夏天马（自作）
56	《雁渡衡阳》	容思泽🈯　卢家炳
57	《塞上鸿》	容思泽🈯　盛运策　卢家炳🈯　饶宗颐
58	《白雪》	容思泽🈯　卢家炳
59	《圯桥进履》	容思泽　章志荪　卢家炳（名为《张良进履》）
60	《玉树临风》	容思泽🈯　卢家炳
61	《春晓吟》	容思泽

续表

	曲名	曾学此曲者 ㊤表示灌有唱片　㊦表示编者亲听其弹该曲
62	《碧涧流泉》	容思泽㊤
63	《神化引》	容思泽
64	《客窗夜话》	侯济舟㊤　张世彬　汤德均
65	《猗兰》	张世彬
66	《广陵散》	张世彬　卢家炳（改短）
67	《访子期》	毕铿
68	《泽畔吟》	盛运策
69	《离骚》	盛运策
70	《招隐曲》	盛运策
71	《梨园春思》	黄特明
72	《汉宫秋》	黄特明
73	《凤鸣丹山》	卢家炳（据旧抄本）㊤
74	《龟山操》	卢家炳
75	《静观吟》	卢家炳㊦
76	《清夜闻钟》	卢家炳㊦
77	《阳春》	卢家炳㊦
78	《仙珮迎风》	卢家炳㊦
79	《洞庭秋思》	卢家炳㊦
80	《怀古吟》	卢家炳㊦
81	《金门待漏》	卢家炳㊦
以下第82至第104曲为卢家炳先生自作曲		
82	《月下吟》	朱小竹　卢家炳㊦
83	《午夜焚修》	朱小竹　卢家炳㊦
84	《逍遥游》	朱小竹　卢家炳㊦
85	《月夜醉花阴》	朱小竹㊤　卢家炳㊦
86	《物外神游》	卢家炳
87	《思亲操》	卢家炳
88	《黄叶寒蝉》	卢家炳
89	《云树苍茫》	卢家炳㊦
90	《春雨草堂》	卢家炳

续表

	曲名	曾学此曲者 ㈱表示灌有唱片　㈤表示编者亲听其弹该曲
91	《怀圣引》	卢家炳㈤
92	《孤鸿》	卢家炳㈤
93	《蝶恋花》	卢家炳㈤
94	《怀故都》	卢家炳㈤
95	《金婚曲》	卢家炳
96	《茅亭赋》	卢家炳
97	《碧云深》	卢家炳
98	《长相忆》	卢家炳
99	《玉楼人远》	卢家炳
100	《飞觞赋》	卢家炳
101	《渔父辞》	卢家炳
102	《秋夜诵》	卢家炳
103	《清庙之音》	卢家炳
104	《乐天年》	卢家炳㈤

唐按：上面这个一览表是临时性的，并不足以显示极精确的统计数字，那是因为我所访问的琴人许多并未把他们曾学的琴曲全部告诉我，有些人我又忘了有没有听过他们弹某曲，若干琴人我根本没有见过。表中所列部分不同名称的琴曲其实是同样或相关的曲子，各派人士有不同的称呼，有不同的拍子（例如《水仙操》，梅庵派称之为《搔首问天》，其他人称之为《秋塞吟》），又或者是曲名同而曲谱不同（《风雷引》有两种），目下亦不暇深究了。

有些琴人没有见过我而我在表中却说听过他们弹琴，这是不足为异的，例如王令闻女士我听到她的录音，吕振原先生我以前在香港大会堂剧院欣赏过他演奏《醉渔唱晚》，若此之类，也不一一指出了。

琴人传

三谷阳子 *

女。日本人。年龄不详。居址不详。据前年张世彬先生从日本的来信说，"三谷女士旅台时尝随汪振华氏习小曲，《阳关》是其一也。现亦随弟从头开始练习。"

藏谱：

不详。

藏琴：

张世彬先生来函说三谷女士有"新琴一张，香港造，前年在台湾买者"。唐按：张先生给我的信每每把在香港买到的内地琴称作"香港琴"，可能三谷女士的琴亦是内地出品，而非香港造。香港只有一家蔡福记乐器店偶然造琴出售，产量很少。

〔增补〕

《琴府》上册1971年出版后的两三年，三谷阳子女士数次来香港中文大学音乐系访问，主要为探望曾在日本东京读博士的同窗兼琴老师张世彬助教。我其时在中大读甲骨文硕士，以编刊过《琴府》并懂弹琴，受聘在音乐系当助教，讲中国戏曲并教古琴，得与她多次会面。唯因我的日语不足与人畅谈，无甚深交，只记得她是稍高稍胖一中年女士。1976年秋我代表香港去英国北部的杜伦大学参加第一届东方音乐节，特意途经剑桥大学看望大学者劳伦斯·毕铿教授。在教授为我这远客举行的"仿唐音乐师生演奏会"中又见三谷女士，她在跟毕铿教授学唐代音乐。敦煌发现的古抄本有唐代乐谱，日本学者林谦三、岸边成雄、英国毕铿、上海音乐学院叶栋等人对此古谱之理解各异，故三谷

女士去跟毕铿氏学习。(参看毕铿条)

但几年后,竟闻三谷女士已逝世。

月溪法师

男。已故。1967年9月,我尚住香港,正要到台北升学,有两位老同学约我郊游,并作饯行。走到沙田万佛寺后的一个小殿门口,我忽然感到殿中存有古琴,于是跑到殿里找寻,果然在月溪法师的金身后面看到一张破琴!月溪法师的金身,放在殿中给信众供奉,四周用绳子围起来,不能走得太近,站得太远看不清楚,站得近,那琴上厚厚地铺了一二分尘埃,若非有特别灵感,也不会注意到原来灰尘下面有一张琴。当下我向看守神殿的老妇人请教,她耳聋眼蒙的,也说不明白,只叫我在星期天来问"吴先生"。到得星期天,我又赶到那儿找着吴先生,乃是年约五十岁的一位浙江人。吴先生说月溪法师是他的叔父。法师数十年前在内地曾经买了一批梧桐,请工人造了三十六张琴,供给跟他学琴的弟子,数十年间已散失殆尽,现在只余下新琴三张,古琴二张。随后吴先生带我到楼上看到另两张古琴,及两张新琴,已经尘封很久了。法师生前用的琴谱已找不到。事后我将此事向饶选堂教授问及,饶老师说:"月溪法师十年前曾在沙田举行一次雅集,罗香林教授、蔡德允女

月溪法师

士和我都参加。他只有八个手指，无名指及小指已经在佛前燃了，所以很少弹琴。"前年（1970年）夏我由台北回香港度假，和内子咏洁又去沙田拜访吴先生，把月溪法师的五张琴拍了照片。据万佛寺所印行的《月溪佛成道纪略》说，法师俗姓吴，原籍浙江钱塘。十九岁在上海震旦大学毕业，后即决志出家。在南北十余省请经数百会，和平后重返香港，在沙田创建万佛寺，历时七载。1965年阴历三月二十三日涅槃，住世八十七载，云云。万佛寺众弟子因法师的肉身埋葬半年后不化，以为已得金刚不坏之身，成为肉身菩萨，乃将法身加漆铺金，暂置在神殿中供奉。

藏谱：

  不详。

藏琴：共五张。

  ①一天秋

  样子近乎列子式、虞舜式。红棕色。螺钿徽。长方池沼。有凤眼。水晶轸。玉足。琴面有小蛇腹断纹。琴底是小蕉叶断纹及小蛇腹断纹。面板似是桐木。灰漆很厚。这张琴四周已剥落了多片灰漆，显然日久无人整理，弦废轸弛，当日未暇上弦试鼓，音色如何不得而知。琴底龙池上刻了琴名"一天秋"楷书，龙池两侧刻了："托清音之雅趣，乐吾道之自然。"

  池下刻了四行篆文，内容是："明大司礼古燕还初沈氏雅制。"

  唐按："一天秋"这个琴名，及两行铭文，亦曾见于其他明代以前的琴上。名叫"一天秋"的琴为数不少。这一张是明琴。

  ②静通

  仲尼式。黑色。螺钿徽。长方池沼，池沼镶边。黄色角轸。木足。无断纹。

琴人寻访录

月溪法师藏一天秋琴 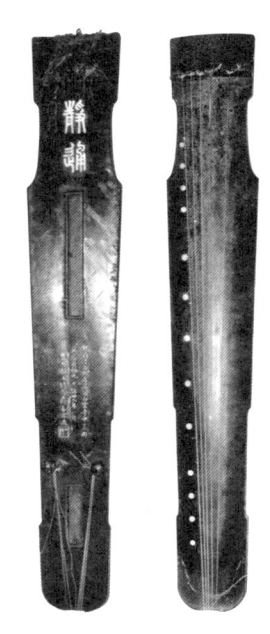　　　　月溪法师藏静通琴 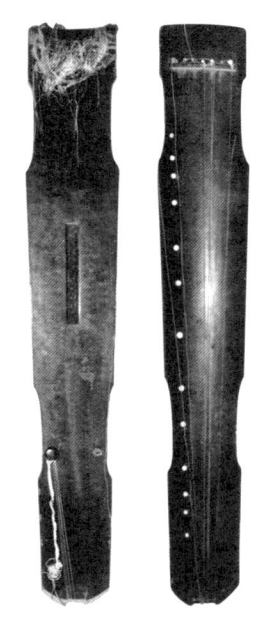　　　　月溪法师藏无名旧琴

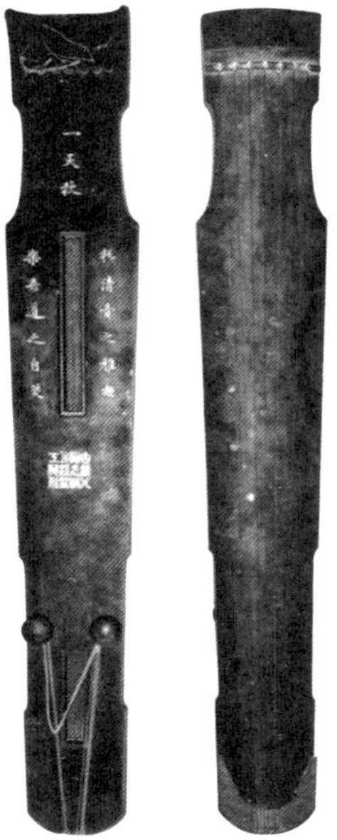

月溪法师藏一天秋琴新琴1 　　月溪法师藏一天秋琴新琴2

面板是古木，亦似是桐质。"静通"两篆文，刻在底板颈部。池下刻小字三行："琴材得自黔省广顺白云寺中，盖明万历时物也。光绪廿二年正月，岭南邹又缘，监工何春霖造。缘又"

字内填绿色。"又缘"方印是篆文，填朱色。依此铭，则这张琴是明朝木材，清末制成琴。因琴龄尚浅，无断纹。

③无名旧琴

仲尼式。黑色。螺钿徽。长方池沼。有凤眼。木轸。角足。无铭文。底面都是极细蕉叶断纹。亦是古物。

④一天秋

新琴。仲尼式。黑色。红色漆作徽。长方池沼。池沼用竹镶边。有凤眼。木轸木足。无断纹。这是月溪法师多年前请工匠造的琴之一。琴很轻，是桐木所制。琴名及铭文因袭前述的明朝琴"一天秋"，而型式则是仿"静通"。底板颈部刻楷书"一天秋"三字。龙池两旁刻："托清音之雅趣，乐吾道之自然。"

池下刻了四行篆文："古滇八指老衲月溪监工雅制。"

因是"监工雅制"而不是亲制，此琴板的厚薄、漆的成分、手工等都不合规格。焦尾是用夹板之类杂木贴上，非常马虎。

⑤一天秋

新琴。仲尼式。黑色。象牙徽。长方池沼。池沼有镶边。有凤眼。轸已遗失。护轸亦已脱落不存。木足。无断纹。面板是桐木。琴很轻，重1.1公斤。这亦是月溪法师请工匠造的琴之一，和上述第四张琴一样，此琴是琴名及铭文仿明琴"一天秋"，型式则仿"静通"。底板颈部刻"一天秋"三字，龙池两旁刻楷书二行："托清音之雅趣，乐吾道之自然。"

龙池下的四行篆文倒刻了,变成:

[篆文图]

大抵是因为工匠不懂篆文,把刻字的原稿纸倒放了。这张琴的手工、制作很差。

王正平

男。二十五岁。原籍浙江杭州。在香港生长。台湾大学外文系毕业。正平对国乐很有兴趣,在求学期间曾组织国乐团及编《中国乐刊》。正平将会移居美国。新地址将来可以试向吴宗汉老师、吕培原先生及本人查询。我和正平在台北相识四年,私交很好。在香港念中学的时候,正平跟吕培原先生学过几年琵琶,来台后曾经以琵琶得到全国国乐独奏比赛冠军。此外正平

王正平先生

亦能吹箫,对中西乐理都有涉猎,打算毕业后研究民族音乐,是台北有名的年青乐人。1969 年 11 月我介绍他向吴宗汉老师学古琴,并把饶宗颐老师借给我的一张明琴转借给他使用。正平学了三个月,学到《仙翁操》《秋风词》《关山月》《湘江怨》《阳关三叠》《归去来辞》六曲。前年 5 月 21 日,我在台湾师范大学的大礼堂举办了一个"古琴古筝欣赏会",正平担任《阳关三叠》

独奏。后来正平因为忙于应付功课而停止练琴，现在可能已把部分琴曲忘记了。但我深信以他的聪明能干，以后照琴谱自行练习，随时可以恢复起来。将来正平侨居海外，有志学琴的人士，不妨向他联络请教。

藏谱：

①所学各曲的抄本。

②《新传理性元雅》四卷。明张廷玉撰。精装一册。台北大华印书馆据明刊本影印。唐按：正平在台北旧书摊买到明万历刊本《神奇秘谱》的影印本一函三册。承他送了给我。我回赠他一本《新传理性元雅》。《神奇秘谱》我已详加校订，影入《琴府》上册。

藏琴：

无。

〔增补〕

王正平是江苏旅港琵琶高手吕培原之入室弟子。

王正平毕业后供职于台北市立国乐团。他很懂乐理，读谱能力强，做副团长兼指挥，后成团长。该乐团约五六十人，他忙于乐团管理、排练、公演，我们少见面。

2000年乐团与台北鸿禧商业集团的私立鸿禧美术馆合办"唐宋元明百琴展"。因台北"故宫博物院"的唐宋琴不能外借，主办方向中国大陆借来老琴三十余张，再加台湾民间、海外华侨藏品，和香港沈兴顺、唐健垣藏琴共百张展出。其间在美术馆举办了为期七天的研讨会，邀来大陆琴家郑珉中、王迪、许健、吴文光、赵家珍等约十人，香港被邀的为沈、唐二人，加上台湾、海外数十琴家，每天早午晚举行论文研讨、演奏、雅集。听众百人则买套票排日在美术馆中听讲、共餐。此会出版有彩色百琴图册、论文集。在此期间我得以与王正平多会面。

可惜王正平 2013 年已逝于台北。

王令闻

女。年龄、籍贯、现址都不详。我与王女士未见过面。1962 年，胡莹堂先生伉俪在台湾高雄市举办画展，并附展古琴，其中一张新琴名为"海潮音"，为王女士所藏。据胡先生寄给我的说明云："琴系本年夏胡莹堂按古法监制。苏爱林造。苏君高雄市人。居陆桥德进堂裱画店内。制古琴在本省尚未前闻。兹试造成功，殊为难得。此琴现由莹堂赠与王令闻女士"。琴是"仲尼式。无断纹"。据容天圻先生说，王女士是位画家，跟胡先生学琴，现居海外。琴是用旧日本筝的面板改制。容先生以前亦有一张"海潮音"，已让给王进祥先生，亦是苏爱林造。胡先生说"制古琴在本省尚未前闻"，据我所知，在此之前孙毓芹先生已曾用手工制琴一张，后来送给韩镜塘先生的千金。韩先生本人不会弹琴，但基于对琴的爱好，曾经印行琴谱小册子若干种，流传《琴学入门》《琴镜》及《春草堂琴谱》里的几首琴曲。20 世纪 50、60 年代，台湾琴人很缺乏琴谱，韩先生对维持琴学于一线有一定的功劳。韩先生去年初在台北病逝，附记于此。

藏谱：

不详。

藏琴：

海潮音

新琴。仲尼式。是用旧日本筝的面板改制成的。详情请参看上文。又按：胡先生的《附展古琴小启》写于"一九六二年元月"，而说明则云"琴系本年夏"造，想"本年夏"是指1961年夏，因新历一九六二年元月时，农历尚未过年之故。

王叔岷

男。五十七岁。原籍四川简阳。王先生是台湾"中研院"的校勘学家。历任台湾大学及南洋大学教授。去年饶选堂老师到台北出席古画讨论会，曾经告诉我"'中研院'的王叔岷先生也会弹琴"，可惜王先生去了南洋大学任教，无法拜访他。详情不知，故附记于此。

王叔岷1937年摄于成都四川大学文学院学生宿舍"留青苑"（《慕庐忆往·王叔岷回忆录》第15页）

藏谱：

不详。

藏琴：

不详。

〔增补〕

王叔岷是著名的大学者、版本学家，著述丰厚，我并未见过他。

我中学时醉心研究古文字，十九岁有幸得国学大家饶宗颐先生青眼相加，1966年至1967年间，大约每周有一次去饶老师家请教甲骨文。

1967年我去台湾师范大学读书。饶老师1968年离开香港中文大学，应新加坡大学之邀出任中文系教授兼系主任。

我开始编辑《琴府》后常写信请教他。有一次他来信说，在新加坡每感寂寞，因为新加坡人大都英语好过汉语，少有知音。所以他大多时候独自读书研究，王叔岷是与他在文化上交流的仅有的几位同道之一。

王叔岷先生从新加坡大学退休后回到台湾，2008年去世。

王海燕

女。二十五岁。原籍福建林森。现址是台湾台北市罗斯福路四段三巷九号。现在台北台湾艺术专科学校任助教。我和海燕在台北认识已四年，常常碰头。吴宗汉老师在台北定居以来，海燕是学琴最久、学得曲操也最多的学生。据我了解，海燕从小喜欢音乐，启蒙老师是国乐家孙培章先生。1965年海燕进入

王海燕小姐

台湾艺术专科学校音乐科专攻国乐，涉猎过钢琴、二胡、扬琴等乐器。1966年起随梁在平教授学古筝，为入室弟子。1968年起又从吴宗汉老师及师母学古琴，颇受钟爱，得到悉心传授。已学了《仙翁操》《秋风词》《关山月》《玉楼春晓》《凤求凰》《良宵引》《风雷引》《长门怨》《极乐吟》《捣衣》《湘江怨》《阳关三叠》《梅花三弄》《归去来辞》《普庵咒》《平沙落雁》《秋夜长》《梧叶舞秋风》等操。1970年夏天海燕自艺专毕业，中华国乐会特别在九月七日晚上假座台北实践堂演奏厅举行"王海燕古筝古琴独奏会"，所演奏的琴曲是《阳关三叠》《普庵咒》《长门怨》《湘江怨》。此外海燕又常常参加各种国乐演奏会，及在电视台演奏，是台北年青一代乐人。海燕所弹曲操既多，又明白各种谱式，相信将来教筝教琴是胜任愉快的。

藏谱：

①所学各曲的抄本。

②初版《梅庵琴谱》的照片一份。

藏琴：

无名新琴

近乎宋人凤势、清人雷音式。黑色。螺钿徽。有凤眼。龙池凤沼都是圆角而不大。木轸木足。琴身颇大。这张琴是1968年从香港琴人徐文镜先生处买到。据我所知，徐先生在十多年前托朱龙庵先生在台湾买到一批木材，运到香港，当时徐先生已失明，乃口授指导蔡福记乐器行的工匠造了七张琴，分售给琴人，声音最好的一张由吴宗汉老师买到。后来由吴老师介绍，徐先生手中最后一张售给海燕。这张琴音量洪大，但音色燥而不纯。底板凤沼对下钻有小孔七个，据说徐先生原本打算不采用传统的把弦缚在雁足上的方法，

琴人寻访录

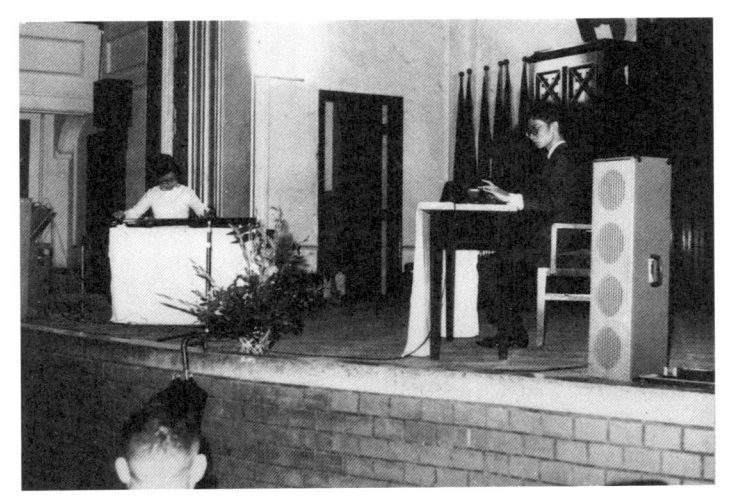

1970年台北师大礼堂古琴古筝演奏会，王海燕与唐健垣双琴合奏

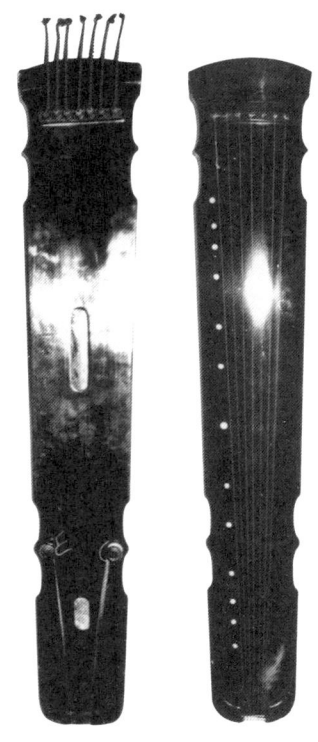

王海燕小姐藏无名新琴

而把弦用某种方法钩在洞中，以节省上弦的时间，这个计划并没有实行。

〔增补〕

1967 年吴宗汉老师从香港移居台湾，不久被台湾艺术专科学校聘为古琴教授。第一个拜师的就是王海燕，所以她是大师姐。

王海燕毕业后留校任教，积年升任副教授、教授，后来被聘为台北艺术大学传统音乐学系系主任兼古琴教授。

王海燕奉养双亲至孝，又囿于足疾，因此长居台北，未到台湾其他城市演出、演讲，也未曾到过大陆。

王进祥

男。年约二十五岁。通讯处是台湾台北县树林镇保安街一段二六八号邱生先生转。王先生曾在台湾师范大学国文研究所进修，目下或已毕业。王先生暇时欲学古琴，曾多次不辞跋涉，到南部凤山向容天圻先生学琴。我去年见过王先生二次，时尚未入门，近日或已大进了。

藏谱：

不详。

藏琴：

海潮音

仲尼式。深棕色。螺钿徽。长方池沼。有凤眼。木轸。木足。无断纹。

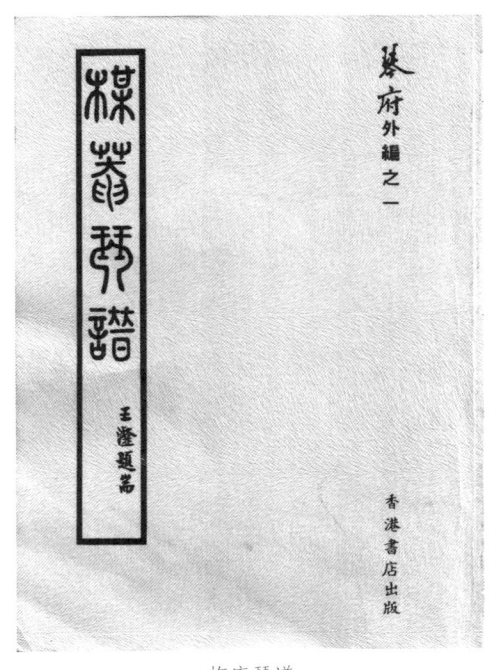

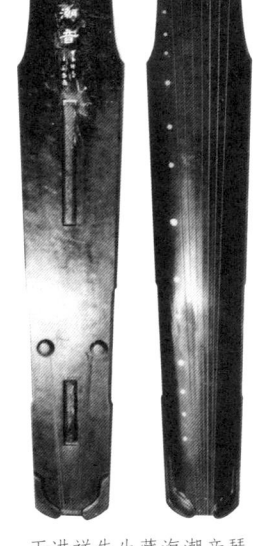

梅庵琴谱　　　　　　　　　　　王进祥先生藏海潮音琴

底板颈部刻"海潮音"三字，其下有小字二行云："甲辰仲春王宗岳题"。

龙池内纳音二旁有朱笔题识："□□□□甲辰春仲，胡莹堂监造，苏爱林斫。"

按：大约十年前，在胡莹堂先生指导下，琴友容天圻先生与工匠苏爱林先生曾合斫"海潮音"琴一张，琴归容先生，苏爱林先生又另斫"海潮音"一张，乃用旧日本筝面板改成，琴归王令闻女士。据容先生来信说，他的"海潮音"去年12月让给了王先生。

〔增补〕

《琴府》上册于1971年出版后，我敬呈给吴宗汉老师一部，吴老师很高兴，说："我们《梅庵琴谱》久未再版，你何不将其出版以广流传？"于是我回到香港后，向老琴家卢家炳（参看卢家炳条）借来《梅庵琴谱》，又从1937年出版的《今虞琴刊》抽出太老师徐立孙先生论文三篇《梅庵琴社原起》《论琴派》《论音节》刊于卷首。初版《梅庵琴谱》有祖师王燕卿先生写的序，再版时被删去，也由我夫人赖咏洁依照原序的行款抄写，再度列入。

1971年11月我在香港出版了《梅庵琴谱》。1975年王进祥先生也在台北出版了《梅庵琴谱》，他从容天圻先生（参看容天圻条）学琴，于是请容先生作序，收录了容先生的两篇文章。这两次出版对梅庵派在港澳台及海外的发展大有益处。

我与王进祥君素未谋面，后闻他不幸英年早逝。

王忆慈

女。五十七岁。原籍浙江杭州。字涵若。吴宗汉先生之夫人也。早岁与吴先生结婚后，即学古琴，师事吴宗汉及吴先生之老师徐卓先生。三十余年来，日必抚琴，深得梅庵派之神韵。婚后，随先生于香港十余年，近年偕吴先生移居台北。1968年10月吴先生患病以来，教琴工作大部分由吴夫人负责。夫人鼓琴取音清透圆润，不同凡响，门人对师母之琴艺，亦皆钦佩不置。台湾琴学，

王忆慈女士

经吴先生伉俪大力倡导后，大有中兴之象。吴夫人经常弹奏之琴曲与吴先生同，计有《仙翁操》《关山月》《秋风词》《极乐吟》《凤求凰》《秋夜长》《玉楼春晓》《风雷引》《秋江夜泊》《长门怨》《平沙落雁》《释谈章》《挟仙游》《捣衣》《归去来辞》《湘江怨》《思颜操》《阳关三叠》《良宵引》《普庵咒》《梅花三弄》《梧叶舞秋风》等二十余曲。

藏谱与藏琴：

请参看吴宗汉先生资料。

吉川良和*（Yoshikazu Kikkawa）

男。二十六岁。日本人。原籍日本大阪。现址是日本东京都新宿区信浓町十一（地址如有变更，可试向岸边成雄先生或张世彬先生查询）。我并不认识吉川良和先生，据前年张世彬先生从日本来信说，吉川良和先生正跟他学琴，到 1970 年 2 月止已学得《湘江怨》《阳关三叠》两操。

藏谱：

《古琴初阶》一本。

藏琴：

无名旧琴一张。

张世彬先生去年来信说是："百年前日本人造，无名，无铭文，无断纹。"我未见过这张琴，亦无照片。据说日本人造琴不用灰，所以不出断纹。

琴人寻访录

安方

女。二十三岁。原籍湖北英山。现址是台湾台北市四维路五十二巷一号四维大厦四楼 B 座。安方自幼曾学钢琴及芭蕾舞多年，近几年兴趣转向国乐方面，跟侯济舟女士学笙及古筝，前年起更跟侯女士学琴，得授《仙翁操》《慨古引》《关山月》《归去来辞》《阳关三叠》等操。去年三月愚夫妇初识安方，常常聚会弹琴弹筝，十分相得。安老先生及安老夫人希望安方百尺竿头更进一步，曾经亲自拜访吴宗汉老师，请收列门墙，安方乃从去年四月起跟吴老师习琴，学得《玉楼春晓》《湘江怨》《凤求凰》《极乐吟》《秋风词》《普庵咒》《良宵引》《风雷引》《秋夜长》等曲。五六月间安方跟我学过筝曲《纺织忙》，也曾帮我校对《琴府》稿件。回想愚夫妇初去拜访安方的一晚，谈到深夜，告辞的时候，安老先生早已入睡。过不了几日，内子咏洁摔了一跤，左脚脱臼肿起，十分狼狈，安方知道之后，日日来探视，并陪内子跑到老远的某处找一个跌打医生治理了很久。这位跌打医生不会讲国语，愚夫妇不会讲闽南话，倒是安方虽是湖北人，可以和医生交谈，每次叽里咕噜的也不知谈些什么，总之每次都是换了药就叫我们回家，不收医药费，我们相信是安方或她的家长怕我们经济情况不好，暗中代我们交了费用。不管他们是否花了钱，这份情谊我们是忘不了的。有时咏洁不肯再去换药，安老夫人就叫安方转告我们，说假如咏洁不去换药，她就要亲自来帮咏洁按摩以消肿，安老夫人对别人的

安方小姐

痛苦如同身受，实在使我们感动。不久，安老先生及安老夫人就搬回台中隐居，我们和两位老人家见面次数虽不多，但已足够使我们体会到他们儒雅慈祥的一面了。我们编印《琴府》的二年之中，因为我仍在念大学，内子则每日抄稿，并无受薪职务，生活很是困苦，常常交了房租之外，余下的钱便只够买白米，这不是笑话，我也不怕说出来丢脸，总之我们为要做一件有意义的事，宁愿过点苦日子。有一次安方连续三天来我们家，都看见我们在吃白饭，也许她回家后和家人谈及，以后她就常常给我们带来罐头、肉类、水果、面包，甚至白米。刮台风时又恐怕我们没东西吃，仍然冒风雨送食物来，我们想不接受，又实在是盛情难却，而且实在也需要，结果一再接受他们的好意。安老先生乃文化界名宿，安老夫人雅善丹青，安方的姊姊安和女士更是已故国画大师、诗书画三绝溥心畬（儒）先生的入室弟子，而我对国画很感兴趣，常常和安和女士及她的夫婿南伯魁先生畅谈书画，又及音乐、理想、人生，大家引为知己。这期间，安姐姐给我欣赏了许多溥先生的真迹，这是我最高兴的。南大哥的小千金小荣亦和我甚为亲近，我们都喜欢养乌龟，她就称呼我为"乌龟舅舅"，附记于此，以作他年重逢话旧的笑史！在我的感觉中，安方的天分很高，领悟力强，加以她生长在一个艺术氛围浓厚的家庭中，全家都支持并盼望她专心研究音乐，若她能努力不懈，当有所成。这是我所勉励安方的。

藏谱：

①所学各曲的抄本。

②《梅庵琴谱》再版本的影印一份。

藏琴：

饮水

仲尼式。黑色。螺钿徽。长方池沼。有凤眼。木轸。木足。无断纹。底板颈部刻"饮水"二字，是孙毓芹先生手笔。龙池纳音二旁墨书二行："余编《琴府》既成，复据《与古斋》秘法，斫此琴以为纪念。"

凤沼纳音上写了"第一张"三字。纳音两旁有墨书，右为纪年，系1971年，左为"唐健垣亲制"。

这一张琴，是我亲制。因离台匆匆，未及完工，由孙毓芹先生完成而付与安方的。1970年8月，愚夫妇到新竹市要找寻桐木，作学习斫琴斫筝之用，问了很多木材行都买不到。木材行多是没有桐木，有的话也都只是一二寸宽的桐木片。最后找到一家木材行，存有桐材六七根，据说摆在那儿已经几年，准备运到日本去的。本来琴书上说，造琴以孙枝为佳（长在高处的小枝叫孙枝），但孙枝不易找到，树干也得将就将就了。当下选了一根六尺多长，一尺直径的，运到台北，放在孙毓芹先生处让它阴干。古人说桐木里面有树液，要放在纸浆、流水中泡好几个月，使木液去尽，才能出好声音。可惜我没有适当的地方试验，只摆了一个月，就要动手试制古筝了。孙先生熟读《与古斋琴谱》，又曾亲手造过几张琴，对造琴的理论及实际方法都很有研究，承他毫不保留地把他的心得告诉我。孙先生帮我用三轮车把桐木推到附近的木厂，请工人用电锯锯成两边，再把木材运到我的住处，并把他的造琴工具借给我。当时我尚在师范大学读四年级，与内子租了一间七尺宽、十尺长的房间为蜗居，摆了床、书桌、琴桌、书架、椅子之后，已无空间，工作时要先把琴桌、椅子搬到床上，才能腾出一片空地来。酷热之际，每天锯、凿、挖、刨，做四小时的工作，挥汗如雨，敲敲打打的，幸得房东林先生见谅。做了大约五十小时，一边桐木粗具古筝的规模，另一边桐木亦已造成琴面的样子。

10月中愚夫妇与美国友人米凯乐先生合租了一层洋房，有一千尺的空间可供利用，于是又再花三十小时，造了岳山、轸子等零件镶在桐木上，完成一张古筝，样子虽不说美观，音色倒也不差。我的目的是要先造一张古筝，明白桐木的特性，处理的方法，然后学造琴。去年8月底，我将离台回香港，香港是人口密集之地，家中没有地方可供造琴，回港后也不一定有时间，更没有孙先生的指导。所以我计划在回港前把琴完成，争取一些经验。7月中我就开始动工，当时我在台北欠朋友一万多元，正无法清还，容天圻兄慨允以他藏了十年，并且已接近完成的琴材二床送给我，我就夜以继日地动工，把三张琴制成，凡烘（新桐木未能干透的，用平均的炭火烤它也有效）、锯、刨、凿、挖、上鹿角霜、打磨、胶合、制岳山、承露等工作均亲力亲为，常常三十小时不眠不休。朱元明小姐很有学琴的兴趣，按时来跟我实习制琴。到8月底我离开台北之前，已制好容兄所赠的二张琴材。音色松透，仿佛古琴的"听涛"，以新台币四千元让给吴宗汉老师。吴师、孙先生及容兄都说此琴是新琴中音色最好的。音色较次一点、清越异常的"漱玉"则以六千元让给朱元明。这二张琴直到我离开台时都未暇上光漆（已上灰并磨好），承孙先生义务替我完工。我自己买到的琴材，则只上了灰，未暇打磨，亦靠孙先生帮我完成，费了他很大的心血。这第三张琴虽未完工，但上灰之后试音，也很松透，在一般新琴之上，制成之后，想会更好。当下就有朋友愿出新台币五千元订购。安方早已说过她也希望买我一张琴来代替她所用的音色平庸的新琴，但她没想到我的琴居然会有人出到五千元来购买，这是她所负担不起的，但安方是愚夫妇的好友，且安老先生、安老夫人、安方的姐夫、姐姐等一向对我们都很照顾，在情在理，我们都应该把一张好琴给安方，让她弹来得心应手，进步神速。但我欠债一万多，而出售"听涛"与"漱玉"只得款一万，尚未足数。所以我就想到和安方交换琴的办法，这样她不必花一分钱，就得到一张好琴，而我把她的新琴以二千五百元卖了出去，也应付了部分债项，这可谓两全其美的办法了。直到我八月底离台时止，此琴仍未完工，也托孙先生帮我完成。10月，孙先生自己制的新琴"广长舌"完成，据内子咏洁（当时我先回港上课，咏洁仍在台北校对《琴府》下册稿件）从台北来信，说"广长舌"比之"听涛"又高妙一层，为新琴之中音色最好的。12月，孙先生来信说我托他完工之琴已造好，音色极佳，苍老、松和、清越，兼而有之，与"广长舌"不相上下，同一日又接到安方来信，说该琴是"新琴之王"，高兴之情溢于言表。为纪念我们给她这张琴的好意，安方为它取名"饮水"，以寄饮水思源之意，请孙先生题刻。我把此事详细写出来，目的不是要表彰自己，而是要安方永远记着我们希望她得好琴而善用之，百尺竿头更进一步，安方其勉之。孙先生教我造琴，又把工具送给我，一切心得全无保留，实在是百年不遇的良师，今又义务为我完成三琴，以清债务，亦是义气朋友，愚夫妇在此再致诚恳的谢意。

〔增补〕

安方一家人在20世纪70年代中期移居美国佐治亚州。

我在美国读博士时（1979年至1983年）曾去看望他们。安方夫婿秦先生是工程师，他们有两个女儿，当时都是六七岁。

安方一直收藏着我1971年在台做的三琴之一"饮水"。美国学琴的人少，安方在美国主要教古筝和中国古典舞，如宫灯舞、丝巾舞之类，一直教

1982年前后 唐健垣赴美国佐治亚州看望安方

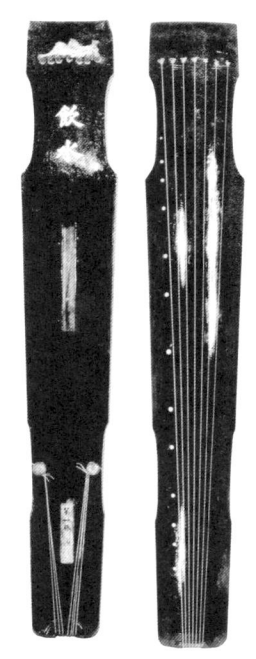

安方小姐藏饮水新琴

到四五十岁,乐此不疲,有时还参加舞蹈演出。她先生收入好,她教筝教舞是因为兴趣。

1984年我回到香港演艺学院任教。20世纪90年代中,安方全家来香港旅游,两女儿已十八九,不弹琴。

我与安方之姐安和夫妇也熟悉,安和是大画家溥心畬的弟子中造诣很高的一位,其夫南先生为人和善,胖胖大大,体重足有百公斤。南先生不涉猎文艺,原是台北大安区警察局长。

我与安方至今每年通电话。

朱小竹

女。十七岁。原籍广东增城。现址是香港新界元朗大道村卢氏英文书院春雨草堂，这是她外祖父卢家炳先生的清斋。我和小竹小姐并不熟识，只从卢先生口中知道她在1969年中开始跟卢先生学琴，已学过《凤求凰》《慨古吟》《醉渔唱晚》《月下吟》《午夜焚修》《逍遥游》《月夜醉花阴》等曲，《月下吟》及以下数曲是卢先生所作。前年7月我在春雨草堂曾听她弹《月夜醉花阴》，节拍稳定，指力很足，在女性而言，至为难能可贵。

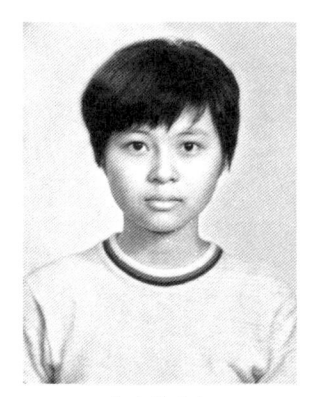

朱小竹小姐

藏谱：

无。卢先生说将来要把《五知斋琴谱》送给她。

藏琴：

秋蝉

这是卢先生的藏琴，将来要送给小竹小姐。

朱元明

女。二十五岁，原籍江苏淮阴。元明自小与父母侨居美国。1969年偕同美国籍夫婿回国，去年10月底又已飞美，通讯处是125 W. Dodnidge,Apt.312,Columbus,Ohio 43202,U.S.A.据我所知，元明虽然侨居海外，

朱元明女士

而心怀中国文化，在美国读大学时努力学中文，回国后两年之间，已能读写中文、讲流利国语。美国有一位 Alan Kigan 博士，曾经来香港跟沈太太（蔡德允女士）学琴，元明在美国跟他学过《仙翁操》《关山月》及《梅花三弄》头一、二段。来台北后元明的丈夫写博士论文兼教书，元明则教书兼跟汪振华先生学吹箫。1970年冬至今年4月左右则跟汪先生学琴，得授《慨古引》《归去来辞》，并复习《关山月》。去年4月间安方小姐带我去拜访元明，论琴弹琴半日，元明对我很是佩服。当日我已注意到元明对琴事提出很多别的学生所不曾想到或不重视的问题，对我论琴的话又倾听得很仔细。自后元明常来我舍中与我论琴，我也很乐意指导她琴理方面的知识，但并未正式教她弹琴曲。有一日元明说她半年来只学到二曲，在留台的另半年中恐怕也学得太慢，希望我介绍她去跟吴宗汉老师学习（她知道我跟吴师学琴几个月便学到十多操，很是羡慕）。不久元明商得汪振华先生同意，我也就介绍她去跟吴老师学琴。元明聪明而用功，心细如尘，吸收极快，甚得老师、师母钟爱。元明每学一曲，必请师母录音示范，在家中反复体会，所以颇得师母韵味。自5月9日到10月间，已学得《湘江怨》《归去来辞》《阳关三叠》《玉楼春晓》《凤求凰》《长门怨》《平沙落雁》《普庵咒》等曲。三年间我在台北、香港所见过数十位年青琴人，纯为兴趣而学琴的人中男性我首推陶筑生兄，女性则首推朱元明。不妨在此详述我的观感。

　　元明自从转到吴老师门下，一来因为我是介绍人，二来我忝属先入门，三来她与愚夫妇又很投契，四来她对我很佩服，故此元明每每在到吴老师府中上课之前来舍下备课，或在下课后来舍下练习，请我指点。当时我正在整理《琴府》稿件资料，元明常常自备午点来舍下帮我校稿，热心在一般人之上。且元明对琴的追求，并不止于弹奏的技艺，更欲穷其理，每当孙毓芹先生来舍与我论琴，元明倾听问学，更如恐不及，所以进步神速。去年8月中愚夫妇安排孙毓芹先生及元明往台湾中南部拜访琴人，在凤山容天圻先生家中各鼓一曲，元明试奏梅庵派数曲之后，孙先生、容先生及愚夫妇不约而同说她是吴老师学生中最得师母韵味的，然则元明的成绩可说是很好了。（按：吴老师自1968年中风之后，左手一直不曾恢复原有的灵活，故此我们都是习闻师母弹琴，而不大知道老师的味道。）此外，元明又曾跟我学造琴，这又是普通琴人（尤其是女性琴人）所不易做得到的。我因感于元明学琴的诚意，又想有所勉励，所以在此表彰一二。元明今已回美国，希望她能为各地琴人修理旧琴，并教人造琴，发扬琴道，方不枉我一片苦心。

藏谱：
　　①所学各曲的抄本。
　　②梅庵琴谱再版本的影印一份。
藏琴：共二张。
　　①无名新琴

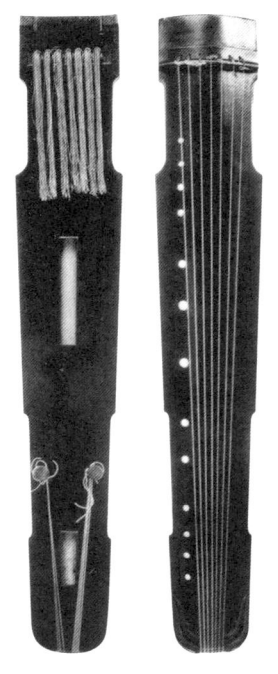

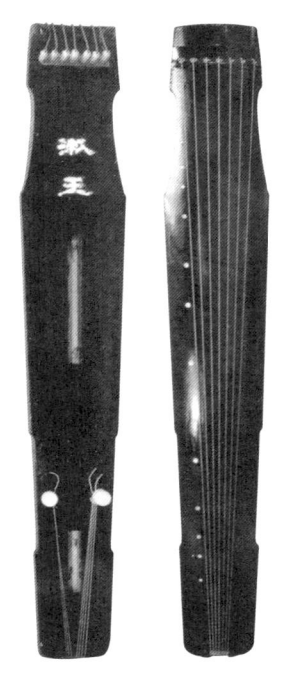

朱元明女士藏无名新琴　　　　　　朱元明女士藏漱玉新琴

仲尼式。黑色。象牙徽。长方池沼。池沼镶边。无凤眼。木轸。木足。无断纹。无铭文。这张琴是上海出品，前年托人买自香港。琴面不平。琴徽涂成红色，庸俗非常，经由我将红漆刮去，重现象牙色。琴面的不平虽然磨过，因为未曾真正大修，重上灰漆，所以目前仍不理想。

②漱玉

仲尼式。黑色。螺钿徽。长方池沼。无凤眼。象牙轸。象牙足。无断纹。这张琴是用容天圻先生送给我的十年旧桐材造成的，琴型容先生已制好，我只做挖薄、上灰、镶岳山、镶龙龈、磨平琴面灰漆的工作。磨琴面是用长八寸的幼滑"油石"（近乎磨剃刀的极幼细磨石），加水推磨，从琴尾直推到琴颈部分，单磨琴面便达一万六千次之多（我所造现归吴宗汉老师的"听涛"琴，亦经此繁重工作）。当时我共制琴三张，刀、锯、刨、凿、灰、漆及各种用具杂陈屋中,元明早晚来学各种技巧(例如用刀之法、制琴尺寸、灰漆调制比例、胶合面板底板、制竹钉法、磨徽法等),已得大概,琴面不能磨坏,由我推磨,琴底的灰漆则由元明推磨,作为练习。琴成上弦试鼓,音韵很好,清亮而不燥,元明愿出新台币六千元购用。我离台北前几天,容天圻兄从南部北上,下榻舍间,夜间听琴,以为尚未尽善,我即连夜将这张琴破腹再挖修,并在龙池内纳音两旁用墨写上"天圻兄赠十年旧材,造成此琴以付元明师妹"等字样,以为纪念,再将琴胶合,打竹钉。三日之后我即匆匆回港,托孙毓芹先生为我完成打磨、修饰、上徽等工作,挖修后的音色如何,我已无福享受了。十月间内子咏洁从台北来信说"漱玉"挖修之后声音又较前更好,我这才觉得安慰。"漱玉"二字是容先生原刻。此琴的形状,和吴老师的"听涛"相同。

〔增补〕

朱元明回美国后,初时还有书信来往,最近的三十年未联络了。

朱家龙

男。约五十岁。字亚伯。籍贯不详。现址是台湾台中市公园路二号航空研究院。1969 年 5 月 17 日夏天马先生在台湾《新生报》发表一篇《名琴观赏记》,文中提及台中市有一位"亚伯"先生造了一张改良古琴送给他。我即写信向夏先生取得朱亚伯先生的地址,并和朱先生通讯。前年夏天我和内子咏洁到台中拜访过朱先生。朱先生是航空研究院的副院长,本身是科学家,

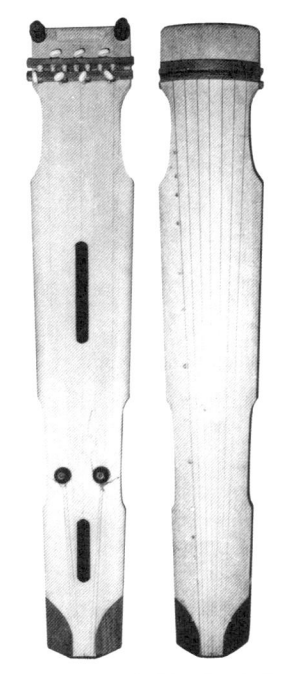

朱家龙先生设计的新琴，未上漆 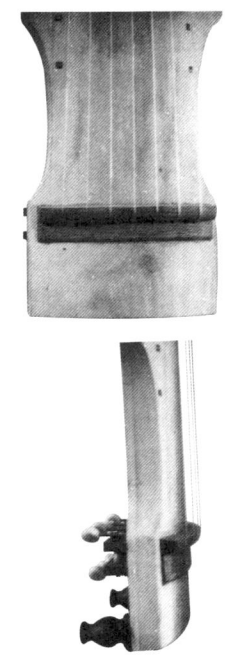　　　　朱家龙先生设计的新琴琴头及轸钮

不会弹琴，但很有意利用他本身的科学知识把古琴改良。当日在朱先生的办公处并未看到他所监制的琴，晚上我们到彰化拜访朱龙庵先生，在朱先生府上倒看到了一张乃是亚伯先生造好，送请朱龙庵先生批评的。亚伯先生买了不少桐木，泡水脱脂之后，用来造琴，由夏天马先生、朱龙庵两先生指导，亚伯先生设计改良，由一上海工匠动手。当时所见的琴，木板太薄，不能出琴音。去年八月，愚夫妇又陪同孙毓芹先生，朱元明小姐到台湾中南部访问琴人，再次访问亚伯先生。这次见到两张新琴。孙先生对斫琴很有经验，我在他指导之下也亲手造过三张琴。因为亚伯先生对造琴很热心，又谦虚地要我们批评，孙先生和我一再研究，向他提供了很多意见，诸如木板的厚薄，龙池凤沼的留边（明朝人叫做舷）的秘法，腹内挖空的大小，岳山的高低、形状，琴脚的形状，上灰漆的方法等等。去年所见两张琴比前年所见的好得

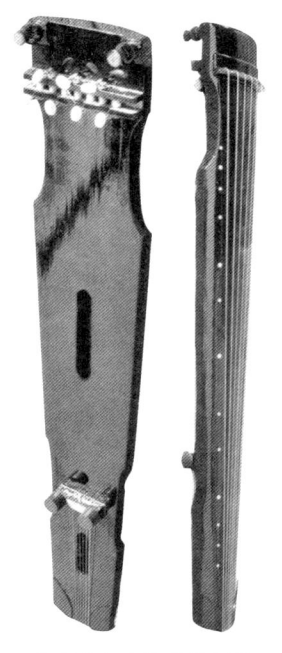

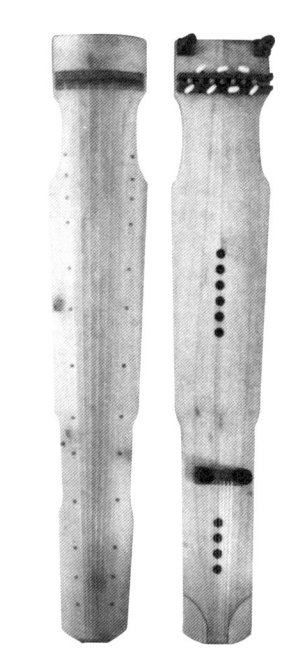

朱家龙先生设计的新琴　　　　　　　朱家龙先生设计的新琴，未上漆

多，但仍然存在着不少缺点，因为亚伯先生自己不弹琴，这些微妙之处是不易发觉的。但愿亚伯先生再接再厉。亚伯先生的所谓改良，其中之一，是把琴轸取消，改为用吉他的金属螺旋钮，他的理由是：古琴原有的上弦方法麻烦而费力，不但很多女性不够力上弦，一些上了年纪的男性也觉得困难，改用螺旋钮比较方便。这一个问题以前也有人想到过，内地的琴人不算，住在香港的徐文镜先生曾经想用七个铁钩来缚弦（请参看王海燕小姐藏琴条）；张世彬先生在5年前造了一张琴，也用吉他钮；古董家钟同先生也在数年前设计了一排吉他钮用来上琴弦，和亚伯先生设计的都大同小异。我曾经以此事向许多琴友问及，一般的意见，都说改用螺旋钮便失了古味，不够文雅，主张保守，不主张改良。我个人则以为造琴没有所谓保守派、改良派的是非。我自己十分重视古人遗留下来的琴学资料与经验，但也希望有人能够确实地

想出改良的办法。这个道理很简单，在极古的时候，古琴大约不会和现在的琴一样，由刚发展出可以叫做"古琴"的乐器时起，到明清时代，琴人无时不在"改良"之中。很明显，普通的漆不够坚硬，经不起琴弦的长期摩擦，于是有人想出了用漆调和各种"灰"，以增加坚度，这是改良。弦太粗把左手指磨痛了，有人想出了"缠弦"的方法（在平弦外再缠一层，使琴弦平滑），使左手指不痛，这是改良。各地造弦的工人各展所长，使缠弦越来越平滑（以杭弦最有成就），这是改良。古桐木难求，新桐木含有汁液树脂太多，有人想出了用水泡、火烘的方法去增加木材的松化程度，这样改良。琴韵不够长，有人想出了在面板留两个"纳音"以阻止声音消失太快，这是改良。唐朝的雷文、张越尝试在池、沼边留舷，使"关声而不散"，这是改良。琴身易折腰，有人想出了增加天地二柱来支持琴板，这是改良。有人进一步把琴底板也弄弯形如仰瓦，一以使琴音回环不绝，二以使琴不易折腰（科学实验证明，圆形东西比较不易弯曲），这是进一步的改良。这些设计，都不是极古时候造琴的人所想得到的。由此可见，古琴的结构无时无刻不在改良之中，这些参与改良的人，生活在唐以前，及唐、宋、元、明、清各代，在现在看来，都是古人。故此我说没有所谓保守、复古、改良之分，祖宗之法可以变，因为祖宗也在求变，问题是"改良"得是否有用，是否必须而已。我颇以为诸琴友的所谓改良，都很有问题。将琴体积加大，应有其限度，以我所见近百张琴而言，大的琴不一定比小的琴大声，声音的大小，部分关键在于琴木的质料、面板、底板胶合的方法，挖空的程度及地位。将面板改薄，或增加面板拱起的程度，以求增加共鸣箱的体积，这是古人已经注意到的，但这会导致琴音的不美，在宋人所称"三实四虚"之病中，称为"兑虚"。缚弦用七个铁钩，上弦用螺旋钮，这方法未尝不可，但不是有利无害的方法。按照理论，乐器的共鸣箱上不宜附加太多或不必要的零件。共鸣体上零件多了，就影响共鸣，谓如不信，试把手指放在鼓的皮面上，无论你如何用力打鼓，也不能发出正常的鼓音来。又纵然要加零件，亦不宜用金属的。古人把琴字作"栞"，表示琴是以木为材料的，五金非琴之所宜。至于琴弦尾巴缚在雁足上，一来不必增加铁钩或类似的轴，二来可使弦上的任何震动都由雁足传到琴桌上，产生进一步的共鸣，此所以古人主张雁足要透过底板，直接碰到面板，而不能只镶在底板上。总括我的意见，要改良一样东西，必须改良了之后，新的东西没有毛病才算可取。古琴的传统上弦法流传了千年以上，其所以一直不改，难道是古人的手工做不出铁钩及螺旋钮吗？非也。亦非是因为中国人好古成性，或不敢改动先贤的遗制。而是因为古人深切地明白，旧有的上弦法是有其优点的，才因仍不改。我对此有一套理论，但限于篇幅，不便详细说明。我在过去三年来，实行上弦不下数百次，深深地明白，上弦有很多妙法，有省力的，有费力的，巧妙存乎其人，倘若自学琴开始便怕上琴弦，靠老师、师兄弟或家人来代劳，那么一生都不会发现上弦的省力方法，于是人云亦云地说上弦很困难，这是很不明智的。

藏谱：

《古琴初阶》查阜西、张子谦、沈草农合编。

藏琴：

无名新琴

数目不详。亚伯先生设计，请工匠制造。

朱云

男。六十六岁。原籍浙江绍兴。字龙庵。现址是台湾彰化市光复路中和巷七号。前年 8 月 17 日愚夫妇到台湾中南部拜访琴人，首次见到朱先生。今年八月愚夫妇与孙毓芹先生、朱元明女士又到中南部访琴友，亦曾在先生府中畅谈一宿。先生在二十三四岁开始学琴，来台湾之后又从胡莹堂先生再学指法及琴曲，并自行打谱，特别喜欢的是广陵派及浙派琴曲。先生所弹的计有《关山月》《平沙落雁》《胡笳十八拍》《秋鸿》《潇湘水云》《流水》《高山》《归去来辞》《梧叶舞秋风》《渔歌》《秋江夜泊》《长门怨》《鸥鹭忘机》等二十多操。其中《平沙落雁》《潇湘水云》《长门怨》数曲想是胡莹堂先生所授。前年在先生座上曾听他鼓《平沙落雁》，去年又听他弹《长门怨》《平沙落雁》，据先生说他半年来未曾抚琴（他的琴亦已尘封蛛结，弦废轸弛，可见不假），而随手仍能鼓曲，可见是弹琴日久，功力深厚了。前年容天圻先生曾寄给我先生在1960 年弹《鸥鹭忘机》《潇湘水云》，1962 年弹《高山》的三曲录音（这卷录音朱先生亦曾借给我），先生对琴的爱好，可谓是数十年如一日了。先生善琴之外，又是书画名家。夫人吴韵如（筠）女士，五十五岁，原籍福建福州，亦曾从胡莹堂先生学《空山忆故人》《长门怨》《平沙落雁》《潇湘水云》等曲。千金朱玄小姐，三十岁，多年前曾学《秋江夜泊》，但二人都久已不弹此调，附记于此。

朱先生在台多年，所授学生不少，包括有：苏丽文小姐，台北人，东海大学中文系毕业；杨玫小姐，山东人，东海大学中文研究所毕业；吴权小姐，

朱云先生

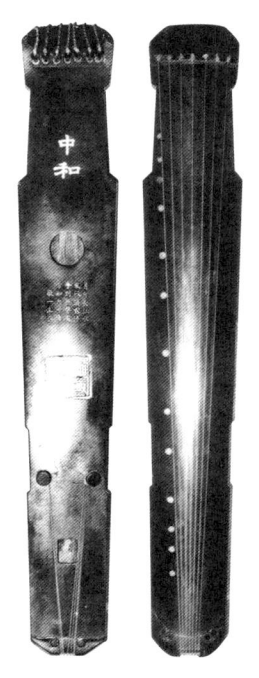

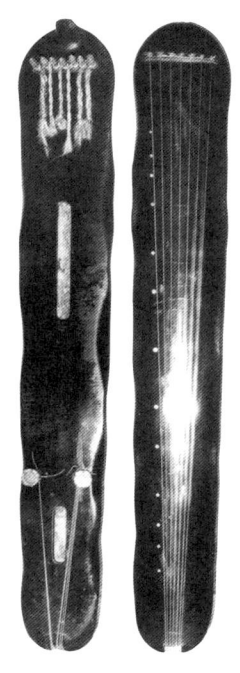

朱云先生藏中和琴　　　　　朱云先生藏无名旧琴

江苏人，今年四十多岁，浙江大学毕业；梁铭越先生（跟朱先生学《高山》一曲）；廖德雄先生（跟朱先生学《平沙落雁》一曲）。上述三位女琴人我都未见过面，据朱先生说她们三位用的都是台北制的新琴，其中杨玖小姐弹得较好。梁铭越先生现在美国，请参看梁铭越先生条。廖德雄先生现在台北，请参看廖德雄先生条。

藏谱：

①《琴学入门》线装一册（原本是三册，朱先生合订成一册）。清张鹤撰。中华图书馆石印本（和《琴府》上册所影印的版本相同）。

②《重刻春草堂琴谱》线装四册。清曹尚絅、苏璟等撰。清光绪甲辰（即光绪三十年，1940年）仲秋刊于龙邱。须摩提室藏版。"丁心居士"题端。

③《春草堂琴谱》抄本一套，朱先生据上述《春草堂琴谱》手抄。

④《自远堂琴谱》十二卷。线装十二册。清吴灴撰。校经山房成记书局石印本。（和《琴府》上册所影印的版本相同）

⑤《五知斋琴谱》八卷。四册。朱先生抄本。

⑥《琴学丛书》之《琴镜》的部分抄本。朱先生抄。包括《琴镜》的例言、指法、《鹿鸣》《归去来辞》《秋声赋》《渔樵问答》《平沙落雁》《四大景》《梅花三弄》《水仙》《渔歌》等曲。

⑦《今虞琴刊》1937年今虞琴社刊本（和《琴府》上册所影印的版本相同）。

藏琴：共四张

①中和

仲尼式。黑色。玉徽（第五徽是螺钿徽，第三徽失落未重装）。圆池。方沼。有凤眼。黑色角轸。木足。有小蛇腹断纹。面板是桐木。琴面是八宝灰。"中和"二字刻在琴底颈部。龙池下刻楷书五行：

"月印长江水，风微滴露清。会到无声处，方知太古情。敬一主人。"

据说敬一主人即明末潞王朱常淓；但《带经堂诗话》则另有一说，请参看《琴府》所收杨时百《琴学随笔》卷二第十九页。其下又刻巨型阴文方印"潞国世传"四个篆字，字内填金色。龙池内绕着圆形的纳音可看到若干刻字，沿时钟方向读成："大明崇祯□戌□□□贰□柒号"。据前人说潞王在杭州制造大批古琴，各用号码记录，人称"潞琴"，或"潞王琴"，然则这是潞王监制的第二十七张琴了。其中"戌"字残缺不清楚，我以为是"戌"字，朱先生以为不是，后我回台北检查年历表，崇祯七年果然是甲戌1634年，则是甲戌年所制无疑，距今已三百三十七年。考《明史》卷一二〇说朱常淓在万历四十六年承袭潞王之爵位，崇祯中叶流贼为患，则崇祯七年时正有造琴的雅兴。旅美学者夏天马先生《名琴观赏记》一文（已收入《琴府》下册《近代琴文集》）记载这张琴时语多失实。夏先生说此琴"蛀蚀綦甚，至不复能上弦试音"，实在此潞琴完整结实的程度，在一般明琴之上。当日朱先生即用这张琴奏《平沙落雁》，怎能说"不复能上弦试音"呢？此琴音色是一般明琴的中等以下。据说因为潞琴是请工匠大批制造，虽然手工精巧，但选材不佳。故清朝及民初琴人并不重视潞琴，只因潞琴是王子所造，故而有名。朱先生此琴，是在台北买到，其初琴主曾欲售给章梓琴（志荪）老先生，章先生闻说是潞琴，并不购买，他说："潞王琴并不足取。"后由朱先生购得。章先生往昔在内地曾藏历代古琴二十四张，见多识广，难怪不要潞琴。但在古琴越形稀少的今天，潞琴仍不失为可取。*据我的记录，琴腹内铭文作"路王"，似乎不合理，现改作"潞王"。

②无名旧琴

蕉叶式。黑色。螺钿徽。长方池沼而圆角。白玉轸。白玉足。有小蛇腹断纹及流水断纹。面板是桐木，不设纳音。从池往内看，面板有小洞，似是剥落或蛀蚀。夏天马先生《名琴观赏记》一文（已收入《琴府》下册《近代琴文集》）说这张蕉叶琴是宋琴，乃文天祥所制云云，此说错误之极，请参看《琴府·近代琴人录》夏天马条。蕉叶琴是明朝人始创，宋朝的文天祥又如何预先制蕉叶琴？明朝祝海鹤（祝公望）始创蕉叶琴（有些琴书说是明初国师刘伯温［基］所创，亦误），据明人笔记，因祝海鹤造琴精妙，售价极昂贵，在当时已有人仿制。这张蕉叶琴的形制、手工比我所见的数张祝海鹤蕉叶琴（原物及照片）差得多，且无祝氏铭文题识，所以绝非祝海鹤的制品，

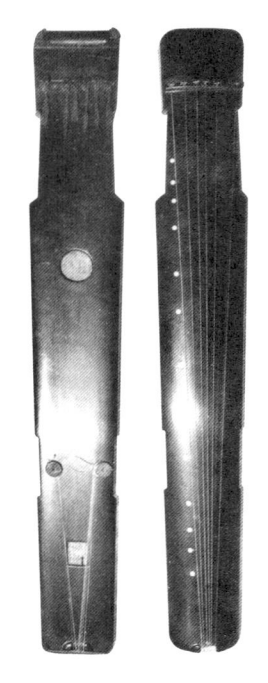

朱云先生藏无名新琴1　　　　　朱云先生藏无名新琴2

但以断纹及木色来判断，亦明末清初之物。音色在明琴中是中下等。

③无名新琴

仲尼式。黑色。螺钿徽。圆池方沼。无凤眼。木轸。木足。无断纹。朱先生数年前请工匠略仿潞王琴形式制造。

④无名新琴

仲尼式。黑色。螺钿徽。圆池方沼。无凤眼。木轸。木足。无断纹。朱先生数年前请工匠仿潞王琴形式制造。

何觉

男。约六十岁。广东顺德人。字蒙夫。斋号诗境庐。现址是香港跑马地奕荫街十三号楼下。何先生以前曾任中山大学教授，书香世家，深嗜文玩，交游所及，琴友不少，而本身并不操琴。前在广州曾蓄琴若干，皆已散失。近二十年居香港，前七八年从友人处让得"都梁"琴，为广东名琴，极珍之。又从其老朋友卢家炳先生处得"混龙吟"琴，已于1970年夏让给旅美华侨。

1970年夏摄于香港卢氏春雨草堂。右起钟同先生、卢家炳先生、何觉先生、赖咏洁女士、唐健垣先生

藏谱：

　　无。

藏琴：

　　都梁。

明末薛始亨所斫。广东四大名琴，此为其中之一。此琴铭文甚多。池内铭文为隐语若干句，隐藏"大明永历丁酉十月辛未日造"等字，请参《近代琴文集》中拙著《古琴展览》之说明。

又前年何先生曾藏"混龙吟"琴，已让给旅美华侨，有关此琴资料，请参看卢家炳先生藏琴"混龙吟"条。

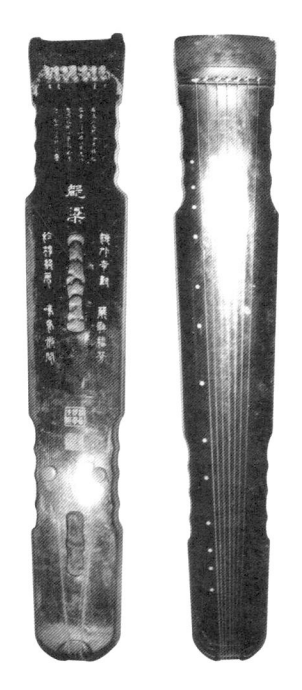

何觉先生藏都梁琴　　　都梁琴底板及　　　都梁琴拓本之部分
　　　　　　　　　　琴腹内铭文及拓本

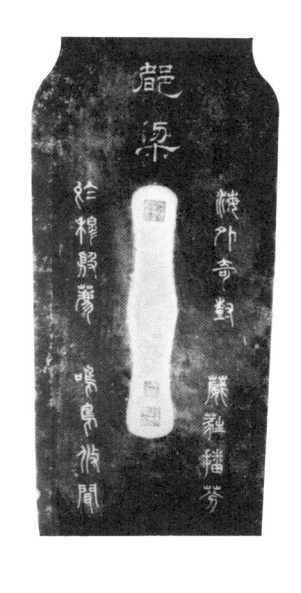

〔增补〕

何觉先生早岁在广州教书，20世纪50年代定居香港教中学，课余喜逛古玩店、交结文物朋友。我中学时亦喜逛古玩街，得结忘年交。我未缘到过何宅观赏其藏品，倒是何老常约我周末茶聚，"一盅两件"时欣赏他带的书画、陶瓷、清代紫砂壶，及"都梁"老琴。他常津津乐道的是家藏清代紫砂壶十多个，有陈曼生葫芦壶，及高价抢购得"免宝物流到日本"的"都梁"琴。该琴朱红漆，何氏以为是唐琴，我多次借用，据龙池内铭文考出乃明末薛始亨所斫。

1972年3月香港中文大学文物馆屈志仁馆长策划办古琴展览，因我在文物馆旁的研究院修甲骨文硕士，又因我与屈馆长都从蔡德允师学过琴，时相过从，乃请我帮忙筹备，包括联络琴人、借琴、撰写说明等事务。该次共展唐宋明清琴十六床、新琴若干及老琴谱、书画等。此事在《琴府》下册的《近代琴文集》有详细说明。何觉藏的"都梁"琴是广东新四大名琴之一，亦被展出。粤中琴界原有四大名琴之目，较早期为"春雷""绿绮台""天蠁""松雪"。又以"秋波"代"松雪"，后复又以"都梁"代"秋波"。（参看《琴府·近代琴文集》屈志仁《广东的名琴》一文。）

《近代琴文集》的《古琴展览》一文中，"都梁"为第十四琴，我撰有千字说明，摘录如下：

何蒙夫先生藏。"都梁"为广东四大名琴之一，明末薛始亨所斫。始亨字刚生，号剑公，广东顺德人，博学能文，少好神仙术。明末岁丙戌（1646年）遭世大乱，明亡，初居羊城，后返龙江，著《归故园赋》。会母丧，遂弃儒冠学道，绝意仕进，杜门探赜，积二十年，其所学无所不窥。尝得《剑经》及一古剑，十年一磨，辄矜异，因自号剑道人。年五十稍稍出游，往来罗浮西樵间。养二鹤，行则以自随。居常服大袖深衣，冠网巾。囊一琴，佩一剑，每惬意，必饮酒，酒酣舞剑，歌《空山无人》以自喻，卒年七十，著有《蒯缑馆十一草》《南枝堂诗集》。

"都梁"二字刻于琴底颈部。轸池之下琴名之上则刻有铭文一段"有泉石之韵。有圭璧之容。雍雍乎以雅以风。使非老其材。何以垂声于无穷。空山子书为剑道人"。下有"[印]"印章，即"空山"也。余疑"都梁"琴本无此铭，乃后人据《薛始亨文集》补刻者。何以见之？此铭见于始亨之《蒯缑馆十一草》，名为"归昌琴铭"，不称为"都梁琴铭"，此证之一也。蒙夫先生藏有"都梁"琴旧拓本一纸，此段铭文有后人补拓之迹，然则初拓本实无此铭，即"都梁"琴原亦无此铭也，此证之二。姑存以俟考。此琴龙池两旁刻铭文四句："海外奇树。葳蕤播芬。于穆殷荐。鸣鸟攸闻。"海外奇树能播芬芳之气者，都梁也。都梁香者，兰草之异称，见于《本草》。《荆州记》云："都梁有山，下有水清浅，其中生兰草，因名都梁香。"李时珍曰："……都梁山产此香。兰乃香草，能辟不祥。"此琴木坚而重，绝非梧桐，意者为香木制成，故名为"都梁"也。鸣鸟即凤鸟，语出《尚书·君奭篇》："我则鸣鸟不闻。"前述"归昌琴铭"，归昌者，凤凰集鸣也，见《说苑·辨物》，及《宋书·符瑞志》。归昌既为凤叫，而鸣鸟又即凤之别称，则"归昌琴铭"与"都梁琴"或亦有关，其详不可知矣。龙池下刻一印"锦岩何蒙夫藏"，为何蒙夫先生新得此琴后所刻。再下一印为"钦州钟仁阶宝藏"，则"都梁"旧主所刻也。此琴形式不见于宋人琴书中，而极近清人所谓连珠式（见《德音堂琴谱》《五知斋琴谱》"历代琴式"）。说者或因轸池下铭文云"有圭璧之容"遂谓此琴像玉圭之形，亦非定论。琴为朱色，螺钿徽，玉轸、玉足，断纹略出，而尚未成式。以余考之，此琴为明末永历丁酉（1657年）薛始亨所制，则琴龄才三百十五年耳。何以知之？以其腹内铭文考知也。其铭四行，分刻于池内纳音两旁，文曰："一去天上。二曜恒升。咏歌忘言。甲子除乘。可括囊口。主酬客寿。士也一寒。寸帛露肘。有莘芸耔。人远余思。时无寸土。篷羽高飞。厥辞隐显。鉴者察微。薛剑公识。"此铭为隐语。"天"字上去"一"乃"大"字。"二曜恒升"即"日月"并升，乃"明"字。"咏（詠）"字去"言"为"永"字。"甲子"乃天干地支相配，乃历法也，即"历（曆）"字。"可"字去"口"乃"丁"字。"酬（醻）"字去"壽"是"酉"字。"士"字去"一"画是"十"字。"肘"字去"寸"是"月"字。"芸耔"除草也，"莘"字去掉草头是"辛"字。"余"字去"人"是"未"字。"时（時）"

字去"寸"是"日"字。"簉"字去竹头是"造"字,"竹"字与"羽"字篆文形近,故去"羽"表示去"竹",全文为"大明永历丁酉十月辛未日造"。即制于公元1657年,亦即始亨于明亡后绝意功名之作也。其时明室新亡,始亨为遗民,忠心一片,不欲用满清年号,故括为隐语,刻于琴腹,留待后人察微钩稽,其用心亦良苦矣。又考其所以用朱漆者,亦纪念朱明之意。明帝姓朱,故明遗臣辄以"朱"代明朝。清初某氏作《咏黑牡丹诗》云:"夺朱非正色。异种也称王。""朱"指朱明,"异种"指满清,卒此引至文字狱。此明遗民以"朱"代指朱明之证也。

广东四大名琴"天蠁"久无下落;"春雷"现在外国,归蜀人张大千;"绿绮台"毁坏不能张弦;此三琴音色如何?余皆不知。"都梁"为坚木所制,虽其音清刚有余,而松透不足。然遗民之苦心孤诣,赖是琴以传,亦足宝矣。

吴永猛

男。年约三十岁。任教于台湾中国文化学院。现址是台湾台北阳明山华冈新村一一四号。吴先生三四年前从台北孙毓芹先生学琴,时学时辍,约有二三年之久。曾学《阳关三叠》《太古引》《醉渔唱晚》《归去来辞》《平沙落雁》《鹿鸣》等。1970年11月28日晚,孙毓芹先生在台北"东西精华协会中国办事处"举行"中华古琴联谊社"第一次雅集,吴先生亦有到会,我只在这一天见过吴先生,当晚吴先生没有弹琴。

藏谱：

①《研易习琴斋琴谱》上中下三册。章志荪先生著。

②《琴学入门》一册。清·张鹤著。不知是何版本。既是一册，则可能是台北韩镜塘先生多年前据原刊本缩影的小字本。线装。

藏琴：

不详。

吴宗汉

男。六十八岁。原籍江苏常熟，现居 6196 Palau St.,Cypress,Calif. 90630,U.S.A. 吴师为南通大琴家徐卓（立孙，立逊）之得意传人；而徐先生又为梅庵派古琴始祖王燕卿先生之嫡传弟子，故吴师为

吴宗汉先生

梅庵派第三代琴家也。吴师自弱冠学琴而笃好之，操缦已有四十余年。吴师鼓琴，注重拍子节奏，右手下指，刚劲有力；左手按音，宽宏淳厚；吟、猱、绰、注，手指上下摆动，不拘于次数多少与距离大小，但求琴韵饱满悠长，能充分表达曲意为要旨。梅庵派古琴之风格神韵，于吴师之琴艺中可以窥之。吴师尝谓弹琴快慢并无一定标准，或快或慢，应以曲之内容为转移，轻重缓急，抑扬顿挫，以能传神为主；惟过慢，则听者感觉枯涩乏味，易生倦意；其言极符琴理，实至论也。夫人王忆慈女士亦操缦三十余年，昔在上海，吴

吴宗汉先生鼓琴

师伉俪与今虞琴社诸琴家研究琴艺,过从甚密。20世纪50年代,吴师伉俪移居香港,倡导古琴,不遗余力,诲人不倦,弟子遍海隅。1967年夏,迁台定居,台湾艺术专科学校聘吴师为古琴教授,1968年10月11日,吴师忽患中风,左半身不遂,初时动弹不得,调治年余,渐告康复,现可自由行走,简易小操,右手能弹奏;惟以左手尚失灵,不能得心应手也。吴师病后,海内外琴友,莫不关切痛惜,旅美琴人夏天马教授,于吴师未病时来台北听其鼓琴后,著有一文述及吴师之琴艺,文经收入本书,题为《古琴曲谱一夕谭》,读者可自行参考,文中有云:"先生为梅庵派嫡系大师,故能运用纯熟手法,充分表达梅庵谱中之独特风格。"惜天不造美,吴师正当炉火纯青之际,遭此意外,不特吴师之损失,亦青年学子之大损失也。自吴师病后,教琴之责任,乃由夫人负之,吴师则随时在旁指导。其为人也仁慈,其授业也严明,故学生咸敬爱之。吴师所弹琴曲计有:《仙翁操》《慨古吟》《关山月》《秋风词》《极乐吟》《凤求凰》《秋夜长》《玉楼春晓》《风雷引》《秋江夜泊》《长

1980 年前后，唐健垣到美国加州山上探访已由台北迁加州依子居之吴宗汉、王忆慈伉俪 吕培原（白衣者）开车接送唐健垣上山到吴家

1980 年前后，吴宗汉、王忆慈伉俪于美国加州

门怨》《平沙落雁》《释谈章》《挟仙游》《捣衣》《搔首问天》《归去来辞》《湘江怨》《思颜操》《阳关三叠》《良宵引》《普庵咒》《梧叶舞秋风》《梅花三弄》等二十余操。其中《关山月》至《搔首问天》皆为《梅庵琴谱》中所有。其《风雷引》之录音，英国伦敦广播电台且灌入唱片。吴师早年曾学琵琶，习瀛洲古调多年，中年后乃专致力于古琴。夫人亦善昆曲，昔在上海时，曾从俞振飞先生学习，嗓音清润，字正腔圆，闻者无不赞美，可谓艺术传家矣。

藏谱：

①《梅庵琴谱》1931 年初版，线装一册。

②《梅庵琴谱》增订本，附有简谱，线装一册。

③油印本《琴谱讲义》一册，此乃吴师学琴时为徐卓先生所印发者。

藏琴：共四张

①太和

黑色。螺钿徽。长方池沼。木轸。木足。此琴音苍松，明代之古物也。系十五年前购自香港古琴家吴纯白先生，其后请琴工将琴面之灰漆刮去，再上鹿角灰，黑色生漆，故目下琴面无断纹，底板则保留原有样子，有小蛇腹断纹。底板颈部铭"太和"二字，字内填金漆，其下铭"弘治甲子正月镇山"，山字下又有葫芦形印章，内刻"甫氏"二篆字。查弘治甲子即明孝宗弘治十七年，1504 年。

②无名新琴 1

清人称为伏羲式。琥珀色。颜色美丽。螺钿徽。长方池沼而圆角。象牙轸。无断纹。无铭文。此为旧木新制之琴。较普通琴长大。乃十八年前香港古琴家徐文镜先生所监制，香港蔡福记乐器店所造。音色清润，为新琴中之难得者。龙池内以墨书二行，右为"辛丑临海徐文镜"，左为"大唐雷威法制"。

③无名新琴 2

仲尼式。黑色。象牙徽。长方池沼。有凤眼。木轸。木足。无断纹。天津出品。音色是天津琴中的上者。

④听涛

仲尼式。黑色。螺钿徽。长方池沼。无凤眼。象牙轸。象牙足。此为我

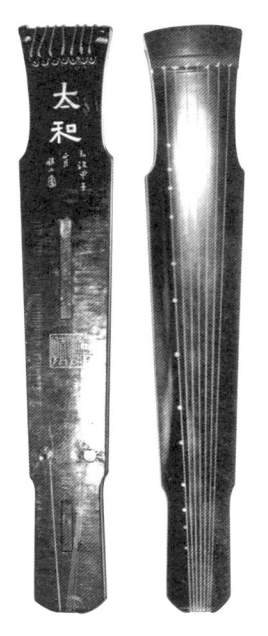

琴人寻访录

吴宗汉先生藏太和琴 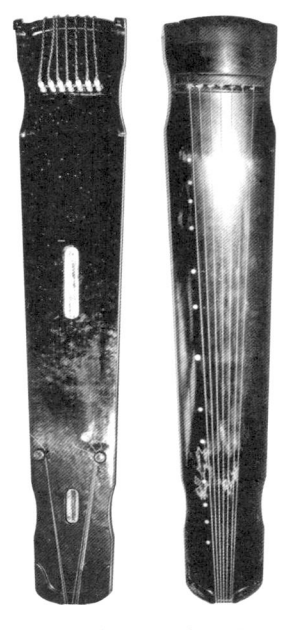　　　　　吴宗汉先生藏无名新琴1

吴宗汉先生藏听涛新琴 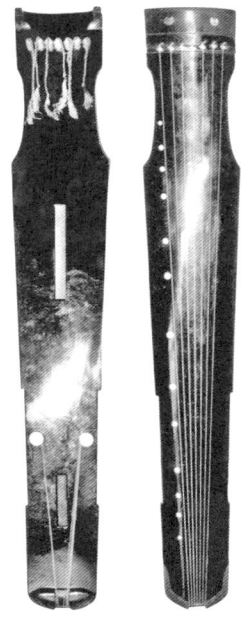　　　　吴宗汉先生藏无名新琴2

用今年 8 月容天圻兄所赠十年旧桐木制成（我在龙池内误写作五年），琴型容兄已制就，我任挖修、上灰、镶岳山、镶龙龈、胶合、磨琴面之工作。琴成试音，纯有古味，孙毓芹先生许为"新琴中之第一"，吴师来舍间听琴，钟爱万分，以新台币四千元让去。容先生名之曰"听涛"，我请孙先生代我上漆、修饰，并刻字。

按：吴师在上海时，曾藏有梅花断纹古琴名"琅石泉"者，传系宋末元初古物，音洪亮兼有金石声。另藏有古琴名"海天长啸"者，为明代古物。又有小琴名"记意"。吴师移民香港后，此三名琴皆留在上海。

〔增补〕

我幼年据书本自学古筝、二胡，中学时听到电台播古琴音乐，欣喜如闻天籁。其时古琴唱片少，电台常播的仅管平湖《幽兰》《流水》、查阜西《醉渔唱晚》、溥雪斋《梅花三弄》、张子谦《山中思友人》、王生香《平沙落雁》等曲。我如痴如醉欲访名师，但报纸上只有其他中西乐器的招生广告，从未看到古琴老师消息。

1966 年我以中学生身份幸得饶宗颐老师青眼相加，每周可去香港大学饶家请教甲骨文，也存了个小心思——跟他学古琴。饶老师指点甲骨文之后，常在午夜用宋琴"万壑松"弹《塞上鸿》《潇湘水云》《搔首问天》等曲，我时当弱冠其实不懂琴，只觉得听老琴家用老琴弹古曲，是绝大福报。饶老师并非教勾挑手法，他讲的是琴学流传、古今南北琴派脉络、琴曲琴学审美等，嘱咐我日后学会弹琴时，编一部古琴书，书中要列出所知各地琴师姓名、地址，方便人投师以传播古琴。

次年我到台北读师范大学，开学后找到梁在平先生学古筝。几个月后梁老师说有梅庵派琴家吴宗汉、王忆慈伉俪此年从香港移居台北，在台湾艺术专科学校教琴。

我即拨电话找到吴先生，吴先生说可教艺专外的学生，约我某天去看看。吴老师六十来岁，稍胖身材，长日穿西装打领带，认真而温和。师母稍发福，传统贤妻良母型，永远穿中式旗袍，精明有文化而慈祥。我拉了一段二胡，又取墙上古筝弹一曲，吴老师认为我可以学琴。

当时已是1968年6月，接下来期末考，暑假忙于别事，吴师叫我9月大二开课后去上课。10月底终于有空去到吴家，敲门半天，一位邻居说："吴老师前几天中风，住进了荣民医院！"我闻此如晴天霹雳！连忙乘车赶去。

老师是右脑中风，致左半身动不了，琴家中风，真是绝大的痛苦。从此我每两三天就去为老师按摩左臂、左手。其时我年少不懂，中风是脑血管出问题，按摩无效，但起码可以宽慰老师吧。

一个多月后老师回家静养。如果中风后十几天再中风，病人就很危险，还好师母照顾得无微不至。吴老师意志坚强，遵医嘱在家天天坚持轻微锻炼手足。一年左右慢慢能走路，右手拿左手摆在弦上，做不了走手音、吟猱动作，只能右手弹空弦，其心情之苦痛，学生都不敢问。

艺专的课程就由师母代授，吴老师常弹的二三十曲，师母婚后跟老师学得，也曾得太老师徐立孙指导，故弹得极好。师母教琴时吴老师会全程站在旁指正。吴老师一生太过认真，精神紧张而不能松弛，师母厨艺高超，常食苏杭的多油美食，恐怕这都是吴老师中风的原因吧。

学生都是到吴家上课，老师必提前站在露台往街口眺望怕学生脱课，又常超时指点。当时台湾只一家"福玉华",一胡琴工人乱做不合用的玩具式琴。艺专主修其他民乐,辅修古琴的学生都没买琴,课后乐得在吴家用好琴练习,用功留下练琴的学生常得免费吃饭。我因由香港带去二十多箱书,不能住八人一房、四架双层床的宿舍,要在外租房。住近老师家,常去帮办杂务,寄信、抄谱、修理水龙头、通马桶、换灯泡、上弦……家父每月只汇来一百港元,我要在大学教同学弹古筝赚钱才够生活,每天吃牛肉面都叫小碗。吴师认为我是能传衣钵的天才学生,由第二个月起就免我学费,且常得留下共饭大吃,争取营养!

吴老师多有慷慨助人之举,绝无文人相轻之心,从未闻他怠慢他人。20世纪40年代他是上海东南中学校长,曾帮助吴景略先生开办琴校。他非常推崇吴景略的琴艺,数次对我说:"吴景略真是天下百年仅见高手,以后你见到他,要立刻跪倒磕头拜师,说你是我吴宗汉的弟子,他一定会收你!"(1979年我去美国读博士,耶鲁大学张充和女史说,你如此服膺吴景略,何不暑假去北京找他进修?1980年暑假我果然去北京中央音乐学院,跟吴景略老师学琴。)1969年大二的暑假我回香港探亲,吴老师亲函荐我拜蔡德允女史门下,学成《梅花三弄》《普庵咒》两曲。

有一日师生闲谈,我说起饶宗颐老师嘱咐我编书之语,准备毕业后即着手。吴宗汉老师说:"饶先生不愧是大学者,这个倡议真好,你何必等毕业?现在就可以开始!在编书的过程中,你的学问自然成长,不必等学成才编书!"

我大二假期回香港和师大学姐赖咏洁结了婚,然后同回台北,我续读师大课余编《琴府》。如吴老师后来为《琴府》写的序文所说:"方健垣之编纂《琴府》也,困难万状,心力交瘁。凡其所有财力,悉用以购买、拍摄、复印琴谱,以是生活拮据,衣食不周。其夫人以营养不良,睡眠不足,竟致昏倒,其苦状有非笔墨所能形容者。"

在学问、生活上,吴师、师母对我们帮助非常大。2001年我撰文《百世难遇之良师——吴宗汉老师》。后严晓星先生编著《近世古琴逸话》,曾引此文,使其广为流传,现摘录我原文如下:

我从吴老师学琴期间,每年寒暑必回香港,回台时遵师嘱,带大陆乐器厂新制琴数张,蚕丝琴弦数十套到台,由老师代我转售与同门琴友。我借此得蝇头小利,而老师并未从中获益,此售琴售弦之利钱对我编书之开销帮助极大。每当我经济困厄时,吴老师即通知我:"有人要购你一套琴弦,速来作卖。"然后我交去琴弦,从老师手中收取二百台币,足供一星期之伙食矣。

我毕业回港之时,老师准备移居美国之日,我助吴老师收拾行李装箱付运,于衣柜中忽然看见我售出之丝弦数十套,怪而问焉。师母沉思良久,终告曰:"实在二年来哪有如许多人购买你之琴弦?只因老师见你编书生活,在在须财,日日以阳春净面及青菜白饭果腹,又知你不轻受钱财,故此假称代你售出琴弦,用此名目帮助你之编书开销。老师并已决定将所藏大部分琴弦再送回给你作为毕业礼物,只望你终生传扬琴学,不负他三年之教导。"闻此言我顿时如雷轰顶,固知老师爱我逾恒,而周到,深情如此,令我铭感涕泣,跪地叩谢,非为谢琴弦,为谢此百年难遇之师恩也!

吴老师1968年中风后,他在美国做医生的儿子吴英伟劝父母移居美国以便照顾。吴老师鉴于艺专的古琴教学刚刚开始,直到1972下半年才肯离

台移居洛杉矶。吴老师离台前向学校力荐琴友孙毓芹先生接古琴教授之位，吴师对台湾琴坛的贡献是巨大的。（参看孙毓芹条）

吴老师之子住美西洛杉矶山上，在旁边给父母买了大别墅，花园里可以远眺太平洋，空气风景绝佳。老师伉俪教琴尽心力，学生都极感念，常来看望。小琴室学琴，品尝师母出色厨艺之余，大家日夜在客厅弹古琴、琵琶，或由学生吹笛，师母唱昆曲之《琴挑》《春香闹学》，吴家成了美国高水准的音乐沙龙。在香港时师母常和蔡德允老师一起唱昆曲，到美国后少笛师曲友，唯有学生来伴奏师母才有唱昆曲的乐趣了。昆曲只须一支 A 调笛伴奏，可以没有月琴、三弦扬琴等，有时吹笛者不够流畅，我就拉二胡做个补充。师母晚岁因患甲状腺病坏了嗓子，只能用洞箫低音哼唱了。

我 1979 年至 1983 年读博士寒暑假来回港美，必飞经台北见孙毓芹师，经洛杉矶上山到吴师家。来客多劳定居洛城的琵琶古琴家吕振原（UCLA 大学琵琶古琴教授，少时在上海从吴景略师学琴）到机场接机，开车一小时送山上吴家，几天后多劳其弟吕培原（在香港称琵琶王，吴宗汉老师在港还没到台定居时教过他古琴）开车送下山到机场。吕氏昆仲真是劳苦功高！有吕氏如此高手在，吴家乐集怎能不称为高水准沙龙？

吴宗汉老师、王忆慈师母待我夫妻亲如子女，师恩永记于心！

1991 年 11 月 8 日，吴宗汉老师去世，享年八十八岁。

1999 年 2 月 11 日，王忆慈师母去世，享年八十五岁。

2001 年 10 月 25 日，王海燕师姐发起纪念吴宗汉教授逝世十周年古琴音乐会，在台北"国家演奏厅"举行，王海燕、吕培原、唐健垣、王正平、李枫等演奏十六曲。

2017年10月7日，王海燕师姐登高一呼，在台北艺术大学音乐厅举办"梅庵遗韵"古琴演奏会以纪念吴宗汉老师，弟子王海燕、唐健垣、李枫等八人共聚缅怀恩师。

吴师伉俪去美国后，孙毓芹老师续任艺专古琴教授，公私琴学生都是到他私宅上课，孙老师古琴之外兼擅书画，又从学者南怀瑾学佛（其时南氏犹未离台北到大陆定居）。孙公谦冲雅淡、诲人不倦如吴师伉俪，深受爱戴，为海外琴坛做出大贡献。

唐健垣特推荐：2011年中华书局出版的《梅庵琴人传》为学者严晓星之力作。

此书以极丰富的资料系统地介绍了梅庵琴派自王燕卿以下四十位琴人。梅庵第三代弟子吴宗汉（王燕卿——徐立孙——吴宗汉）与夫人王忆慈之事迹，自北京、上海、香港、台北以及美国各地，凡工作、师友、学生、活动、功业影响，此书最可参考！但我要补充几点。

一、严书曾说吴师中风后"渐告康复，能自由行走"，这是实情。但说吴师能"勉强弹奏简易小曲"则非真事（这是依据了我的记载，但如今想来，并不准确，正好借此机会作一更正）。可怜吴老师左手中风后，从未能在琴上按弦作吟猱、走手音的。

二、严书说吴师1950年由上海移居香港时，所藏"宋末元初琴'琅石泉'，明琴'海天长啸'，小琴'记意'均未能携行，从此不知下落"。按，"琅石泉"现在吴师台北琴生葛瀚聪手中（参看葛敏久条）。

吴师说离上海时将此琴托付给女琴生王吉儒，我1984年回香港演艺学院任职，吴师来信命我寒暑假时到沪找王为取回"琅石泉"。

我由上海音乐学院琴家林友仁陪同到王家，见王是年约六十精明富口才一女士。王说："吴老师走后政府借用吴宗汉曾展览之琴。我说琴可拿去，但请写一借条让我向吴师交代。他们真写了一借条。此琴数十年间在上海音乐学院给学生用。现在落实政策，华侨物品我应可去索回，唯恐用久已有损伤。但此信是吴师写给你的，我不认识你！你叫吴师写一信直寄我家，命我取回琴交给你，才好遵办。我有宋琴'铁鹤舞'等数琴，又有紫檀几案，故宫专家说一张都值七万！我的琴要给'文革'困难时期帮过我的学生吴自英君。我也不贪图吴师的琴！"林教授私下告我："这琴恐怕你取不回了。"

　　我函请吴师赶快去信，叫王取琴交我，好让我送到美国，但吴师未几仙游了！

　　其后，台北艺专的林立正君到大陆收购不少老琴去台出售，王吉儒果然不图吴师之琴，"琅石泉"琴售给林立正，林回台以之售给吴师早年在台北艺专时学生葛瀚聪。古语说"楚人失弓楚人得"，吴师之琴学生购得也是好事吧！

吕伯友 *

　　男。三十一岁。原籍闽南。居新加坡。是新加坡华人。现址是：Mr. Loo Peck Yew, 108－A, Redhill Close, Blk. 12, Singapore 3, Rep. of Singapore. 我和吕先生未见过面。前年夏天我由台北回香港拜访盛运策先生时，盛先生说有一位新加坡华人吕伯友先生在香港珠海书院教书，暇时跟他学琴。学了《洞天春晓》

《渔樵问答》《石上流泉》《鹿鸣》《普庵咒》《水仙操》等十曲。亦学了古筝。去年夏天吕先生写信到台北给我说他已回到新加坡。海外的琴友欲访同道，可和吕先生联络。

藏谱：

《蓼怀堂琴谱》不分卷。清·云志高辑。前年盛运策先生说他曾经把这套琴谱让给吕先生。我未见此书，只知全书是琴曲，无琴论。此书有康熙间刊本。不知吕先生这一套是否康熙刊本。

藏琴：

不详。

吕佛庭

男。年约六十岁。原籍河南省泌阳县。现址是台湾台中市卫道路三巷十九号。吕先生是台湾名画家，早年曾跟徐元白先生学琴。有关吕先生的资料，见1937年的《今虞琴刊》第二五一、二六一页，即《琴府》上册一四二五及一四三五页。去年8月中，愚夫妇和孙毓芹先生、朱元明小姐往台湾中南部访问琴人，曾经去拜访吕先生，可惜吕先生不在家，未能一晤。孙先生与吕先生是旧识，据孙先生说，吕先生来台后因为没有琴，

吕佛庭先生（《忆梦录》，吕佛庭著，台北：东大图书股份有限公司，1996年1月）

久已不弹，但曾经一再表示要买一张琴，可能是想重新练习，吕先生目下虽已不能弹琴，而早年既及见老辈琴人，必然知道许多琴史琴事，故此我仍把吕先生列在此作为"琴人"，以便住在台中的琴友可以去拜访吕先生求教琴事。

藏谱：

不详。

藏琴：

不详。

吕振原

男。四十一岁。原籍江苏吴县。现址是 11616 Ohio Ave. Los Angeles, Calif., 90025, U.S.A. 我和吕先生本来不认识，1967 年 9 月 10 日，吕先生自美国到香港，与乃弟培原先生假香港大会堂剧院举行国乐演奏会，节目单上有如下介绍："吕振原生于苏州，自幼随名师学习琵琶古琴，十年前以琵琶高技已誉满香江。1957 年首途赴巴西参加圣保罗万国音乐节，来自多国音乐界权威及评论家，一致认吕氏为东方传统音乐艺术之佼佼者。……自 1961 年起，吕氏执教于美洛杉矶加州大学之民族音乐系，桃李满门。"当日的节目以琵琶

吕振原先生

吕振原（琵琶者，时年 18 岁）吕培原（三弦者，时年 15 岁）兄弟于上海家中

1967 年 吕振原（三弦）吕培原（琵琶）兄弟二重奏《梨云春思》

及古琴为主，所奏琴曲计《醉渔唱晚》《普庵咒》《关山月》三曲，《普庵咒》《关山月》二曲并由吕培原先生用洞箫伴奏，二氏技艺高超，风度不凡，为一时盛事。其后吕振原先生仍回美国执教于洛杉矶加州大学民族音乐系。我从 1969 年 10 月间开始和吕先生通信，调查琴事，承他多次拨冗告知琴学资料，至堪感谢。吕先生昔居内地时，曾随大琴家吴景略先生学琴，亦曾跟蜀派琴家侯作吾先生学《高山》《流水》二曲，二十年间进修不辍，常弹的琴曲是《关山月》《湘江怨》《普庵咒》《阳关三叠》《流水操》《长门怨》《平沙落雁》《空

山忆故人》《幽兰》《良宵引》《秋江夜泊》《鸥鹭忘机》《高山》《渔歌》《醉渔唱晚》《渔樵问答》《梅花三弄》《龙翔操》《潇湘水云》《梧叶舞秋风》等曲。《幽兰》以上各曲并曾灌唱片。其中《湘江怨》《流水操》（原名《流水》，因吕先生说曾作琵琶曲《流水》，故加"操"字以别之）、《空山忆故人》（即《忆故人》）、《幽兰》等曲是美国 Lyrichord 唱片公司 LL122 号唱片，台北女王唱片五〇四七翻版。该美国唱片公司 LL82 号唱片亦为吕先生所灌，有琵琶及琴曲，台北中声唱片公司一六九号唱片曾翻版，女王唱片则分为五〇四四、五〇四五两张，前者有《普庵咒》，后者有《长门怨》。前数年吕先生回香港，曾与乃弟培原先生合作灌一唱片，中有琴箫合奏《平沙落雁》，由先生弹琴，培原先生吹箫，台北女王唱片翻版为五〇八二号。吕先生在美国教授琵琶、古琴，桃李满门，于琴道的提倡极有功劳，现承吕先生惠允，将他的英文著作《古琴简介》刊于《琴府》下册《近代琴文集》中，外国友人要学琴，最宜参考。

藏谱：

①《五知斋琴谱》八卷。清·徐祺撰。民初校经山房成记书局石印本。这种版本有很多误字。

②《自远堂琴谱》十二卷。清·吴灴撰。校经山房成记书局石印本。这种版本有很多误字，《琴府》上册所影印的亦是此种。

③《琴学丛书》二十四卷。民国·杨宗稷撰。杨氏舞胎仙馆刊本。《琴府》上册所影印的亦是此种。

④《梅庵琴谱》三卷。线装一册。民国·王宾鲁撰。初版是 1931 年印行的，吕先生所藏的是 1959 年再版本。第三次增订版已由香港书店在 1971 年 12 月

吕振原先生藏九霄环珮琴

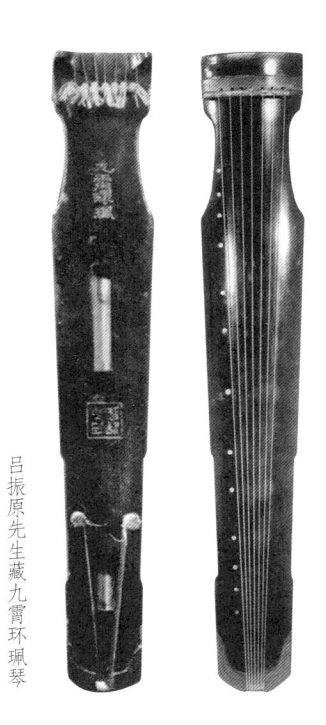

印行。

⑤《碣石调·幽兰瑟谱》一卷 1936 年 12 月商务印书馆印行。

⑥《神奇秘谱》三卷。明·朱权撰。1956 年 10 月音乐出版社影印。即《琴府》上册所收的。

⑦《慨古吟琴谱》手抄本。吕先生说："1966 年丙午立秋荷兰高罗佩先生手抄相赠于东京荷兰大使馆中和琴室。"

⑧《古琴曲汇编》第一集。这是中央音乐学院民族音乐研究所丛刊。杨荫浏、侯作吾整理。1957 年 1 月音乐出版社出版。内有琴曲《关山月》至《阳关三叠》等十七首，减字谱及五线谱对照。即《琴府》下册所收的。

⑨《古琴曲集》第一册。查阜西编。共有琴曲《幽兰》至《泣颜回》等六十二曲。减字谱及五线谱对照。1962 年 8 月出版。即《琴府》下册所收的。

藏琴：

九霄环珮。

仲尼式。金徽。长方池沼。玉轸。底板颈部刻"九霄环珮"琴名。池下倒刻"石上流泉"印一方。吕先生说："此琴约为宋代物，通体细牛毛及流水断纹。漆色黑里透红。"琴在美国，我未见。又据吕先生1969年10月31日来信说，在上海时曾有古琴多张，其中一琴名"松石间意"，为明琴，底板刻有唐寅、文徵明、祝允明、沈周、张灵、文彭、雅宜山人诸家题咏，离上海时未能带出。"九霄环珮"则得以出境，多年来演奏录音都用此琴云。

〔增补〕

吕振原、吕培原昆仲大我十多岁，两人弹古琴琵琶都极好，师承却不同。吕振原去美国前在上海师从虞山派大琴家吴景略，弟培原是居香港时跟梅庵派吴宗汉老师学的。

吕振原高挑瘦弱，说话阴声细气，处事小心谨慎，自谓过马路都三看红绿灯。他在美国加州大学UCLA任教数十年，灌过多张古琴及琵琶唱片。唯六七十年代苏杭制蚕丝琴弦供应断绝，而尼龙包金属琴弦未面世，振原只好在其"九霄环珮"宋琴上用粗细不一的钓鱼尼龙线，故听其唱片觉得琴音发闷。

吴宗汉老师1972年由台北移居美国加州山上，吴师的旧学生凡到加州省师，多劳吕氏兄弟或琴友到机场接送上下山，兄弟二人任劳任怨。

振原的夫人名吕红，乃香港粤曲名家吕文成之千金，天生极好声线，少女时代在港灌录过许多粤曲唱片。自嫁吕振原后移民美国，为尊重夫婿，不去人事繁杂的唐人街粤曲社练唱粤曲，在家相夫教女贝贝，倒不知她母女是否学弹古琴。

1976年秋英国北部杜伦大学举办第一届东方音乐节，我和徐华南先生代表香港参加，演奏古琴、二胡。美国只派去吕振原一人，其时得共聚十天。吕先生每天必须午睡，常自恐体弱不寿。

吕振原2008年去世。振原旧藏的老琴"九霄环珮"曾经吴景略师、香港蔡（福记）昌寿等小修，琴面似鉴琴诀所谓"唐圆宋扁"的宋扁，故被视为宋琴。或因后人不操缦，该琴前几年在美国拍卖，吾友不弹琴之赵君偶游加州以低价得之。

吕培原

男。四十岁。原籍江苏吴县。现址是香港九龙艳马道七号十一楼。吕先生是琵琶名家，有"琵琶王"之称。在香港十多年，造就很多高徒。1969年我从台北回香港度暑假，由好友王正平兄介绍去拜访吕先生，承他借给我《古琴曲汇编》，印入《琴府》下册。前年及去年暑假我回香港都有见到吕先生。十年以前吕先生跟吴宗汉老师学过一年古琴，学得《关山月》《秋风词》《玉楼春晓》《风雷引》《阳关三叠》《普庵咒》《极乐吟》《凤求凰》《秋夜长》《挟仙游》等。吴老师说，吕先生人很聪明，学得很快，十年间虽已不学，

吕培原先生

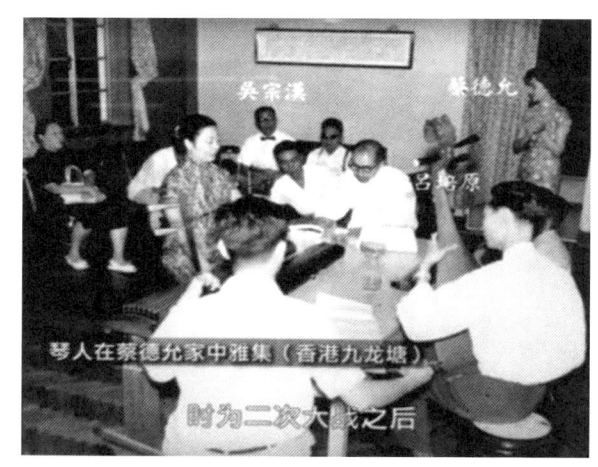

二战后琴人在香港九龙塘蔡德允家中雅集

2020年1月，吕培原先生于加利福尼亚大学洛杉矶分校演出

仍能弹奏部分琴曲，忘记的要温习起来也没有困难。前年夏天我在吕先生府上曾听他弹《阳关三叠》。此外吕先生亦善于吹箫，与乃兄吕振原先生曾合作灌过琴箫合奏的《平沙落雁》。

藏谱：

①《梅庵琴谱》初版本。

②《古琴曲汇编》第一册，第二次版。

藏琴：共四张。

①无名新琴 1

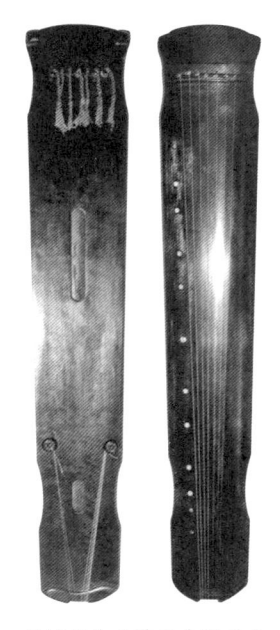

吕培原先生藏无名新琴 1 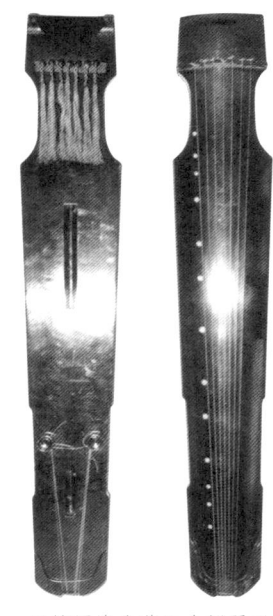　　　　　　　吕培原先生藏无名新琴 2

吕培原先生藏无名新琴 3 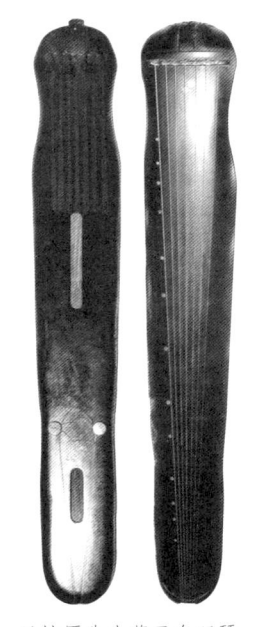　　　　　　　吕培原先生藏无名旧琴

清人所谓伏羲式。深棕色。螺钿徽。长方池沼而圆角。纳音很薄。无凤眼。角轸。角足。无断纹。无铭文。琴身长大。这张琴是前几年香港蔡福记乐器店所造，和吴宗汉老师的一张大琴十分相似（吴老师的大琴亦是蔡福记所造）。并非用桐木做材料。重 2.2 公斤。

②无名新琴 2

仲尼式。黑色。胶徽。长方池沼。木轸。木足。无断纹。无铭文。重 2.2 公斤。近年苏州出品。

③无名新琴 3

仲尼式。黑色。象牙徽。长方池沼。有凤眼。象牙轸。象牙足。无断纹。无铭文。近年天津出品，原本是黑色，吕先生请蔡福记乐器店重漆，亦为黑色。

④无名古琴

蕉叶式。黑色。金徽。象牙轸。长方池沼。木足。底面小蛇腹断纹。龙池内纳音右旁倒刻"龙丘祝公望日斫造"八字，祝公即祝公望，亦即祝海鹤，明朝著名斫琴家。始创蕉叶式，形制、手工极精美。望日即十五日，大约此琴是某月之十五日制成胶合，故刻上望日斫造字样，而他的名字又叫公望，如写成"祝公望望日斫造"则为不辞，故省一望字。另请参看拙著《古琴展览》（收入《近代琴文集》）第九页。此琴原是盛运策先生之物，今年（1973 年）7 月让给吕先生。

〔增补〕

吕培原先生是苏州翩翩美男子，高个子，腰板挺拔，温文尔雅，擅琵琶之外，曾从吴宗汉师学梅庵派琴曲。

吕先生在香港有"琵琶王"美誉，教学、演奏、灌唱片忙极。20世纪50年代至70年代有许多粤剧名伶唱片是吕培原奏琵琶。我奇而问他："你不是广东人，怎能伴奏粤曲这么好？"他说："粤曲唱腔常常变化，伴奏者要懂粤语追腔灵活配合。他们欣赏我弹琵琶，把唱腔、过门先译成简谱给我，而且有意不做太大临场变化，故此能匹配。"其实他是音乐修养高，乃领班水平！

培原兄对师友学生都极谦恭尊重，吴宗汉老师告诉我："每年初一培原来拜年都跪下叩头！"

1972年吴老师伉俪离台北到美国加州依子定居，是年吕培原也移民居加州，与乃兄振原（加州大学教授）同为美西的中乐名家。他到美国后靠看谱听唱片，自学会《渔樵问答》《流水》《潇湘水云》等吴宗汉师不弹之琴曲。

至今在香港提起吕培原还是大大有名，前几年他应学生之邀回香港在大会堂演奏琵琶古琴，一千四百张票迅即销完。八十许人而心脑指灵活似年方半百，真异数也！

今岁2021年吕培原已八十八岁，在加州仍健朗。

李文芳

女。六十七岁。原籍广东中山。字潄六。现址是台湾台北市温州街十六巷八号。前年我曾去拜访她三次。李女士现在台湾师范大学国文系任教。

李文芳女士

据女士说，她的母亲狄晓兰女士在民初时代在前北京大学教音乐，而她从十二岁起从母氏学琴，学过《平沙落雁》《归去来辞》《湘妃怨》（即《湘江怨》）《醉渔唱晚》《阳关三叠》《凤求凰》《流水》等。后来因连年战祸，藏琴遗失，已经不弹。来台后买到新琴两张，亦很少按弹，目下尚能弹奏的是《湘江怨》云云。有一次，李女士应我之请求弹《湘江怨》，刚弹了两句泛音，琴弦松弛没有弹下去。

藏谱：

《研易习琴斋琴谱》一套，三卷三册。章志荪先生撰。

藏琴：共两张。

①无名新琴

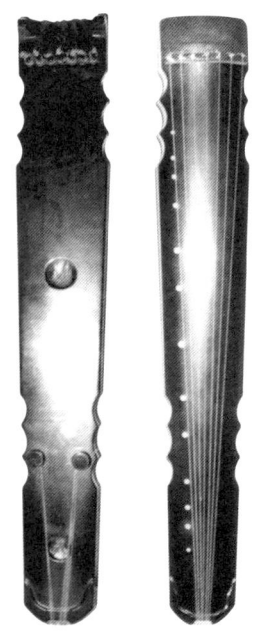

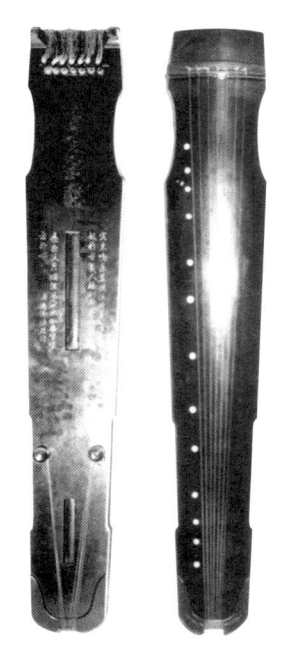

李文芳女士藏无名新琴　　　　　　李文芳女士藏清音致远新琴

清人所谓连珠式。黑色。螺钿徽。圆形池沼。无纳音而池沼边有舷。木轸。木足。无断纹。这张琴是台北福玉华工艺店所制。琴身短而窄，入于膝琴之类。

②清音致远

新琴。仲尼式。黑色。黄色胶徽。长方池沼。木轸。木足。无断纹。这张琴是大约十年前内地出品。"清音致远"四字是小篆双钩。龙池两旁各刻二行铭文："客来鸣素琴，惆怅对遗音。一曲起于古，几人听到今。昼望风霭远，夜泛月烟深。夙续水仙操，坐生方外心。唐潘纬咏琴诗。"

李少琦

女。年龄不详。现址亦不详。1962 年胡莹堂先生在高雄市举行画展，并附展古琴。所印的说明中列出李女士藏有"元音"琴一张，李女士可能是胡先生的学生。因未曾见过面，资料不详。有意与李女士联络的，可试向胡先生询问她的居址。

藏谱：

不详。

藏琴：

数目不详。有"元音"琴一张。清代制造。仲尼式。无断纹。此琴我未见过。

李若兰

女。六十三岁。原籍广东中山。已故画家梁鼎铭先生的夫人。现址是台湾台北木栅港乾中港路四十八号。梁先生早年在大陆弹琴，参加琴社，李女士随社中琴师杨葆元学得数操。（杨葆元是民初大琴家杨时百的公子。）

自1936年左右起，三十多年来时弹时辍。十余年前举家移居台湾。十年前梁先生去世后，李女士因买不到琴弦，久未抚弄。近数年买到弦，又不曾装好弦轸，指法已忘却。去年先后由汪振华先生和我代装好，近日已复理旧曲，但日久荒疏，自娱尚可，不能教人。李女士所学，计有《鹿鸣》《伐檀》《幽兰》《阳关三叠》《普庵咒》等曲。前四曲都是用《琴镜》中的谱。梁先生的女公子丹美、丹丰都曾习琴。请参看梁丹美、梁丹丰条。

李若兰女士

藏谱：

①《琴学丛书》中之《琴镜》。九卷。三册。民初杨宗稷先生辑注。戊午冬日开雕，壬戌十月校订重印。《琴学丛书》已影印入《琴府》上册，其中《琴镜》是用李女士及廖德雄先生的藏本影印的，特此致谢。

②抄本。有《普庵咒》（抄自《理琴轩谱》）《古琴吟》《良宵引》《秋风词》《关山月》等曲（最后二曲抄自《梅庵琴谱》）。

藏琴：

①贺云

仲尼式。黑色。螺钿徽。长方池沼。有凤眼。象牙轸（已失一个）。象

梁李若兰女士与其千金梁丹美（右）、梁丹丰（左）。原注：本图取自十年前《中华画报》（编者按：十年前即是1961年）

牙足。有大蛇腹断纹。此琴不知用何种木做，不但重，而且比平常琴重数倍。香港卢家炳先生亦有一张很重的琴。重量、断纹、音色都很相近。杨时百先生及章志荪先生都说曾经买过极重的琴，拆开之后，发觉琴腹内填了铜末（即是把铜粉加到漆中，涂在琴腹内）。不知"贺云"琴是否如此。古代亦有琴名为"贺云"的，这一张是仿古取名。"贺云"底板有铭文三段及一印章，琴腹内又有一段题识。一一列下：

甲：琴颈有琴名"贺云"二字，字内填绿色。

乙："咸丰庚申桂月朔，有五色祥云现乎城东。此时俊民袁公祖临莅吾邑，洁己爱人，推诚及物。民情爱戴。升任挽留，感召休祥，无非德政所致，为之歌以纪其瑞焉。大清同治甲子冬，铁城斌襄何赞清谨志。"

唐按：咸丰庚申即清末咸丰十年，1860年。铭文是草书，三行在池右，三行在池左。前五行字内填绿色。"大清"以下十六字填朱色。

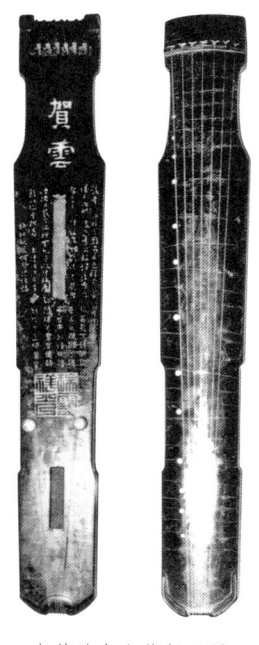

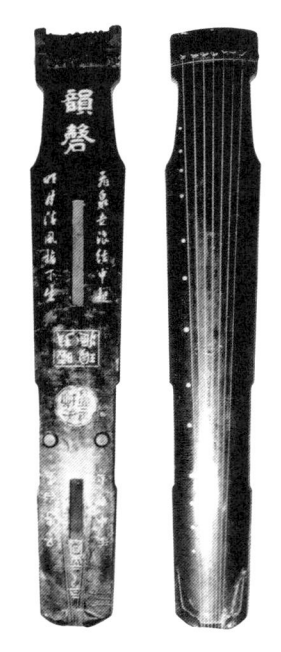

李若兰女士藏贺云琴　　　　　　李若兰女士藏韵磐琴

丙："纪云起兮铁城之东，五色斓斑兮现乎日中。似烟非烟兮降羊有自，德政既成兮上格苍穹。"

唐按：此铭五行篆文。即第二段何赞清所说的歌。"羊"字借作"祥"。下有一印作 [印]

是阳文，填朱。此段铭文刻在龙池下。

丁："此琴不知制自何朝，破烂已极，仅存其胚胎。即将其底板零碎粘补，竟至数百块。未审修后音韵如何。然余性□好古，不忍弃置。故收而□漆之。大清甲寅仲夏，锦城西峰居士并志。"

唐按：此题识四行朱笔。写在琴腹内龙池的纳音二旁，每边二行。"漆"

上一字依文例推之，当是"重"字。"后""志"二字亦是"后""志"二字亦似是"复""识"二字，不可确认。"大清甲寅仲夏锦城西峰居士"本不知是何人，经检数种人物别名索引，只知明朝末年曹学佺称为西峰居士，但曹氏生于明万历二年甲戌（1574年）（据《明史》卷二八八及《疑年续录》卷三），卒于清顺治四年丁亥（1647年）（《历代名人生卒年表》），享年七十四。其间的甲寅年是万历四二年（1614年），明朝未亡，则不应称"大清"，可知此西峰居士非曹学佺。其后查知梁二小姐丹丰藏"火凤"琴有"道光丙午铁城西峰散人雅制"字样，令我推测西峰散人与西峰居士乃同一人，即何赞清（因"銕"是"鐵"字古写法，"銕城"即"鐵城"，而锦城或是"鐵城"的笔误也）。然则道光丙午是道光二十六年（1846年），大清甲寅即咸丰四年（1854年），咸丰庚申即咸丰十年（1860年）。

②韵磬

仲尼式。黑色。螺钿徽。长方池沼。有凤眼。木轸。木足。底面有小蛇腹断纹，亦稍近小流水式。容天圻先生说，此种断纹仍应叫小蛇腹断纹，这是对的。大约以前断纹凸起琴面，碍弦而生煞音，所以曾经磨平了凸出的灰漆。此琴很轻，有轻如叶的感觉。琴尾近第七弦部分有破裂，已修补过。此琴音色不错。据说唐朝的李勉有一张很好的琴名叫"韵磬"，该琴现已不存（杨时百说，见《琴学丛书》）。这一张料是明琴。铭文很多：

甲："韵磬"——琴名，刻在底板颈部。字内填金色。

乙："飞泉走浪弦中起，明月清风指下生。"

唐按：这二行刻在龙池二旁。唐朝女诗人李季兰的《听从

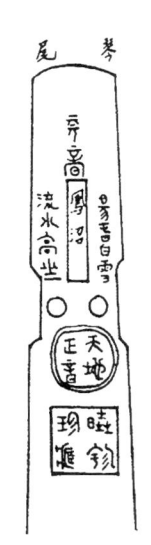

叔琴弹三峡流泉歌》有句云："巨石奔崖指下生，飞泉走浪弦中起。"或是此二行之所本。

丙：第三段铭文倒刻在底板凤沼周围，须把琴倒竖起来看：

"弄高"二字刻在琴尾，是"天音"二字。字内填金色。凤沼两旁是"阳春白雪""流水高山"。圆印是"天地正音"，阳文，填金色。方印是阴文，云"××珍藏"，人名二字不知是什么字，望四方博雅君子有以教我。

李传爱

女。五十七岁。原籍湖北。字德华。现址是台湾高雄内惟区自强新村一巷四号。前年 8 月愚夫妇曾由容天圻先生陪同，到高雄拜访女士，去年 8 月又再偕同孙毓芹先生、朱元明女士、容天圻先生造访，谈论半日，又承以佳肴招待，至为感谢。女士适周先生，而周先生的先翁周季英（景墀）先生是民初琴人，即《今虞琴刊》第十三页《北京琴会岳云别业第四集纪事》一文所提及的周季英先生。李女士早年曾得周先生亲授，所学的似乎是《归去来辞》。来台湾后，女士又从胡莹堂先生学琴，从胡夫人梁国云女士习工笔画。十数年之间，学得《平沙落雁》《长门怨》《普庵咒》《鸥鹭忘机》《空山忆故人》《风雷引》《梅花三弄》《渔樵问答》《渔歌》《潇湘水云》《流

李传爱女士

水》等。其中《渔樵问答》是据周季英先生家传谱,《流水》是据杨时百的《琴镜》谱自行打谱的。前夏良晤,曾听女士弹《潇湘水云》,去夏又听她弹《平沙落雁》《长门怨》《潇湘水云》《普庵咒》等曲。女士弹琴,下指略嫌过重,而板拍稳定,进退自如,则是难能可贵的。

藏谱:

①《五知斋琴谱》清·徐祺等撰。八卷。线装四册。因第一册封面破损,未曾记录得其刊行年月,料为乾隆刊本。

②《琴学入门》清·张鹤撰。民国中华图书馆石印本。唐按:此即《琴府》上册所影印的《琴学入门》,但原书是线装三册,而女士所藏的则只存二册,缺指法的一册。

③《琴镜》一册。线装。民国·杨时百撰。唐按:《琴镜》是杨氏《琴学丛书》的一部分,共九卷,线装三册。女士的《琴镜》只存第三册,即卷七至卷九。《琴学丛书》已影印入《琴府》上册,可参看。

④《琴谱集锦》抄本。有"彦丹"篆文朱印,是周季英先生所手抄。共有《慨古吟》《圣经操》《客窗夜话》《梅花三弄》《平沙落雁》《金门待漏》《阳关三叠》《静观吟》等曲。

⑤《抄本》一册。有"烂石柯樵"朱文印二方,"周景墀印"白文印一方,亦是周季英先生所抄,计有《理琴歌》《归去来辞》(《神奇秘谱》,中吕均凡八段)《渔樵问答》(《神奇秘谱》)《梅花三弄》(《琴箫合谱》)《平沙落雁》(《神奇秘谱》)《水仙操》(《自远堂》谱)《四景调》(黄勉之传谱)《空山忆故人》(七段)等操。唐按:括号中的字是抄本原来的说明,但《神奇秘谱》是明朝朱权所撰(《琴府》上册已影印),并无《归去》《渔

樵》《平沙》三曲，大约周先生是据别的抄本抄来而致误。

⑥抄本《渔歌》一曲。抄自《琴镜》。周季英先生手抄。

⑦抄本《秋塞》（原注：宫调商音）一曲凡若干页，不全。

藏琴：

宝晋

仲尼式。黑色。部分地方呈黄棕色。螺钿徽。长方池沼。有凤眼。木轸。木足。琴面及琴底都有小冰裂断、流水断、小蛇腹断纹。琴面是桐木。据女士说，此琴原本是黑色，来台后请工匠修补加漆，变成黑色之中带有片片黄棕色。底板颈部原有"宝晋"二字，修补之后现在只见"晋"字的下半。另在"焦尾下贴"上刻了蝇头小字铭文一段。文云："此琴得于天津荒肆中，尘垢蠹剥，几不受弦索。修补试之，如弹风然。尝在清故宫浴德堂与武英殿所藏王徽之琴较，制作、木质、漆色，无少异，殆晋琴矣。爰借米老'宝晋'二字名之，且为铭曰：鉴物者以耳为目，赏音者以目为耳。嗟尔破琴，废弃污垢乃至如此。琴兮琴兮，知子者吾，伴吾者子。中华民国五年丙辰岁初夏。烂石柯樵周景墀识。"

唐按："焦尾下贴"的称呼，见于《太音大全集》（请参看《琴府》上册第三十六页）。乃是琴尾部分镶在底板之上、在龈托左右两边的硬木，与琴面的"焦尾"相对，用以保护琴尾免于撞破的。有些古琴并不设"焦尾下贴"。这一段铭文共分二十行，龈托两边的焦尾下贴各刻十行，字划很细而刻工很好，字内填绿色，行款如右图：

据这一段铭文，则周季英先生是因为此琴与清故宫所藏晋王徽之的琴的制作、木质、漆色相同，故以为此琴亦是晋琴，而名之为"宝晋"，但这一个结论是值得怀疑的。试论述一二：

第一点，要说"宝晋"是晋朝琴，先得决定清故宫所藏的所谓晋王徽之琴的确是晋琴（故宫该琴可看《琴府》上册图十二、十三）。那故宫的一张，究竟是不是晋物呢？未经科学仪器测验，无法断定。由龙池往内看，该琴纳音两旁有两行铭文："瑯琊王徽之斫，晋升平元年制。"

一般说该琴是晋物，只是根据这二行铭文而已，但又安知道这二行铭文不是后世造琴的人故意刻上去，来和千百年后的人开玩笑？民初大琴家杨时百先生曾经看过该琴。他说："热河故行宫藏王徽之之琴一张，今存武英殿古物陈列所。仲尼式碎冰裂断。长方池沼。中刻八分款字两行云，'晋升平二年制。瑯琊王徽之斫。'物之真赝不可知。要非唐宋以前最精品不能及也。"（请参看《琴学随笔》卷一第七及第十页，即《琴府》上册第八六二及第八六三页。又按：我在故宫看琴当天所作的记录，是晋升平元年制，后来容天圻先生来信说他所记亦为元年，而杨先生所记为晋升平二年制，想是杨氏误。）然则以杨时百先生的夸张习惯（杨时百先生藏琴很多，但我以为他的精鉴程度与他藏琴的数目多少并不成正比例，换言之，他评琴常常不大准确，而又时带夸张，七百年的说成一千年，七分好的说成十分好。他对琴谱的认识，一言以蔽之，是"详于清而略于明"，此处不便细表），亦不过说是"非唐宋以前最精品不能及"，不敢断定是晋物。这张琴已归由台北"故宫博物院"收藏，平时存在山洞宝库中，要参观的人士须用书面申请，今年我曾去看过两次。据"故宫博物院"副院长谭旦冏先生及古物组组长吴玉璋先生说，四十年前故宫曾请老琴家郑颖荪先生及其他琴人为此琴上弦并鉴定，郑先生只说琴是古的，但不能确定是晋琴。今年愚夫妇和孙毓芹先生、容天圻先生去看此琴，亦一致认为这一张琴不能上达晋朝，我们的结论是："宋朝或宋稍前的倒差不多。"这一张琴，断纹细密而复杂，音色也还灵透，可惜是清刚有余，松透不足。这样看来，故宫的所谓晋琴如果不是晋琴，那"宝晋"的比附便落空了。

　　第二点，纵使故宫的一张确定是晋琴，"宝晋"亦不能说一定就是晋琴。古人造琴，每每仿制旧琴的型式、大小，假使甲琴是唐琴，乙琴是宋人仿制，到了今日，我们看到甲乙两琴的型式、大小、样子、材料差不多（夸张一点的则说完全相同），断纹亦差不多（断纹的细密与否除了和年代有关之外，其灰、漆的质料、成分、几百年来保存的方法，都很有影响，古一点的琴，不一定有较密的断纹），就说两琴是同时所造，这是不是合理呢？所以虽然"宝晋"和故宫的所谓王徽之琴在颜色、断纹、型制方面都很相似，仍然不能说"宝晋"一定也是晋琴的。

1962年元月，胡莹堂先生伉俪在高雄举行画展，并附带展出古琴，"宝晋"一琴亦曾陈列，胡先生所作的说明认为"宝晋"是"北宋"琴，可说是精鉴了。多年来，我所能看到的唐琴的拓本或照片凡数床，都一眼就给我一种"唐琴"的感觉，故宫的王徽之琴和"宝晋"都不能给我这种感觉，所以我也认为"宝晋"只是北宋琴而已。

又：据李女士说，周季英先生原本另有二琴，一张是唐琴"万壑松"，一张是元琴"玉泉"，是元朝朱致远所造，已在大陆失去云云。唐按：杨时百先生《琴学随笔》卷一第九页（《琴府》上册第八六三页）有关"玉泉"琴的记载，抄录在此："罗田周君季英藏一琴。仲尼式。牛毛断纹。腹内无款字。池上刻双钩'玉泉'二篆书。池下刻小篆书云，'冰石之操。金玉之章。太古寥廓。肆振清商。子孙之守。先世之藏。'又云，'羴阳朱远。名手也。曾祖尚志公多奇玩。特珍爱之。质于灵山僧凡卅年矣。余偿而归之。系以铭。重先泽也。子孙其保之。明正德己卯秋。徐文溥志。'篆刻皆甚精。徐文溥见《明史》。为河南参议。浙江开化人。"至于此二琴目下落于何方，则不知道了。

李殿魁

男。年三十余岁。现址是台北阳明山华冈新村九号上。李先生是台湾师范大学学士，中国文化学院博士，现任教于中国文化学院中文系。李先生以

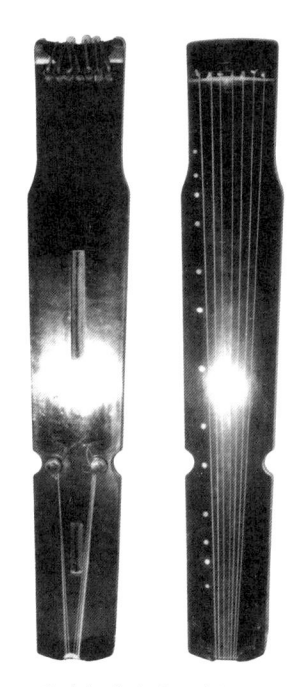

李殿魁先生藏无名新琴　　　郑向恒女士藏无名新琴

研究文史名家，对国乐亦极有研究，善梆笛、二胡等乐器，并曾组织乐队演奏。其夫人郑向恒女士，年约三十岁，亦为师大毕业，中国文化学院硕士，能弹琵琶、古筝。李先生伉俪并未学琴，但各藏有新琴一张，以二人对古琴之兴趣，他日料亦能操一二也。

藏谱：

　　《琴学入门》韩镜塘先生在台北据"清同治六年心向往斋刊光绪间增刊序跋凡例及板拍本"缩印本。三十二开大小、线装一册。按：李先生对国乐甚有研究，或者尚有其他琴谱资料，惜以前未及细细记录，从略。

藏琴：

　　无名新琴

仲尼式。黑色。徽黄色，似胶片，或螺钿加漆而成。长方池沼。有凤眼。木轸。木足。无断纹。无铭文。此为李先生之琴，我替李先生购自香港。

无名新琴

台北制。黑色。螺钿徽。长方池沼。无凤眼。木轸。木足。此为陈先进乐器厂仿梁在平教授所藏"龙吟秋水"琴之式样而制之数十琴之一。因李先生居于山上，天气变化之影响，遂出现类似古断纹之"断纹"，亦妙事也。此为李夫人郑向恒女士之琴。

李济

男。七十六岁。湖北钟祥县人。李先生是考古学家。任职于"中央研究院"及台湾大学。我和李先生不认识，但久已知道李先生早年曾写过一篇文章讨论《幽兰》琴曲，载于《清华学报》第二卷第二期（1925年），料想也是能琴之人。前年饶选堂（宗颐）老师，

20世纪70年代，李济在研究青铜器模型（《李济传》第518页，李光谟提供）

及严一萍先生先后告诉我李先生能弹琴，我曾写过信去请求拜访他，未得回音。以问台湾大学的金祥恒老师，金老师说："李先生年事已高，身体不好，所以不大见客。"终未曾见到。可能李先生近年已不弹琴，但老学者对琴事必定知道很多，有心人或者有机会时可以求教一二，李先生现居台湾台北市

温州街。函件可寄台湾台北县南港"中央"研究院历史语言研究所收转。

藏谱：

  不详。

藏琴：

  不详。

汪振华

  男。五十七岁。原籍上海嘉定。现址是台湾台北市信义路二段三十四号。我和汪先生认识约三年，常常在国乐会中碰面。汪先生在大陆时曾跟汪建侯先生学琴，来台后再跟章梓琴（志荪）先生学过数曲。前后所弹，计有《关山月》《阳关三叠》《渔樵问答》《归去来辞》《醉渔唱晚》《普庵咒》等。若干年前汪先生与梁在平先生出国演奏国乐，曾在香港灌了一张唱片，内有汪先生弹的《关山月》一曲。前三年曾在一次国乐演奏会中听汪先生弹《渔樵问答》。去年 10 月初，汪先生来香港演奏，亦奏此曲。前年在侯济舟女士府上曾听汪先生弹《归去来辞》《醉渔唱晚》二曲。汪先生又能吹箫、拉二胡，教授学生甚多。

汪振华先生

汪振华先生藏逍遥游新琴

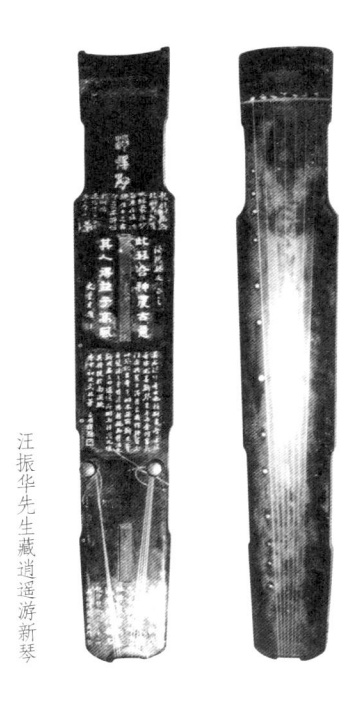

藏谱：

《研易习琴斋琴谱》三卷三册。章梓琴（志荪）先生撰。

《长门怨》及《空山忆故人》二曲的抄本。

藏琴：

消摇游

仲尼式。棕黑色。金徽。长方池沼。有凤眼。玉轸。无断纹。琴名是取自《庄子·逍遥游》篇。这张琴是近人吴浸阳取古寺中旧楠木梁所造。吴浸阳又名吴纯白，字观月，四川洪都人，是川派琴人，善造琴，近年客死于香港，老境凄凉。此琴因是楠木，所以颇为沉重，而音色亦不松。琴面是八宝灰（据说在灰漆中混有珍珠、玛瑙等宝物的粉末，叫做八宝灰，可使琴音铿锵云），龙池内纳音旁边尚有题刻，大约是造琴的年月，当日我忘了带小电筒及小镜去，因角度关系，没法看清楚。底面刻有五段铭文，现加标点，依原有行款录出。

甲："消摇斿"——唐按：这是取《庄子·逍遥游》篇为琴名，所以周梦坡的题铭有"蒙庄妙旨庶在兹"之句。史量才的题铭有"其人得庄子高风"之句。

乙："龙门桐，高无枝。斫为器，贯以丝，蒙庄妙旨庶在兹。洪都佳士与古会，熏风解愠我所思。浸阳契友属铭。庚子六月梦坡 周"

唐按：庄周是蒙人，故世称他为蒙庄。吴浸阳是四川洪都人，故称他为洪都佳士。熏风解愠，是大舜的故事，《礼记·乐记》篇云："昔者舜作五弦之琴以歌南风。"他的歌辞，据《孔子家语》所载，是"南风之薰兮，可以解吾民之愠兮"。这虽然不是大舜所作，后人每每引此语以及琴，即以明代琴谱而论，《浙音释字琴谱》有《南熏歌》，《风宣玄品》有《南风歌》，《梧冈琴谱》《琴谱正传》《西麓堂琴统》《杏庄太音补遗》等都有《南风畅》；饶选堂（宗颐）先生有一张琴名为"解愠"。庚子即指前清光绪二十六年，公元1900年。梦坡即周庆云，清末民初琴人。坡字下的印章是周字。

丙："浸阳契友正之。此琴合神农古意，其人得庄子高风。史量才题 囚"

唐按：史量才是近代人，多年前横死。古书常常说琴是神农氏发明，所以说"此琴合神农古意"。

丁："吴君泛阳奇士也，精研古琴，兼通音律，尤善斫琴。去年与余同客吴门，乐共晨夕，得兹良友作师资焉。此琴系古寺旧囗（楠）木梁所斫，凡斧斤髹漆之事，皆浸阳躬亲而督治之。斫成名之曰逍遥游。相与汗漫九垓，其将徙于南溟欤（歟）。囗中初秋，武林叶希明谨题 囗囗"

唐按："吴门"即江苏吴县。"囗"木即楠木，坚实而重，古人多用来做梁、柱。"汗漫",指作广泛之游。"九垓"是九天之意,这一句是说作九天之游。"南溟"亦出自《庄子·逍遥游》篇:"则将徙于南冥。南冥者,天池也。""中"字上面的"口"字,不知何意。印章是"召璋"二字。泛阳疑是浸阳的误刻。

戊:"蝶马兮阆圃,餐英兮瑶京。挟飞仙兮揽蓬瀛,听广乐兮登太清。壮游寰宇而逍遥兮,赐以嘉名。龙沙聚会之岁,古益州吴浸阳制于吴门[印]"

唐按:四川是古代的益州,吴浸阳是四川人,所以说古益州。印章是浸阳二字。以上五段铭文,甲在项,乙在龙池之上,丙在龙池两旁,丁在龙池之下,戊在凤沼之下琴尾部分。

沈一忠

男。二十八岁。原籍福建诏安。字君儿。现址是台湾台北县板桥市寿德新村三百九十九号。我和沈先生认识已三年。他会拉二胡、大胡、弹古筝,后来想学琴,前年我介绍他跟吴宗汉老师学琴,只学了四次,学过《仙翁操》。

藏谱:

《仙翁操》及《湘江怨》的抄本。

藏琴:

沈一忠先生

原本藏有新琴一张,和葛敏久先生、刘品良小姐所藏的琴同类。后来沈先生不学琴,已转让给郑良浦先生。

贝洛*（Bruce Bartholomew）

男。二十六岁。美国人。通讯处是 Department of Biological Sciences, Stanford University, Stanford, Californid 94305, U.S.A.。贝洛先生从旅居美国加州的吕振原先生学弹琴已有五年。去年九十月间贝洛先生从台北来香港，因梁在平教授的介绍来看过我，谈了一个上午，然后飞回美国。贝洛先生在美国时曾用杂木造了一张古琴，苦于不知道古代造琴法，特来下问。

贝洛先生

去年七八月我在台北略依《与古斋琴谱》所传斫琴法造过三张琴，曾把一些经验告诉他，但因见面时间很短，亦未尽所言。贝洛先生说他曾习《普庵咒》《阳关三叠》《平沙落雁》《关山月》《湘江怨》《良宵引》等曲。我虽然未听过他的雅奏，但从他叙述各曲首一句弹法的手势看来，他对上述各曲都很熟练。

藏谱：

①所学各曲的抄本。

②《古琴曲集》第一集。五线谱琴曲。即《琴府》下册所收的一种。

藏琴：共三张

①无名旧琴

贝洛先生说，琴是黑色，螺钿徽，有凤眼，木轸，木足，有大蛇腹断纹。琴头镶了一片玉。数年前以美金三五〇元购自梁在平先生。是梁先生去美国演奏时所用的琴。梁在平先生在1962年出版他的大著《琴影心声》第一集，其中第二页有云："三十四年春，因准备赴美，于客居重庆期间，和琴人徐元白、徐文镜、徐芝孙等组织天风琴社，……徐元白在我赴美之前，让售我古琴一架，龙头上镶有碧玉一颗，此后我在纽约于哈尔曼基金会赞助下摄制了一部艺术教育五彩影片，片名《中国古典音乐》，所用古琴即为徐氏修制者。"或即此琴。琴腹内有墨书二行："此琴验断纹及木质是宋元旧制。民国二十四年浙东徐元白剖修重合。"

②无名新琴

形制不详。贝洛先生说是数年前他在美国用杂木造的。因缺乏中国的鹿角霜、生漆，大约音色不会好。此琴我未见。

③无名新琴

今年贝洛先生到台北，托梁在平先生请台北某乐器店造的。此琴我未见，台北乐器店的琴，通常是仿梁先生的"龙吟秋水"琴形的。如我所料不错，则会是：黑色。螺钿徽。长方池沼。无凤眼。木轸。木足。

贝洛先生藏无名旧琴

屈志仁

男。今年三十六岁。广东番禺人。现址是香港干德道 A 四。明年以后通讯处改为香港新界沙田中文大学中国文化研究所文物馆。屈先生是位年纪很轻的考古学家,自英国学成回香港后,任香港大会堂博物馆副馆长,前年起被中文大学聘为文物馆馆长。我从 1969 年起认识屈先生,当时他在大会堂工作,藏有无名古琴一张,及新琴一张,但未学琴。该无名古琴乃多年前自香港荷理活道

屈志仁先生

大成古玩店购得,店主与屈先生是多年旧识,仅收取二百港元,传为佳话。去年夏我回港进中文大学读研究院,始知屈先生在中大任职,为之大喜,因为屈先生人颇爽朗,又精于鉴定古物,于瓷器、玉器、书画等尤其深究,正好日夕见面,谈艺以消盛夏。今年 3 月,屈先生始从蔡德允老师学琴。是时屈先生计划在文物馆举办古琴展览,请我帮助进行(因为我认识大部分琴人),我亦乐于贡献绵力,遂于 4 月 14 日晚在文物馆举行预展及古琴演奏,由卢家炳先生、朱小竹小姐及本人担任演奏,来宾一百人。4 月 15 至 5 月 5 日则公开展览。是次共展出古琴十六张(展览目录中说十五张,是因其中一张临时借到),古代原版及现代影印的琴谱几百种(详目请看《近代琴文集》拙著《古琴展览》)。中文大学文物馆远在郊外,坐火车也要半小时才能到达,到达后尚要上山顶,炎夏之中,每日不辞跋涉来参观的校外人士约八十至一百人,为平日参观人士数目的十倍,另外配合传播媒介,各大报章都披露消息,《华侨日报》特出半页专辑,香港广播电台、香港商业广播电台、香港丽的呼声

1975年前后摄于香港。左起赖咏洁、唐健垣、饶公女清芬、蔡德允、饶宗颐、屈志仁

电视台、香港无线电视台共作八次介绍，虽然未能立即使琴学流行，至少全港五百万人口之中，大部分都知道此事，也看到"琴"的样子，知道其来历，得聆其音乐。屈先生活力充沛，遂得使海外已沉寂二十多年的琴坛，不致永成绝响。屈先生又能弹钢琴，学古琴料必事半功倍。迄今学琴已三月余，学过《耕莘钓渭》《慨古引》《秋风词》《关山月》《阳关三叠》等，但因工作忙碌，极少练习，操弄未熟。

藏谱：

①《琴曲集成》第一辑上册。中央音乐学院中国音乐研究所北京古琴研究会编。1963年出版，十六开本，一四〇六页，此书影印唐至明琴书十七种。

②《梅庵琴谱》1971年香港书局再增订第三版，为《琴府》外编之一。此书为王燕卿先生撰，收梅庵派琴曲十余首，各附简谱。（另又藏有第二版者一本。）

③《五知斋琴谱》清·徐祺等撰。校经山房成记书局石印本。共分六卷，三十二开大小，线装十二册，分二函。

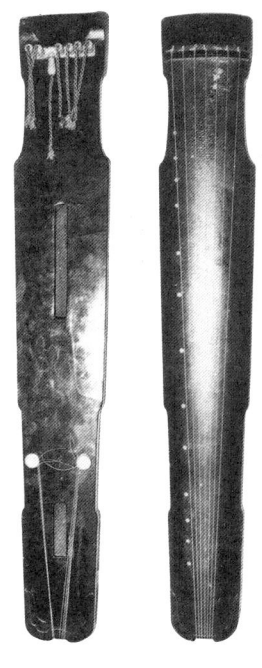

屈志仁先生藏无名旧琴　　　　　屈志仁先生藏清音致远新琴

④《见在有谱琴曲谱内解题汇编》（施洛氏影印本）查阜西编。详细来源请看盛运策先生藏谱条。

⑤《古琴初阶》（施洛氏影印本）沈草农、查阜西、张子谦三位琴家合著。1961年音乐出版社出版，三十二开一小册。

藏琴：共二张。

①无名旧琴

仲尼式。黑色。杂有片片红棕色。螺钿徽。玉轸足。长方池沼。有凤眼。承露为玉制。琴面有小蛇腹断纹。琴底大蛇腹断纹。底板龙池下有裂纹。音颇清纯。

②清音致远

仲尼式。黑色。螺钿徽。长方池沼。有凤眼。木轸。木足。纳音均涂黑色。无断纹。此琴约在1963年购于香港。琴面不平,打弦极甚。底板铭文如下:

甲:"清音致远"

按:此乃琴名,四字为双钩。

乙:"客来鸣素琴,惆怅对遗音。一曲起于古,几人听到今。昼望风霭远,夜泛月烟深。夙续水仙操,坐生方外心。唐潘纬咏琴诗"

此段铭文刻在龙池两旁,为习见之唐代五言律诗。十多年前内地出产的新琴,很多都有这两种铭文,因是手工所刻,故每琴的铭文行款偶有不同,"清音致远"四字,亦有只作一行的。曾有古玩商拿此种有铭的新琴,弄成破旧模样,冒充古物,以欺骗外行人。

〔增补〕

《琴府》上册1971年在台湾出版,我毕业回香港,同年秋入中文大学读甲骨文硕士。中大分三部分,山下是崇基学院,半山为联合书院,新亚书院在山顶。联合书院有一座三层建筑叫做中国文化研究所,我在这里上课,研究甲骨文、钟鼎文、声韵学。同一大楼之另半就是屈先生当馆长的文物馆,屈先生也跟蔡德允女史学琴,故常得晤面。

屈先生欲做一次古琴展览,其时我正课余续编《琴府》下册《近代琴人录》,与香港琴人多有联络,屈先生乃请我帮做借琴、琴谱、撰写说明等事务。琴展于1972年4月15日至5月5日举办。关于展出十六张老琴、社会影响的介绍文字,请看《琴府》下册。展览的序言为屈先生撰写,节录如下:

这个展览有两个主要部分，其一是乐器本身，包括名副其实的古代琴、现代制的古琴，和琴的配件，另一部分是历代琴书的介绍。

古琴中的"绿绮台"和"都梁"是广东四大名琴中之二。这两张琴除了是古代乐器之外，也是广东的历史文物。"绿绮台"乃是明末南海邝露所抱持而殉节之物，附带展出有邝露的书法、今释自书《绿绮台歌》卷和邓尔雅所撰的《绿绮台琴记》手稿。"都梁"是明末清初薛始亨所制，薛始亨也是一个奇节异行的人，明末时居广州，和邝露比邻，又曾学易于陈邦彦。明亡后隐居。他好神仙术，又于琴棋书画无所不精，是清代初年一个传奇性的人物，他的琴是因人而存的。他的手迹和"都梁"琴一同展出，可以看出他的书法实在名不虚传。

"八极引"是很高古的琴，漆光退尽，呈乌木色，很符合传统鉴定古琴的标准。"鸣凤"是宋琴，据《琴府》编者唐健垣先生考证，底板的铭文乃是明末潞王降清后所刻，铭中有"复明、朱明"字样，隐喻反清复明的意思。卢先生所藏的"秋声"是明琴，斫于1610年。以上三琴似可作唐、宋、明琴的代表。

其他展出的古琴以明琴为多，其中比较特别的是明初朱海鹤所制的蕉叶琴。另外一张清木制的"松风"，乃是用雷电击过的桐木制成的霹雳琴，也颇有历史价值。

近时制琴的地方，主要有天津、苏州、上海、广州、台北等地。展览中有天津、苏州、上海和香港的出品。很可惜因为一时找不到广州和台北制的琴，展览中这二项是缺了。

琴书部分有古代琴谱的刊本、抄本、现代影印的古本琴谱，和现代出版的琴书。展览中又利用了《中国音乐史参考图片》第五辑的资料，说明唐代至现代琴谱的演变。

附带展出的还有和古琴有关的书画和文物图片，希望借此能帮助观众了解古琴的历史和文化背景。

自从东汉以后，古琴因为得到文人和名士们的喜爱，慢慢被士大夫阶级占为己有，变成文人雅士的象征。到了明朝，古琴音乐成为"书室中雅乐"。这样一来，琴学的流传不但范围渐渐缩小，而且进入一个极端保守的阶段。保守的好处是很多古代的琴和琴曲被完整地保存下来，现在还可演奏的古曲虽不一定和古代节拍一样，至少也不会相去太远。但过分的保守也使古琴音乐的发展受到了限制，而且发生了"曲高和寡"的情形。近年虽有不少古谱重刊，但却不容易得到。

中大文物馆举办这个展览，是要介绍古琴乐器、琴谱和琴乐，也希望这个展览会能引起一部分观众对古琴的兴趣，使古琴音乐能够比较普遍地流传，纵使暂时不能有进一步的发扬，也不至成为绝学。

这个展览会得到香港的弹琴家和收藏家的支持和帮助才能办起来。借出展品者在展览说明中均有记录，此处不赘叙。卢家炳先生、朱小竹小姐和唐健垣先生惠允作示范演奏；唐健垣先生于筹备工作和编写说明两方面都给予很大的帮助，在此一并谨致谢意。

屈志仁序于中大文物馆

屈志仁先生后来任职于美国纽约的大都会博物馆，约从 20 世纪 80 年代开始成为大都会博物馆亚洲艺术部门的负责人。

岸边成雄＊（Kishibe Shigeo）

男。五十九岁。日本人。别号五弦堂主人。现址是：日本东京都涩谷区二－三六－一八。我和岸边成雄先生未见过面，各项资料都是根据通讯调查。先生早年曾跟荷兰琴人高罗佩（Van Gulik）学琴。（唐按：高氏居住东方很久，通习华文华语，对古琴很有研究，曾著《琴道》英文巨著。1967年逝世，台北传记文学社出版了陈之迈著的《荷兰高罗佩》一书，对高氏介绍得很详细。）近来又跟张世彬先生学琴，自开始学琴到现在，已有二十七年琴龄，因兴趣主要在音乐史方面，故此不常弹奏，目下能操梅庵派的《长门怨》。先生曾作《玉堂清乐清鉴》一曲，刊于日本《古美术》第三一号，1970年6月出版，先生现供职于日本东京大学，很注重琴史的研究，藏有很多关于古琴的书籍。

岸边成雄先生

藏谱：

①《琴学丛书》清末·民初杨时百撰。（此书有廿四、卅二、四十三卷三种，来信未说明是哪一种。）

②《松风阁琴谱》清·程雄撰。

③《琴书存目》民国·周庆云撰。

④《一弦馆琴谱》来函未说明著者姓名。

⑤《太古正音》一册。来函未详述。未知是《太古正音琴经》，抑或是《太古正音琴谱》。前者十四卷，后者四卷，都是明张宪翼撰。

1976年秋，唐健垣赴英国北Dunham大学"首届东方音乐节"与岸边成雄教授看唐健垣之明代青山琴

1976年秋，唐健垣赴英国北Dunham大学"首届东方音乐节"与韩国乐队合影。左二唐健垣，弹伽倻琴文一枝小姐

⑥《乌古丝阑卷古琴指法》一册。

⑦《历代琴式》一册。来信未说明著者。

以上为中国琴书。以下为日本琴书。

⑧《琴学大意抄》一卷一册。抄本。日本荻生徂徕撰。

⑨《琴谱》三卷三册。日本文化年间儿岛祺撰。刊本。儿岛祺为十九世纪初有名画家，又学琴于浦上玉堂。

⑩《幽兰谱》抄本。

藏琴：

灵和

日本文化八年（1811年）日本儿岛祺斫。黑色。无凤眼。紫檀木轸足。螺钿徽。完整。琴底铭"灵和"二字，下有"石烟清玩"四字。龙池内有"文化八岁在重光协治季夏腐草为萤""浓阳更地隐士凤林草堂主人儿岛祺造焉"等字样。岸边成雄先生未寄来古琴照片，只寄来琴底的拓本一纸，现附印于此（见右图）。

儿岛祺之"灵和"琴，盖取名自我国明朝一张"灵和"琴，请参看《近代琴文集》张世彬先生《琴乐东传散记》一文。

〔增补〕

荷兰高罗佩、英国毕铿、日本岸边成雄诸先生都是研究东方音乐的泰斗。岸边先生在日本很受尊敬，一如饶宗颐老师在中国的地位。

我编辑《近代琴人录》是在1971年前后，张世彬先生来信说他在日本跟随岸边成雄教授学比较音乐学，岸边教授和几位日本人则向他学古琴。1976年秋我代表香港去参加英国北部杜伦大学的"第一届东方音乐节"，得初会岸边成雄先生及其一众学生。

到音乐节的有印、泰、菲、日、韩的音乐家，日本有两三位演奏尺八和日本筝，岸边先生是以学者身份去讲音乐理论。他能讲普通话，汉字写得很漂亮，英语更好。我的日语有限，乃用英语交流，一日三餐我总跟他同坐问学。岸边教授的名著《唐代音乐研究》有中译本，说明例如"唐代的教坊梨园有多少种工作、男女各多少人、几人一间房、每月多少薪水、是否男女允许结婚……"等等问题。宋、明音乐史他也很懂。

岸边教授称赞我是罕见的青年音乐演奏家和学者。1983年夏我在美国博士将毕业，1982年夏乃先回香港见工，先见成第一份工——香港茗具文物馆首任馆长，但其后未任此职。同时我又见工某香港演艺学院中国音乐系主任一职，为此曾请数位大学者写推荐信，包括饶宗颐老师、英国毕铿教授、耶鲁大学傅汉思教授，韩国李惠球教授、日本岸边成雄教授等。见工幸运成功，要于1984年上任。1983年获博士学位后有一年空当，乃去密歇根大学做了一年访问教授，教中乐并甲骨文，次年再回港做演艺学院中乐系主任凡八年。

岸边成雄教授于2005年去世，享年九十三岁。

林月里

女。二十余岁。原籍不详。现址是台湾台北市浦城街六巷十九号。林女士能拉二胡，弹古筝，去年跟吴宗汉老师学琴有半年之久，婚后停止学习。已学了《仙翁操》《关山月》《秋风词》《湘江怨》等操。因林女士忙于筹备婚礼，故此我和她虽是同门，竟未曾听她奏过琴，也未能详细问问她的资料。

藏谱：

不详。大约有所学各曲的抄本。

藏琴：

　　无名新琴。这张琴我未见过，据吴老师说，和朱元明女士藏的上海琴同样。然则是仲尼式。黑色。象牙徽（涂成红色，徽很大）。长方池沼，池沼镶边。无凤眼。木轸。木足。无断纹。无铭文。声音不好。此琴的样子可参看朱元明的藏琴照片。

林风

　　男。年三十余岁。原籍广东。现址是香港九龙佐敦道渡船角文昌楼三十四号十九楼。林先生是琵琶家，高足甚多，亦授古筝。我只在音乐演奏会中数次看过林先生演奏，并未认识。因我本人亦弹筝，1970年，愚夫妇曾去拜访林先生，适林先生到日本博览会演奏，未获见面。去年我自台北回港，闻卢家炳先生说林先生已在跟他学琴，每周一次，颇有进境云。因在港各人忙极，迄未遇到林先生。

藏谱：

　　不详。

藏琴：

　　不详。

祁伟奥 *（Dale A. Craig）

男。三十二岁。美国人。永久地址是 411 East Adams Street, Taylorville, Illinois 62568, U.S.A. 祁先生现在香港中文大学崇基学院音乐系任教，近一二年他的通讯处是：香港新界大学站崇基学院音乐系办公室。前年夏天我由台北回香港拜访卢家炳先生时，即已知道祁先生正从卢先生学琴，但祁先生刚去了东南亚，未获见面。去年夏天才得与祁先生会面，晤谈多次。祁先生是钢琴家及作曲家，但对东方音乐，尤其是对中国音乐及缅甸音乐，很有兴趣。祁先生在美国曾从梁铭越先生学古琴指法，来香港后曾从卢家炳先生学《归去来辞》一曲，又从蔡德允女士（沈太太）学《关山月》一曲，因祁先生家中没有好琴，我未曾听他弹过。祁先生曾自创一种用五线谱记古琴曲，能同时表示音高、拍子、表情、指法，虽然不是很完善，亦不失为一种新方法。祁先生前年曾在香港大会堂演讲室举行一次有关古琴的演讲，并由蔡德允女士示范。去年十月祁先生又曾假大会堂音乐厅举办一个庆祝崇基学院成立二十周年的音乐会，演奏内容有国乐合奏、古琴、古筝、琵琶独奏等项目，应邀演奏古琴的，有香港老琴家卢家炳先生，及来自台北的侯济舟女士、汪振华先生。

祁伟奥先生

藏谱：

①所学各曲的影印本（影印卢先生、蔡女士的手抄本）。

②自行设计的五线谱琴曲若干操。参《近代琴文》256 页。

③卢家炳先生所作琴曲八操的影印本（影自卢先生油印的《春雨草堂琴

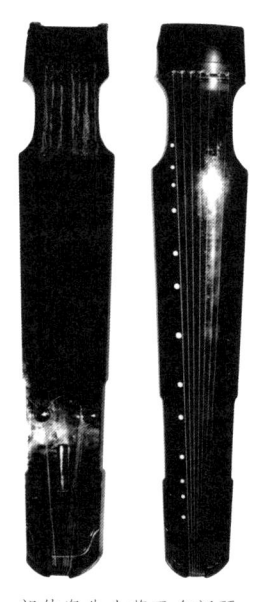

祁伟奥先生藏无名新琴　　　　　　《琴府》中所刊载祁伟奥先生文章

谱》）。并有此八曲的录音。

藏琴：

无名新琴一张

仲尼式。黑色。黄色胶徽。长方池沼。有凤眼。木轸。木足。无断纹。是近年苏州出品。音色普通。

〔增补〕

祁伟奥博士是美国人，20 世纪 70 年代任香港中文大学崇基学院音乐系作曲教授。他在美国时学过点古筝、普通话，并娶了位中国太太。1971 年他当系主任时建议校长容启东博士：中文大学不应只有西乐系，应设个中乐系。容校长指示：

"增设学系是大事，要政府教育部、财政部支持，并非一二年可办起来的。可先在西乐系下附设个'中乐科'，开些中乐器选修课，如古琴、古筝、扬琴、胡琴、琵琶、箫笛，让任何院系学生都可来选修学弹奏。城中技有专精的音乐家都可来做钟点教师，但不算是大学雇员。开头钟点教师的薪水由选修学生自付。中乐史、戏曲史、中乐理论等科，则要找两个有学术背景的人来讲授，由西乐系出两个助教薪水，算是大学雇员。待两三年后运作成熟，有建树、出人才，可增加学科、教职员，考虑升格为中国音乐系。"

祁教授认为容校长的指示很对。

这时祁教授看到我 1971 年在台北出版的《琴府》上册（下册要 1973 年才面世），向人问询这书的编者。人说："编者唐健垣正在中文大学山上的中国文化研究所读甲骨文硕士。"他找我去相谈，看我对音乐史有认识，能奏古琴，又懂古筝、胡琴、箫笛，终聘我为助教一起筹建中国音乐科。于是我上午在山上读甲骨文硕士，下午下山教中国戏曲史、中国乐器史、古琴弹奏、斫琴等课程。由于我拿了助教月薪，弹琴、斫琴课就不用学生付费。有十名学生学斫琴，每周到我宅同运斧斤。但大学生软手笨脚，两年只李瑞清、李卫娜二人勉强成琴，其后就不再开斫琴课了。

其时在日本东京大学跟岸边成雄读博士的张世彬兄学成回港，其专业一时难觅工作，也被祁博士罗致来当助教，讲中乐史、中乐理。

祁伟奥教授曾在外文杂志 *ARTS OF ASIA*（亚洲艺术）作文介绍古琴和香港的藏琴家卢家炳先生，该文后被我收入《琴府》下册。他约在 20 世纪 80 年代初回到美国。

我原本是想着一生如饶宗颐师，以教文史、甲骨文为事的，就这样被祁博士拉入音乐行业。教了几年后我觉得如不读个音乐学位，将永远当助教，升不了教授，于是 1979 年终去美国读民族音乐学博士，回香港入演艺学院当了音乐教授、系主任，甲骨文倒成了副业！

邱生

男。二十余岁。现址是台湾台北县树林镇保安街一段二六八号。邱先生数年来对琴很有兴趣，曾到凤山向容天圻兄请教。去年春邱先生从容先生处得到我在台北的居址，写信问我有关琴的问题，其后曾见过一两次面，当时邱先生尚未正式学琴，仅从容先生处让来无名新琴一张，欲开始学琴。

藏谱：

不详。

藏琴：

无名新琴。

仲尼式。容天圻先生制。

侯碧漪

女。七十二岁。原籍江苏无锡。住址是香港九龙弥敦道五百四十六号旺角大楼四楼 B 座。侯女士的先生是名儒医费子彬先生，故人称"费太太"。

明琴"秋声"正面 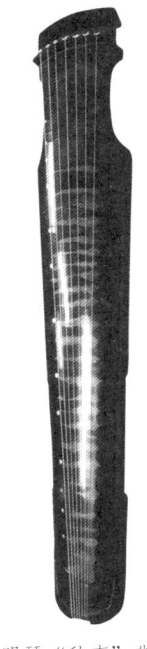　　　明琴"秋声"背面 　　　明琴"秋声"底部铭文

侯女士家学渊源，乃叶唐少宰的曾孙女，叶唐则是曾国藩先生的座师。女士善丹青，作品近年已影印成专集，有无锡丁福保先生序，推崇备至。女士自少时鼓琴，迄今数十年。1937年前后，在上海今虞琴社从吴景略、张子谦二先生等学琴。见闻广博，人亦极儒雅。去夏我从台北回港，得与女士过从多次。女士能弹《关山月》《普庵咒》《梅花三弄》《渔樵问答》《忆故人》等曲。

藏谱：

①所学各曲抄本。

②《今虞琴刊》1937年今虞琴社印行。

藏琴：共二张。

①秋声

仲尼式。此琴底板有小蛇腹断纹。面板木色金黄，当属明琴。琴面为百余年前重加灰漆，故只有大蛇腹断纹。琴黑色，琴面部分现出赭色。螺钿徽。木轸。象牙足。长方池沼。"秋声"二字刻于底板颈部。龙池两旁各有题铭三行。文曰："辛丑七月。偶游厂肆。见此琴。漆面均剥落。看其木性极旧。乃唐琴无疑。携归后调漆补之。安弦鼓曲。清韵铿铿。时新秋雨后。窗前竹韵潇潇。与琴音叶合。因题名秋声以志。诗梦。""诗梦"即叶潜（叶鹤伏，亦称佛诗梦，梦即夢字），乃清末民初琴家，曾藏有唐琴"昆山玉"及"九霄环佩"。叶潜为满洲正蓝旗人，乃瑞麟之第三子，瑞麟则清末名臣也。叶潜生于清同治二年癸亥（1963年），卒于1937年。叶氏自政坛失意，专志于琴，曾从清末琴家刘容斋、张鹤、李湘石、空尘和尚等人游。荷兰琴人高罗佩氏曾在1936年秋来华随叶氏学琴，翌年叶氏谢世，则铭文所谓辛丑七月，乃是光绪二十七年（1901年）七月也。此琴龙池内纳音旁刻有"开元五年雷威造"篆文七字。然此琴并非极古，篆文亦弱，而琴两旁有开腹而复合之迹，则腹内唐人年号疑是后人伪刻。侯女士此琴得自四川琴家吴纯白先生。

②无名古琴

仲尼式。黑色。螺钿徽。长方池沼。有凤眼。木轸。木足。琴面有小蛇腹断纹。底亦小蛇腹断纹而较疏。两护轸脱落。底板琴颈至龙池有裂痕。此琴料为明琴，而音色平常。

〔增补〕

2021年9月，香港琴家谢俊仁医生之得意弟子青年琴友姚锡安君光临"霞外居"雅集，携来新得明"秋声"琴，乃是已故香港琴友侯碧漪女士旧藏二明琴之一，我 1971 年初于侯女士画室弹过。1986 年中文大学中乐系曹本冶教授新得此二琴，曾请我去帮忙上弦。我问及得此"秋声"琴之始末，承姚君赐告如下：

"侯女士 1986 年以年高，将两张藏琴转让给世侄曹本冶，曹母乃侯之绘画门生。曹征得侯同意，将其中一张捐赠圆玄学院，另一张'秋声'较珍贵，故自留。20 世纪 90 年代中，曹于中大常请时任中国艺术研究院音乐研究所所长的乔建中来港做访问，其间乔住曹家，见此琴有音，然断纹虬起剑锋，遂建议给李明忠修治。京港来回，均由乔氏负责携带。曹氏最近欲回加拿大定居，故又转让于余。"

我 1988 年初游周代古都西安，观赏青铜器之余，拜访琴家李仲唐、李明忠，二人都曾学琴于查阜西、吴景略两琴家。李仲唐老人失明已久，抚查师所赠"漱玉"琴而哀叹。查氏曾称，藏琴十张"就中以章梓琴所赠元琴漱玉最佳"（参看《今虞琴刊》第 257 页）。

此年李明忠兄兴起斫琴之思，越年我再游西安，得他所斫七床琴以归。数十年间明忠研究、改进，名动南北，无怪乎公私机构欲修整老琴，都说"找李明忠"！

"秋声"琴经明忠修磨后，弦路大蛇腹断纹都已平滑，填加在断纹处的朱漆光莹美观，且按弹发松古韵全无沙音，明忠诚为琴之良医。"秋声"琴焦尾、岳山等配件全用紫檀，最妙琴底有叶诗梦长铭，真是宝物！

侯济舟

女。五十七岁。原籍江苏无锡。字二妙。现址是台湾台北市泰顺街十六巷十七号。1968年11月中华国乐会在台北实践堂举行音乐会，侯女士及我都有演奏项目，由梁在平教授介绍认识，自后常常在国乐演奏会中碰面。我亦曾几次到女士府中拜访。据女士说，数十年前她在大陆曾经跟孙裕德先生学琴，来台后又曾跟章梓琴（志荪）先生学琴。前后所学，包括《关山月》《阳关三叠》《平沙落雁》《客窗夜话》《普庵咒》《归去来辞》《醉渔唱晚》《慨古引》等。我曾经听侯女士弹过的有《客窗夜话》《普庵咒》《阳关三叠》三曲。女士亦能弹阮，吹箫，弹筝，是台北国乐界的活跃人士。造就学生甚多。

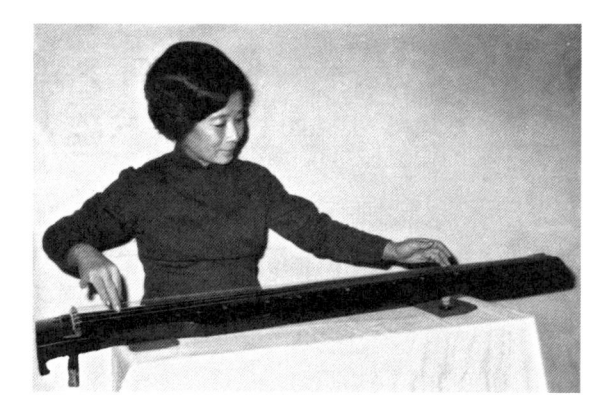

侯济舟女士

藏谱：

①所学各曲的抄本。

②《研易习琴斋琴谱》三卷三册。章梓琴（志荪）先生著。

藏琴：

二妙。

仲尼式。黑色。螺钿徽。长方池沼。木轸。无断纹（起先侯女士在填给我的调查表上说有牛毛断，我去一看，乃是漆不坚实，琴弦在漆上磨出的痕迹）。底板刻琴名"二妙"，字内填漆，嵌入闪光矿石。此琴未有断纹，但从龙池

侯济舟女士藏二妙琴

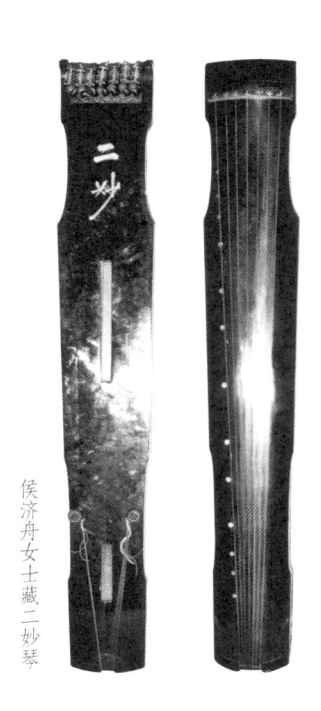

看到面板木色金黄，琴龄亦已达二百年，音色胜于普通新琴，而不及普通明琴。女士说是清末林则徐家藏遗物。

柳希庐

男。年约七十。原籍江苏丹徒。字一厔。现址不详。柳先生早年在今虞琴社发表过一篇《五知斋琴谱考略》。在我离台回香港前不久，朋友告诉我说柳先生现在台北的"中央"银行任职。惜我知道得太迟，未暇去拜访他。只不知柳先生现在尚弹琴否？有关柳先生的资料，可看《今虞琴刊》第二四六、二五七、二七一、二七二等页（即《琴府》上册第一四二〇、

一四三一、一四四五、一四四六页）。

藏谱：

　　不详。

藏琴：

　　不详。

胡安文

　　男。年龄不详。籍贯及现址亦不详。我与胡先生未见过面。1962 年，胡莹堂伉俪在台湾高雄举办画展，并附展古琴九张，其中一张"霜钟"是胡安文先生的。据胡莹堂先生寄给我的说明，"霜钟"是明琴，仲尼式。有流水断纹。胡安文先生似是胡莹堂先生的亲戚或学生。

藏谱：

　　不详。

藏琴：

　　霜钟。

　　仲尼式。明琴。请参考前文。

胡莹堂

男。七十五岁。原籍湖北孝感。字光瑨。（唐按：据1937年的《今虞琴刊》第二三六页则胡先生以前是名光瑨，字莹堂。）现址是台湾高雄市前金区自强巷十八号之二。另一地址是高雄市哨船街六十三号。我久仰胡先生的大名，而迟迟未得拜识。前年从老朋友容天圻先生处取到胡先生的地址，曾冒昧写过信向胡先生请教。前年8月19日愚夫妇由容先生陪同，到高雄拜会胡先生，畅谈了几小时，获教不少。据我所知，胡先生在1935年以前已经和琴友在南京组织青谿琴社。（请参看《琴府》所收《今虞琴刊》第二十五页《青谿琴社雅集图记》一文，及《近代琴文集》容天圻先生《琴社纪盛》《古琴传薪》二文。）胡先生说他早年从慧空上人习琴，并取法于青谿社友，然则已有四十多年琴龄了。四十多年间，胡先生先后弹过《慨古吟》《耕莘钓渭》《关山月》《风雷引》《长门怨》《鸥鹭忘机》《梅花三弄》《空山忆故人》《普庵咒》《秋塞吟》《平沙落雁》《高山》《渔歌》《潇湘水云》等曲，近十年因年老风湿手痛，懒于抚弄，故把他的清斋名为"眠琴室"，自称"眠琴室主人"，即是说琴也在睡觉了。胡先生自若干年前琴弦被老鼠咬断（此事是容先生所述，一笑）之后，因琴弦难得，上弦不敢用力高张，所以琴弦松而无音，弹起来也没有兴趣。去年拜访先生时，刚巧他的琴雁足脱落，不能上弦，我即席用菜刀、木片为先生修复，上弦试鼓，琴音很好。（事后容先生说看到我用菜刀修宋琴，为之担心不已云云。）胡先生伉俪都深于绘事，

胡莹堂先生

胡莹堂先生藏金声玉振

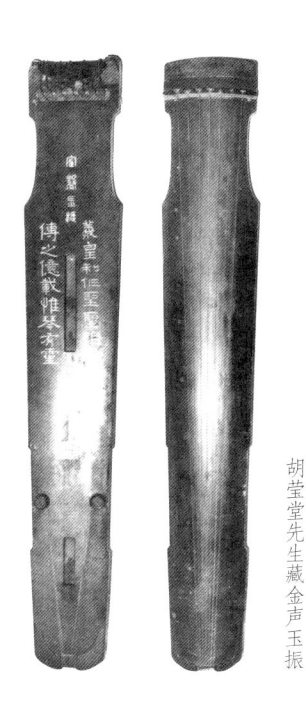

文雅而和蔼，兼且胡先生早年藏琴谱颇多，交游广阔，见识渊博，为我解答不少琴学上的疑难，侍莹翁时（按：胡先生的友人尊称他为莹翁。）有如沐春风之感。当晚胡先生为愚夫妇奏《平沙落雁》《长门怨》《潇湘水云》三操，虽然年老手痛无力，而板拍稳定，自有老琴家的风范，大可想见早年功力之深厚。胡先生来台湾之后，以提倡琴学为己任，从游的有朱龙庵（云）、梁铭越、容天圻、胡安文诸先生，李传爱、琴正、王令闻、许闻韵、孙芸祉、寇美安（美籍，原名 Mary Ann Nichols Crookston）诸女士，可说是桃李满门了。

藏谱：

《自远堂琴谱》线装。十二册。清吴灴撰。有"嘉庆六年十月新镌""自远堂藏版"等字样,乃是清代原刊本。我曾经向胡先生求借这套琴谱,预备印入《琴府》,胡先生立即慷慨地答应,后来我发觉这套书纸黄而墨淡,恐怕印出来很不清楚,又兼有好几页残破,印刷模糊,一时之间不易修补,结果放弃了这部原版《自远堂琴谱》,而影印了孙毓芹先生借出的石印本《自远堂琴谱》(石印本有很多错字)。在此还要一再谢谢胡先生的好意。

藏琴:共三张。

①金声玉振

仲尼式。黑色。绿松石徽(唐按:徽是绿色,不知是何种质料,胡先生说是绿松石,然则是矿石之一种)。长方池沼。有凤眼。玉轸(六轸为绿玉,一轸为白玉)。原来的雁足已不存,由容天圻先生配上木足。有小冰纹、小牛毛等细密断纹。从龙池看面板,木质已很腐朽。声音松透。胡先生说是北宋琴,前年愚夫妇去看过,去年又陪孙毓芹先生去看过,都认为从断纹、音色、木质、形制看来,可以相信是宋物。胡先生说此琴数十年前购自安徽桐城周氏,据传曾为清方苞所御。琴底池上刻"金声玉振"四篆文,篆法及刀法都不高妙。池两旁刻铭二行:"羲皇制作,圣圣相承。传之亿载,惟琴有灵。"

池下刻"蔡邕"篆文小印一方,其下又有较大的篆文方印:

按:蔡邕是东汉人,距今已几乎二千年,汉琴能否流传到今日,极为可疑,且此琴字体全无汉魏气象,所以胡先生亦说这个蔡邕印章乃后人伪刻。

②新琴

未见

③无名新琴

仲尼式。黑色。螺钿徽。长方池沼。木轸。木足。申制。1972年购自香港。

韦仲公

男。年约五十。现址不详。三年前有一日孙毓芹先生和我在路上走,有一位先生迎面而来和孙先生打招呼。后来我问及那位先生是谁。孙先生说:"这位朋友名叫韦仲公,现在正跟汪振华先生学古琴。"事后我未有机会再见到韦先生,无法访问。有意和韦先生联络的,或可试向汪振华先生查询他的居址。

藏谱:

不详。

藏琴:

不详。

凌纯声

男。八十二岁。原籍江苏武进。字民复。现址是台湾台北市潮州街三巷四弄四号。王光祈著的《中国音乐史》里有一张照片,是凌纯声先生在德国演奏古琴的。我和凌先生本来不认识,因凌先生是有名的学者(台湾"中研院"

院士，并任民族学研究所所长），所以很容易就找到他的居址。愚夫妇数次拜访，凌先生和他的夫人都很和气慈祥。凌先生说他年青时在大陆亲得梅庵派创始人王燕卿（宾鲁）先生传授，学过《关山月》《秋江夜泊》《长门怨》《平沙落雁》等曲。后到德国留学，偶然演奏古琴，给人拍了照，王光祈刊入他的书中，结果很多人都知道他会弹琴。其实自大战时失去古琴后，今已不弹，但凌先生仍然哼得出《关山月》一曲。我曾拿琴去弹给凌先生听，凌先生甚为高兴。去年先生告诉我，他足年是八十一岁，而据1968年10月出版的《"中央研究院"历史语言研究所四十周年纪念特刊》所载，凌先生生于1901年1月18日，则是七十岁，不知到底是七十抑或八十？凌先生既亲接王燕卿祖师，则和太老师徐立孙先生是同辈，比吴宗汉老师尚高一辈，大约是梅庵派第二代琴人的仅存者了。

凌纯声

藏谱：

早年所藏琴书均已散失。

藏琴：

旧藏有琴两张，均于战时失去。

①青霄鹤唳

有蛇腹断纹。金徽。玉轸。已失去。

②无名古琴

已失去

〔增补〕

我读王光祈先生的《中国音乐史》，见到一张凌纯声先生在德国演奏古琴的照片。王光祈先生是中国民族音乐的先驱，留学德国多年，想必是在德时认识凌先生的吧。

凌先生是著名的人类学学者，偶然穿道装弹琴，并非道士。

唐健垣

男。今年二十六岁。广东南海县人。现址是香港湾仔皇后大道东一一八号六楼 A 座。健垣自幼嗜好音乐，及长，欲学古琴，三年未遇琴师，又未获琴谱及古琴，遂决志从事琴之研究，并发愿为其他琴人编印琴谱，搜购新旧七弦琴。1967 年初识饶选堂（宗颐）老师，未及学琴，即赴台北升学，1968 年幸遇梅庵派琴家吴宗汉老师伉俪，得传梅庵各操，比回香港度假，又获泛川派琴家蔡德允老师传《梅花》《普庵》二操。1969 年冬识琴家孙毓芹老师及容天圻老师，与二师日夕研究斫琴及琴理，孙老师于斫琴极有造诣，遂传其心得，并曾斫制"听涛""漱玉""饮水"三琴。自 1969 年夏以来，健垣与其妇赖咏洁致力古今琴书之整理与翻译、现代琴人之实录。二年间获见琴人数十名，唐以来古琴不下六十张。借各地师长琴友之助，1971 年夏其书得

唐健垣先生

琴人寻访录

1964年唐健垣（中四）于中学运动会

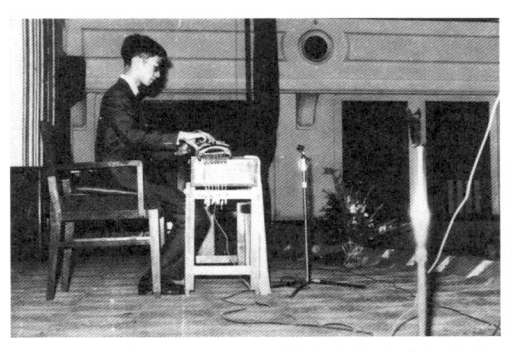

1970年台北师大礼堂古琴古筝演奏会 唐健垣演奏古琴

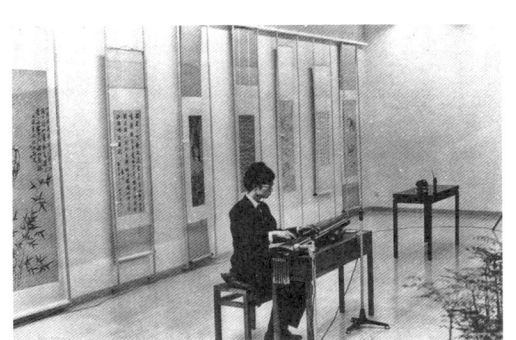

1970年中唐健垣于香港中文大学文物馆

1970年唐健垣在台北自制桐木大筝

1975年香港新界区大埔镇 唐健垣家中斫琴

1975年8月1日摄于香港中文大学 饶宗颐 唐健垣

1980年夏摄于查阜西家 左起唐健垣 徐问铮（查阜西夫人） 李祥霆

1975年前后摄于香港 唐健垣 赖咏洁

1980年夏唐健垣赴北京中央音乐学院 在吴景略家学琴 左起唐健垣 吴景略 吴文光

1980年香港唐健垣在演艺学院为雅集欢迎苏州琴家吴兆基 后排最右白衣者为唐健垣

2015年摄于台北 前排左二起 陈雯 唐健垣 陈国灯（故）

2017年，唐健垣博士抱唐琴"纪侯钟"　　2019年初，唐博士和广陵琴家陶艺为深圳"琴府"揭幕

以编成，命名《琴府》，凡收古今琴书十八种，篇幅三千页，海内外琴人咸称便。此健垣发愿编印琴书之实践也。数年之间，又由香港供应新琴二十床、琴弦数十套与岛内各年青琴人，此健垣发愿为年青琴人供应古琴之实践也。妇赖咏洁于家政之余，辛劳襄助，以克其成，友人誉为琴侣。1969年冬，咏洁亦曾从吴师伉俪学琴，健垣咏洁二人皆极受师长称许。咏洁所学者，计《仙翁操》《关山月》《秋风词》《湘江怨》《归去来辞》，为吴师伉俪亲传。健垣所学者较多，除上述五曲外，有《阳关三叠》《极乐吟》《凤求凰》《玉楼春晓》《风雷引》《长门怨》《捣衣》等，并皆吴师伉俪所授。在香港曾学《梅花三弄》《普庵咒》，则蔡德允老师所授。健垣又曾自学《流水》《潇湘水云》《渔樵问答》《忆故人》等曲，前三曲据《古琴曲集》五线谱，《忆故人》则据《今虞琴刊》谱，各曲之味道、曲情处理方法盖得力于管平湖及吴景略二前辈之唱片。

藏谱：

健垣因编辑琴书，所藏琴书颇多，为省篇幅兹不详述，请参看《近代琴文集》健垣所著《古琴展览》一文所附之琴书目录，凡于书名下记"唐健垣"三字者，即健垣有其书也。

藏琴：共四张。

①青山

明琴。仲尼式。黑色。螺钿徽。长方池沼。有凤眼。白玉轸。黄色角足。底面小蛇腹断纹横过琴面。类乎蕉叶断，底板颈部以金漆题"青山"二字，断纹直入字中，则此二字乃数百年前原有者也。此琴二十年前与"鸣球"琴悬于香港江苏酒家，为容思泽氏所得，不久"青山"让与卢家炳先生，珍藏十余年，1970年夏，健垣回香港度假，乞卢先生割爱，其始先生未允，1971年春先生又购得四琴，"青山"遂于十月归健垣。健垣既得"青山"，以其音不松透，审其面板底板厚逾常琴，乃剖腹重修，依唐朝雷氏秘法于池沼边留舷，并作其他改动，安弦鼓之，松透非凡，中准下准苍松透润，伏手得音，音随指走，莫可名状，上准之清越亦在一般名琴之上。全琴散泛按音配合适当，音韵洪亮而悠长，不空不燥，龈岳高度适中、不抗指、不按浮。尤其异者，一至七弦绝不生敉音打弦之病，即一弦按至徽外仍不打弦，此为难得也。蔡德允老师、盛运策先生、屈志仁先生、吕培原先生、黄继持先生、祁伟奥先生见之，皆为激赏。健垣到卢先生斋中取琴之时，容思泽先生亦在座，容先生谓"青山"音韵不佳，及健垣重修之后，容先生按弹一夕，爱不释手，即提议以其所藏明琴二张交换"青山"（容先生所藏一为"鸣球"、一为无名古琴，"鸣球"后让与黄继持，故《近代琴人集》容思泽名下只余一琴）。

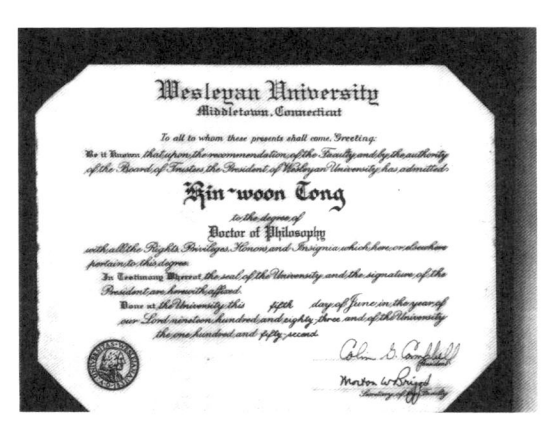

琴人寻访录

博士毕业证书 Wesleyan

仲尼式琴琴头以及岳山、承露、凤眼、护轸等部位展示（唐健垣藏"动静清和"琴）

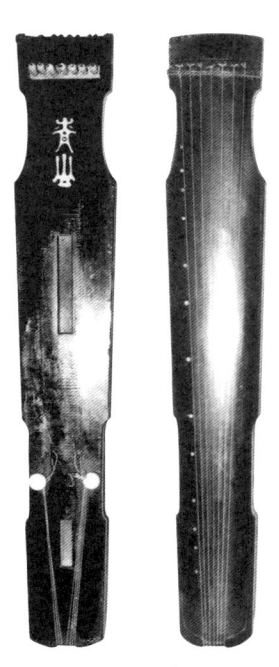

唐健垣先生藏青山琴

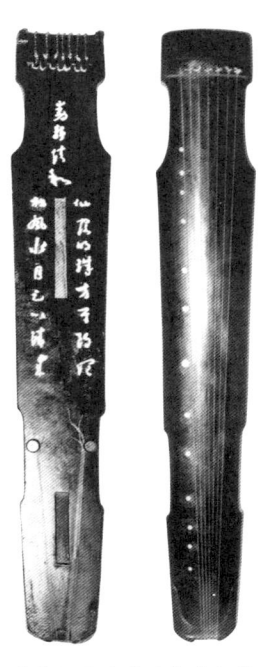

唐健垣先生藏动静清和琴

赖咏洁女士藏无名旧琴 　　赖咏洁女士藏无名蕉叶　　蕉叶式琴琴头以及岳山、
　　　　　　　　　　　　式琴，叶边及叶柄取上　　承露、叶柄等部位展示（赖
　　　　　　　　　　　　部示例　　　　　　　　咏洁藏蕉叶式琴　明朝祝
　　　　　　　　　　　　　　　　　　　　　　　海鹤斫制）

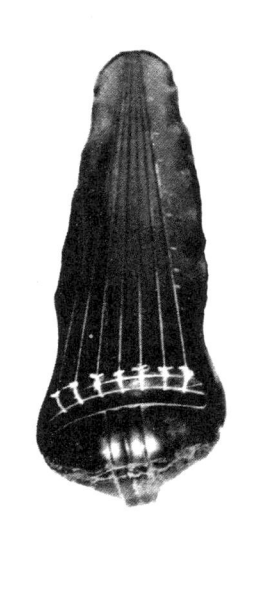

则"青山"之动人可知也。"青山"未修时音韵并不特殊，既修之后，健垣以为仅次于卢先生所藏之旧百衲、"九霄环佩""鸣蜩"三琴而已。卢先生见此琴后喜曰："琴至老唐手中乃有生命。"洵为的评。

②动静清和

仲尼式。黑色。木轸。木足。长方池沼。底面小蛇腹断纹。"动静清和"四字刻于底板颈部，龙池两旁各刻有铭文二行，曰："仙露明珠方其朗润。松风水月足以清华。"文字皆为草书，为明人真迹。二句取自《圣教序》而稍改之。木色金黄，断纹细密，按其断纹已知是明琴。池内有朱笔题识数行，不能卒读，料为古人剖腹重修时所题，如是，则琴之制造年代或将更早也。1971年曾请孙毓芹老师换承露、岳山、龙龈，孙师云灰漆下木色极古，琴当为明以前物。

此琴散音沉雄，泛音清越，按音稍欠松活，然并不致清刚，音色为明琴之中上，健垣未得"青山"前，珍惜此琴极甚。琴原为香港已故殷商黄孝则先生之物，数十年前以大洋一百六十元购得，珍惜异常，每夜抱琴而眠（古人云抱琴而眠，琴得人气，音色特佳）。冷落其夫人，为此生怨。近年黄氏物故，其夫人一怒之下，坚欲将此琴交宝珍古玩店出售，其子劝之未果，遂归健垣，亦妙事也。

③无名古琴

蕉叶式。黑色。螺钿徽。木轸。木足。底面断纹复杂而细密，计有小蛇腹、小牛毛、小冰裂等断纹，龙池内纳音右旁刻"龙丘祝公望造"六字，仅余残笔。祝公望即祝海鹤，明弘治间浙江人，为斫琴名家，事见高濂《燕闲清赏笺》，及屠隆《琴笺》等书。祝氏始创蕉叶式琴，制作之精美，空前绝后（或云文天祥、刘伯温已制蕉叶琴者，皆明清人误传，健垣有考），于明代已为见重，且有仿制者。此琴与盛运策先生三十年前购于广州之蕉叶琴形制相同，沼内铭文为同一刀法。此琴之大小比例、圆拱比例、岳龈制作、琴首叶柄（蕉叶琴所特有）、琴徽，皆特别精妙，孙师叹云数十年来所见琴之最精者，琴虽较常琴短窄，而音韵沉雄，清越异常，洵足宝也。

此琴于1969年夏得自香港如松轩古玩店陆老先生，陆先生则于多年前购自澳门某族，悬于店中索昂值。惟因前数年琴弦绝市，无法上弦供人试音，遂未有主。健垣多年来注意该琴，惟因在学时期无余资供购琴用，迄未得之，

唐健垣先生藏松风琴　　　　　　　　唐健垣先生藏"嚮泉琴"琴板

至 1969 年，陆先生自以八十余高龄，欲将琴传于有心人，以健垣关注该琴数年如一日，终以琴归之。不数月，陆先生即仙逝，亦可谓缘分也矣。此琴为咏洁之物。

④松风

式样为明末清初之所谓连珠式，不同宋人之所谓连珠式，深棕色。螺钿徽。玉轸。角足。圆形池沼。无断纹（略出一二断痕，未成文，故不谓之断纹）。"松风"二字刻于底板颈部，为番禺容思丰氏所刻（氏为容思泽之兄）。龙池内纳音周围刻铭文一圈，反时针方向读之为："文卿司马知音清玩。岭南谢价文监制于姑苏屯廨一百六十二琴楼。光绪七年辛巳秋斫赠。"即公元 1881 年制。谢价人所制琴，杨时百曾得其一，见《琴学丛书》。此琴原为容心言先生之物，十余年前让与卢家炳先生，1970年夏以一千元港币归健垣。携归家中，详试音色，觉下准按音走音极松透圆润，而散泛音则细至几不可闻，蓄疑久之。今春破腹研究，始知其所以松透者，实因面板被虫蛀食至出现小孔，隧道万条，贯及全琴面板，而于表面不觉，真异物也。盖旧琴之所以松透胜于新琴，以其木中汁液去尽，材孔通透，新琴正如吸满水分之海绵，旧琴则如除去水分之海绵，孔洞万千，以显微镜视之可见。"松风"为虫所蛀，隧道通贯全琴，正如千百小洞，他琴仅以腹槽为共鸣箱，"松风"则多出千百小共鸣箱，琴音在腹槽及小孔洞中来回振动，安得不佳！现今其下准中准之苍松，在健垣所见数十琴之上，即"青山"亦所不及，但上准音色则干燥而且韵短，为可叹也。又查其散泛音之所以不响者，因琴额材料已被虫蛀通，制琴者不敢将岳山深嵌于木内，只能以胶浮贴于其上。夫琴音出自弦之振动及腹槽之共鸣，岳山既不坚牢，弹散泛音时弦之振动不能传至腹槽，故其散泛音特细。弹按音时则弦触及琴面，振动直接传于腹槽，故得发挥其妙音也。健垣疑此琴曾受雷殛，请看《近代琴文集》健垣所著《古琴展览》关于"松风"之说明。

  健垣另藏有琴板一片。全长五十七英寸，阔九英寸，厚八分三英寸。木质颇坚。上刻仲尼式琴形一个。最长处为四十一英寸。由雁足至琴头部位刻铭文甚多，字内填金，字迹及刻工均精妙，据考古学家考证，乃是清乾隆时物。有"嚠泉"琴（不作"響"）、"太古遗音""玉磬山房藏"等字。另二段铭文甚长，不录。其一云"元符元年二月丙申米芾书"，乃是伪刻无疑，元符元年改元时已过二月，是该年并无二月，亦可说是不善于作伪了。（2021年唐健垣注：琴板后归沈兴顺）

〔增补〕

我1946年出生于香港，然后随母回广东南海县务农。家父唐惠明自少在港打工，抗战后开一间卖油盐米糖、冬菇海鲜的杂货店。我约1953年七岁时又随母亲移居香港，两姐留在广州读书。

我自幼瘦弱，十岁后踢球、习武、举重，自此到老健康。初中时自学二胡、筝、箫、粤曲，后来听到管平湖的《幽兰》《流水》，溥雪斋的《梅花》，查阜西的《醉渔》后，迷上古琴。我克扣午饭钱加上为小学生补习的报酬买得个苏州工厂琴，是轻如叶、化学漆、泡桐无灰无音的阳材琴。报纸上没有教古琴的广告，却买到查阜西编的《古琴初阶》，自学得《仙翁》《秋风》等曲。课余我狂读《西游》《水浒》《大学》《中庸》并唐诗宋词，自觉是文武兼修的侠客。中文小学毕业后，家父命我就读"高主教英文书院"。

英文书院的同学都认为我的中文不差，有同学不服气叫阵："甲骨文你不懂！"

我说："中一的历史书不说了？商代帝王凡事都要灼龟甲看裂纹占卜吉凶，得到答案就刻在龟甲牛骨上。清末以来安阳商代遗址出土了几万片带字的甲骨，上面刻的就是甲骨文。"同学说："但你不认识甲骨文啊！"

我不肯认输，就去公立图书馆找到数十种甲骨文书籍，甲骨拓片上的文字虽有学者解说，有甲骨文字典参考，还是不易明白。我想：商有甲骨文，周有钟鼎上的金文，秦汉变为小篆，何不由近及远从小篆入手？

我中一已熟悉清《康熙字典》为楷书标注的小篆，但那只列出小篆而没有解说。中二我如饥似渴看了东汉许慎《说文解字》对9353个小篆的解说，中三圈点了清人段玉裁的《说文解字注》。

中四我全力学"甲骨卜辞"——单字叫甲骨文,成句叫卜辞,如:"王疾耳焚二牛三牛"是问乌龟:"王上耳朵生病了,焚烧两头牛求痊愈好不?还是焚三头好呢?"香港大学饶宗颐教授所著一千三百页的《殷代贞卜人物通考》,我从图书馆借来读罢,买不到书就摘抄成五百页。这已经不是学习生僻字,而是研究古文字了。

1966年中六(即内地的高三)时,我去中文大学参观"李棪教授藏甲骨展览"。李教授见我一个中学寒生,瞄一眼骨片就能熟练抄下十几字,称我为"天才甲骨迷",为我办了个阅读证,可到中大图书馆看书,并要我每次来都写几百字读后感交给他。

其后李教授引荐我拜会饶宗颐老师。饶师听到我说:已圈点《说文解字注》,看完罗振玉、王国维、董作宾数十种甲骨书,并孙海波的《甲骨文编》、李孝定的《甲骨文字集释》等书。大呼:了不得!饶师看了我手抄他大著的五百页,又听我说深迷古琴,称我为"甲骨古琴两知己",遂收我为私房弟子!

他曾多次到寒舍,品尝家父的厨艺,故此每次饶师来电话,叫去听他用宋琴"万壑松"弹《塞上鸿》《潇湘水云》等曲,听讲甲骨文、琴史、琴美学,到凌晨一时才返家,家父都不阻止。其时饶师殷殷嘱咐我,学好琴后要编琴书以"己达达人"。(参看饶宗颐条)

1967年秋我到台北入师范大学中文系,饶师和李棪师合写一信,推荐我拜在台湾大学甲骨家金祥恒教授门下。大学数年间我又得从吴宗汉、王忆慈、孙毓芹、蔡德允等老师学琴,请参看本书各人的条目,在此不赘述。

我大二时与学姐赖咏洁在香港成婚,婚后同回台北编撰《琴府》,从事借抄古谱、翻译简谱、编琴人录的工作。我因中学时已打好国学基础,极少听课,考试还是高分，因此可以全力编书。

古谱从何搜借呢？台北的图书馆藏有明版《龙湖琴谱》及宋代田芝翁《太古遗音》的明代精钞彩绘本五册。古书不能外借拍照或影印，但甲骨家屈万里馆长特许我们抄写。于是我与咏洁用数月光阴，每天被锁在图书馆里一个斗室，朝九晚五以毛笔抄书，中午"放风"一小时在树荫下啃面包，此二书得印入《琴府》上册。其他老琴谱就向各地琴友借印了。

编书花费之巨大是远超乎想象的。抄谱的毛笔易脱毛，要买贵价毛笔；书稿剪贴处常被蟑螂咬食，要买贵价含药的糨糊；往台南各市访问琴人，来回车票食宿都花费不菲；我对照相一知半解，拍一位琴人和一二张琴，就乱调光圈拍完整筒胶卷，免回家发现没拍好又要去重拍！

1971年夏《琴府》上册出版后，我赶回香港入中文大学读甲骨文硕士，其间在中大音乐系兼职助教，授戏曲史、古琴、斫琴，故此两年的硕士读了四年。我和咏洁努力之下，《琴府》下册终在1973年面世。为编三千页的《琴府》，我看书何止一万页？编书使我累积了学问、能力。1979年我获奖学金往美国康州的维思大学读民族音乐学博士，咏洁同往读社会学硕士。

北京吴景略教授为百年一出之大琴家，其音乐古雅灵动感人，吴宗汉师常命我得机就要去拜师。我遂于1980、1981年之寒暑假往北京向吴师学琴。

1983年夏我博士毕业到密歇根大学做一年访问教授，教中乐和甲骨文。

1984年我毕业回香港，不应茗具文物馆馆长之聘，而做香港演艺学院中国音乐系主任（1984年至1992年）。每年寒暑假期，常到内地寻琴访友，十年间得唐宋明佳斫百床，其后泰半分惠给没空访琴的生友了。自存的琴凡有驼背弯腰、脱漆开裂病者，就亲自修整。中岁后家厨中不做饭而做琴修琴，友辈多戏称我"琴医"。

我正以琴养生之际，不幸咏洁 1993 年忽发胃癌重症，于 9 月 26 日舍我与爱女学文含恨而逝！咏洁在台北共编琴书时每食无定时，睡眠营养不足，1972 年生诞学文后身心日益困顿。1979 年同到美东求学时亦思亲劳瘁，以致大病早逝，是我对不起咏洁，也对不起学文。

学文幼时曾学《仙翁》《秋风》之曲，今与夫余仲铭定居美西，不弹此调久矣。我 1998 年再婚向雪春，雪春与女学仪都能琴，学仪且有出蓝之兆，是稍堪告慰了。

2010 年我与琴徒蒋家友于广东汕头设"正闻琴坊"，我每月去挖琴腔定音五天。琴材是取潮汕、福建的老房梁，依古法仿制敝藏唐琴"纪侯钟"悠长洪松音韵。由于家友于《忆故》《长门》等曲之吟猱，已得我学自吴景略师的神韵，斫琴取音亦承袭我的意趣，成品都松透甜润，琴友称许为"能奏唐门正音佳器"，简称"正闻琴"。在附近教书画古琴已卅年的琴徒林锐翰教授也时来帮听音定调，锐翰于琴音美学极有要求，故此年产仅百张的"正闻琴"音色是很稳定的。

北方琴友常劝我到大陆定居，既可享受湖山美景，琴友也易晤面。但我迷于粤剧、南音，离港有如鱼离湖海，哪能呢？不过近年我倒在深圳设了个"唐门琴府"，每周来教学讲座几天。教学之余，也在琴府整理我数十年来文字，内地版《琴府》《唐门琴谱》《商代乐器考》《唐健垣古琴六十年》等，将陆续出版。

2020 年 2 月忽发疫情，我直到 2021 年 9 月底才又到深圳。其间，琴府就劳跟我学琴十八年的安葆岩君打理。他深明我唐门心法，弹《渔樵》《潇湘》

都能入味。他的新作《弦外说古琴》已面世，道前人所未道，是值得品读的美学著作。

2003年古琴被选为"世界非物质文化遗产"，国内弹琴人口至今已逾百万之众。回想五十年前编《琴府》时，我夫妇遍访港澳台地区及海外，连琴师与初学琴生只约一百人，哪能想到如此盛况？

当年承饶宗颐师命编书以振琴道，近时电脑普及，琴资料唾手可得，南北城镇琴韵飘扬，而饶师于2018年2月6日以一百零二岁高寿仙游，在天之灵应开怀大笑吧！

《琴府》出版后五十年间，我在古琴、粤曲、南音方面亦颇有可述，如老琴之得失（得唐琴"飞泉"后被偷，后得谢孝苹旧藏的开元十年"纪侯钟"唐琴，得古宅双层墙出的贞观二年制唐琴，得夏莲居旧藏的"万壑松风"唐琴……）、学生之培养、粤曲、南音唱词的编撰等，此书不及多谈。曲友想听我弹唐琴"纪侯钟"，或听我唱粤曲、南音的，可上网搜索。

我一生得古琴、甲骨、曲艺、红学、砂壶、普洱六事养生，亦不输欧阳修"六一居士"之乐矣。

夏天马（Emil Shaw）

男。六十四岁。现址是918 Windham Street,Santa Crug,California,95060,U.S.A. 夏先生是农学家，旅居美国多年，从旅居加州的吕振原先生习琴，约有十年琴龄。夏先生鄙人未见过面，亦未听过他弹琴，据夏先生寄来的调查表说他会弹《风入松》《诗篇八首》《关山月》《湘江怨》《阳关三叠》《良宵引》《玉楼春晓》《醉渔唱晚》《长门怨》《平沙落雁》《长清》《获麟操》等曲。以上《关山月》至《获麟操》等曲，想是学自吕先生，《风入松》乃夏先生根据古曲打谱（唐按：鄙人以为夏先生误取琴曲《听琴赋》中之第三段《风入松》，作为古曲《风入松》，请参看《琴府·近代琴文集》夏先生《古琴曲〈风入松〉的制曲年代考》一文之注解）、《诗篇八首》则是夏先生自作琴曲，其中第八首已收入《琴府》附于上述《古琴曲〈风入松〉的制曲年代考》一文之后，1968年夏先生曾回国讲学，遍游东南亚，拜观各地琴友藏琴，有《名琴观赏记》一文发表，已收入《琴府·近代琴文集》，请参考。

夏天马先生

藏谱：

　　前年夏先生来函说："因在海外，所藏琴书，西文多于中华文字，显微胶片多于原版旧书，为篇幅所限，恕不备录。琴友倘须参考特别名著古书，天马可以代为查出篇章段落，复印交换。（仅书目已有五六页，实不易一一填写。）"我颇想知道夏先生所藏琴书究为何种，竟然书目已有五六页之多，经夏先生再函告，乃是一般类书中音乐部古琴类等资料，颇为零散。各地大学图书馆多有之，并非琴谱专书。

藏琴：共四张夏先生寄来三张琴的正、反面照片，并无说明哪一张是哪一张琴，现依夏先生所附资料，试为分别。

　　①蓬莱

1968年10月11日琴人于台北梁在平家 左起夏天马 汪振华 侯济舟 吴宗汉 王忆慈 夏太

夏先生来信说：" '蓬莱'为'东海'琴之姊妹琴，'东海'现在北美洲威斯康星州大学王振衣先生处。'蓬莱'琴铭即节太白《听蜀僧濬弹琴》诗后六句，有高氏古籀手迹。"据照片，此琴形式同梁在平先生的"龙吟秋水"。长方池沼。轸及足的质料不详。这张琴是黄体培先生所监工制造的琴之一，所以知道是黑色及螺钿徽，无凤眼。1965年，台北国乐家黄体培先生借到梁在平先生所藏的明琴"龙吟秋水"，请福玉华乐器店仿制数张琴，这张是其中之一，底板有铭文甚多，主要是高拜石（号芝翁、嬾云，名书画家，前数年在台北逝世）的题识。现分段录出，照片上看不见的字，据黄体培先生家中的另一琴"太古遗音"推测拟补，用"（）"号别之，凡照片上不清楚的字，以"？"号别之。

甲："癸卯"

"蓬莱"

"嬾云高拜石书"

唐按："蓬莱"二字是用古文字体。此段在颈部。

乙："为我一挥手，如听万壑松。客心洗流水，余响入霜钟。不觉碧山暮，

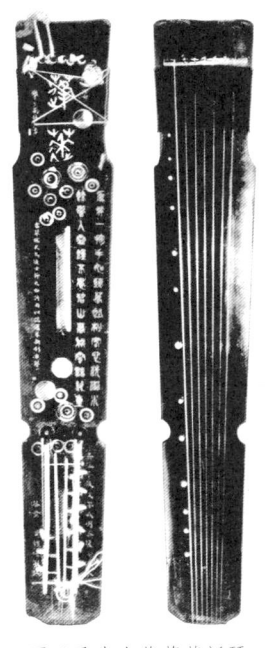

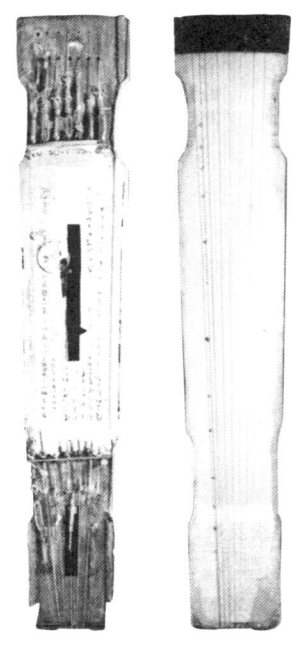

夏天马先生藏蓬莱新琴　　　　　夏天马先生藏清风朗月新琴

秋云暗几重。古琴□？天马逸士节太白诗句以志蓬莱新制古琴。"

　　唐按：这是高拜石先生用小篆写李白的五言律诗《听蜀僧濬弹琴》的后六句，前面的两句是"蜀僧抱绿绮，西下峨眉峰"。此段诗句二行在龙池右边，小字一行在龙池左边。此行第三字似乎是"园"字。

　　丙："梁在平教授珍藏明琴龙吟秋水形制（特广，韵清音宏。承允袭式仿制，铭此以志盛德。一九六三年岁次癸卯）琴斋黄体培敬志。"

　　唐按：此段铭文是黄体培先生写的隶书，因夏先生的琴似乎装了特别设备（改变上弦方法），只看到头尾两行字，从"特广"至"癸卯"二行部位被琴弦挡着拍不出文字，现据黄体培先生的"太古遗音"补足。又，以"太古遗音"琴的资料推测，这张"蓬莱"琴的龙池之内纳音部分两侧应有墨书二行："一九六三年癸卯，台北福玉华乐器号出品。"

夏天马先生藏福基琴

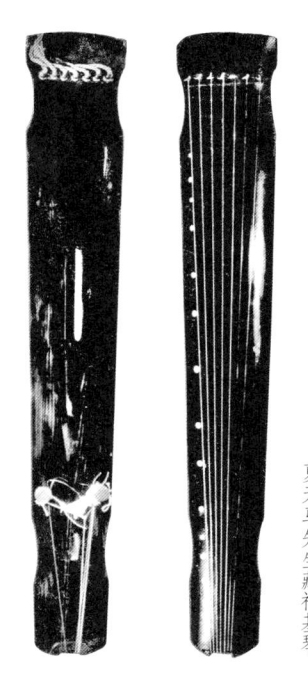

又凤沼之内纳音部位两旁应有墨书二行："制琴陈树银。监制黄体培。"

②清风朗月

夏先生来信说："清风朗月：素琴。此琴为天马在美西以当地千年古红木自制古琴，其制一如宋琴'鸣蜩'。美洲制琴，以此为首。"夏先生寄来的三张琴的照片，其一是白色，即是这张所谓素琴。琴底板龙池附近刻了小字七行，有百余字之多，因琴是白色，不易从照片上读出，"清风朗月"四字在第三行。此百余字是倒刻的（即是把琴竖起，尾上头下地读）。所谓宋琴"鸣蜩"，大约是指香港卢家炳先生所藏的"鸣蜩"，该琴是否宋琴，我不能断定，但的确极古，胜于明琴。但以照片比较，这张"清风朗月"的样子和"鸣蜩"相差很远，且夏先生用特别的上弦法，琴上附设钩子、钮子一大批，极失古雅的意味。

③福基琴

夏先生来信说："即天风琴社文镜先生所监制之紫露桐琴。无铭。《名琴观赏记》曾有叙述。"夏先生来信说藏有四张琴，而附来三张琴的照片，前二张已辨明是"蓬莱"及"清风朗月"。夏先生说"雅泊"琴是台中朱亚伯先生依"龙吟秋水"琴的型制而改良的古琴，但剩下的这张琴照既绝不像"龙吟秋水"，更无"改良"的痕迹（朱先生的所谓改良，是把上弦的轸改为结他式的钮）。所以我把余下的一张琴照归在"福基"琴名下。更有一证，这张琴的样子，同于蔡福记乐器行的另两张琴（请参看吴宗汉老师及吕培原先生的藏琴资料），更可以说明这就是夏先生所说的"福基"琴。《名琴观赏记》一文说"福基"琴是仿制宋琴"石上流泉"的形式，未知此宋琴"石上流泉"是否指吕振原先生的"石上流泉"，抑或另指别琴？因为吕振原先生的琴"石上流泉"印章倒刻在龙池之下，颈部则刻"九霄环佩"四字，依例这张琴应叫做"九霄环佩"，而不叫做"石上流泉"。其次，"九霄环佩"是仲尼式，照中之琴则近乎清人之伏羲式。所以，若果夏先生所说的宋琴"石上流泉"就是指吕先生的"九霄环佩"，而这张琴照又是"福基"琴的话，我以为说"福基"琴仿制"石上流泉"是不对的。

④雅泊

夏先生来信说："为中市亚伯道长依'龙吟秋水'型制改良之古琴新样。"亚伯道长即台湾台中朱亚伯（家龙）先生，是航空研究院副院长，不会弹琴，而极有兴趣改良古琴。余请参看《琴府·近代琴文集》夏先生《名琴观赏记》一文。

孙芸

女。年二十余岁。现在美国。孙小姐是著名国乐家孙培章先生的千金。去年吴宗汉老师告诉我,说孙培章先生介绍孙小姐来跟老师学琴,我正准备拜访她,不料孙小姐只学了三数次,因美国大使馆的签证已发出,即匆匆赴美国留学,未曾见面。大约已学了《仙翁操》。孙小姐亦能弹筝。

藏谱:

  不详。

藏琴:

  不详。

孙芸祉

女。年龄不详。现址亦不详。1962年胡莹堂先生在台湾高雄举行画展,并附展古琴。其中有孙女士的"雪夜冰"古琴。孙女士是胡莹堂先生的琴学生,我未见过面。有意和孙女士联络的请试向胡先生查询。

藏谱:

  不详。

藏琴:数目不详。有"雪夜冰"古琴一张。

  雪夜冰

  仲尼式。有蛇腹断纹。元朱致远制。胡先生附展说明:"赤城朱致远为元代制琴名家。经明万历时何竹野、清雍正时周鲁封先后收藏。题识完好。"
此琴我未见过。

孙培章

　　男。年五十余岁。孙先生是台湾地区著名国乐家，最善琵琶。现任中国广播公司国乐团指挥，并在台湾师范大学音乐系讲《国乐概论》。我曾经数次写信给孙先生想拜访，均未接回音，故无法详细报导。孙先生亦能弹琴，灌过《阳关三叠》《良宵引》二曲的唱片（台北鸣凤唱片公司第十三号），但录的效果不佳。

藏谱：

　　不详。

藏琴：

　　据友人说，孙先生藏有古琴，数目及详情无法奉告。

孙毓芹

　　男。今年五十六岁。原籍河北丰润。现址是台北市泰顺街四十四巷十一号之三（四楼）。愚夫妇在 1969 年夏开始到处拜访琴人，的确是"访"的，要在茫茫人海中找出谁人会弹七弦琴，实在不容易，而孙先生住在我家附近，和我们可说是同一条巷子，相距才一两百步行程，我每天最少走过他家门口三四次，却一直无缘见面，也可说是相见恨晚了。1969年冬，我们去拜访章梓琴老先生，承他告诉我们他的学生的居址，我们按址找到孙先生。

孙毓芹先生

当时孙先生是退伍上校，退伍后没有办事，终日在家中研究造琴，我们去到的当儿，正在忙得起劲。孙先生看到我们两个背着照相机，二十刚出头，而自称要拜访琴人，撰为《近代琴人录》的年青人，似乎十分惊奇，有点不能置信的样子。后来，我们才知道，孙先生多年以来都是独个儿弹琴，一向以为台湾只剩下几位老前辈仍在弹琴，正在担心古琴的没落呢！孙先生因为造琴亲力亲为，指甲断了，指头也痛得很，已经半年没有弹琴；当晚谈得起了兴趣，为我们弹了《醉渔晚唱》（即《醉渔唱晚》）、《归去来辞》及《流水》等曲。七十二滚拂《大流水》一曲是很艰深的琴曲，没料到孙先生居然会弹，使我们为之喜出望外。据孙先生说，他曾经跟从章梓琴老先生学过无滚拂的《流水》，后来听到了名琴家管平湖先生的七十二滚拂《流水》唱片（香港艺声唱片ATC148，台北女王唱片QNL5022），于是细细体会，根据杨时百所撰《琴镜》之中的《流水》谱，自己学习，练出全曲。孙先生虽然半年不弹琴，有时也忘了一两个片段，要看原谱，但我们都看出他已经下了很多功夫，而且有了不少心得。我一向有意学《流水》，苦于无师传授，当下向孙先生请教，孙先生不厌其详地指出七十二滚拂的巧妙，何处要轻滚重拂、何处要重滚轻拂、何处要快滚慢拂、何处要慢滚快拂、左手的吟猱绰注如何配合……使我

1970年11月28日中华古琴联谊社第一次雅集　前排左一南怀瑾　左三王忆慈　左四吴宗汉　后排左二孙毓芹　左三唐健垣　左四赖咏洁

茅塞顿开！接着又看了孙先生造琴的工具、方法，引起了我学造琴的兴趣（后来真正跟孙先生学造琴了）。那一晚分得手来，已是翌日凌晨二时了！

过了几天，孙先生来看我们，又是一个聊不尽的晚会。我们有两张明琴，我用的叫"动静清和"，内子用的是明朝祝海鹤造的蕉叶琴，孙先生都很欣赏。自此之后孙先生和我们就成了莫逆之交。孙先生平易近人，好像是一位老朋友，而非一位老先生，愚夫妇又是琴迷，常常十句话之中，有八句谈到琴，和孙先生成了不可一日不见的朋友，计一年之中最少见面二三百次，有时你来我往的，一日见面二三次之多！

跟孙先生认识久了，对他的人品、学问由衷地佩服。孙先生虽然在陆军任文职数十年，行伍之中不忘游艺，军中带备的是书画、碑帖、古琴，可惜来台的时候，没法将家中的古琴带来。退伍之前，孙先生在军中用简单的工具造了一张简陋的琴，作为聊胜于无之用。退伍之后，买得台北福玉华乐器

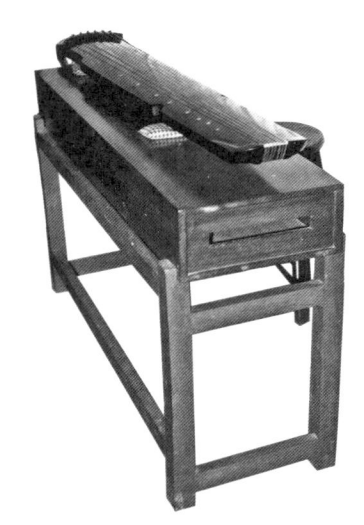

孙毓芹先生设计共鸣琴桌，共鸣箱仿古砖而制，琴尾有一音窗。用厚半寸木板制成

店造的新琴一张，觉得不满意，于是买了一片桐木，根据《与古斋琴谱》上所述的造琴方法，精心研究造琴。我们所见的孙先生，是一位忠厚长者，口中提及最多的是琴，其次是书画、刻印、评剧、花鸟虫鱼，绝少提到的是名利。愚夫妇对孙先生佩服之余，很愿意拜他为师，孙先生认为交个朋友已经够了，拜师倒是多余，孙先生平日跟我们谈笑无禁，一下子由老朋友变成老师，也觉得不像，结果愚夫妇尊称孙先生为孙公。

　　孙公研究造琴花了很大的心血，古琴谱上所说的各种造琴秘法，他都仔细分析、试验、改进，对琴音、琴毛病的分析，精妙入微，只因他没有著书立说，故很少人得闻他的高论。琴平放久了会弯曲，生出折腰的毛病，这是人人都知道的，但有一次，我发觉我的明琴居然也变成弯曲了，生出驼背之病，为之大吃一惊。我的琴一向是直挂的，怎么会有毛病呢？经孙公研究，发现

1980年末，唐健垣赴台看望孙毓芹

1980年，孙毓芹、唐健垣与师弟师妹合影

原来我挂得不垂直，差了一点点，虽是一点点，地心吸力并不放过，日久就弯曲了！后来照孙公的方法，反方向挂了一个月，琴也就平直了。

愚夫妇在台北全心读书、编书，只靠家中汇款接济，如果只求生活，再加上学校发的一些公费，是可以过日子的。但是为了编《琴府》，每月所花的邮费、影印资料费、纸张笔墨费等（《琴府》资料近万页，所耗的纸张正不知多少，墨水、糨糊不知多少瓶，圆珠笔是以一打一打买的），极为可观，收到的钱除了交房租之外，根本未够上述开销，更不必说吃饭了。为了实现编《琴府》的理想，只得咬紧牙根。那时我们常常二三天才吃一次饭，平常吃几片饼干就算一天，吃饭时也是吃油盐白饭，很少菜或没有菜，孙公大为不忍，但他自己也没有收入，长贫难顾，帮不了我们什么。他私下买了一个直径一尺、高一尺多的大玻璃瓶，又买了十斤萝卜和青菜，托人做了十多斤泡菜，有一天抱来我家要送给我们下饭用，真是盛意可感！我久饿之下，自然十分高兴，内子却生平绝不吃酸、辣东西，玻璃瓶盖一打开，房间中就充满酸味，弄得她头昏脑涨，为此大哭一场，我惟有把泡菜倒掉，一同再吃我们的白饭。

1970 年 10 月，我们和一位美国友人米凯乐先生合租一层高级洋房，面积一千方尺，共计一厅三房，另有浴室、厨房、三露台、客厅可坐四十人，我们只出极少租金，占住一房，舒服之极。先在 1970 年夏，我曾跑到新竹县买了一根桐木，直径一尺、长六尺，将之剖成两半，一半已经挖成一个大古筝的坯形，另一半要造琴，却因旧居缺乏地方，未能动手，既然新居如此宽敞，乃得实行研究造琴。这时已经跟孙公学过一些造琴的要诀，凡选材、处理、调漆、调灰（鹿角霜）、上漆、上灰、磨灰、制徽、制岳山、制雁足、制轸、制龙龈、胶合、用刀、用锉、用钻、用刨、用锯的方法都学习过，工具亦已齐备，又买了一台马达，装上电锯及电磨，于是开始工作。首先把大筝完成，着实掌握了桐木及其他所用木料的纹理、特性，再用数十小时修好了内子的蕉叶琴的岳山及琴边残破的地方，孙公则时加指导。到 1971 年 8 月，更一口气造成三张琴，音色都很好。吴宗汉老师、容天圻兄都很欣赏。

我们搬到新居之后，孙公每周必来三四次，弹琴、聊天、合奏、讨论造琴。这一年过得愉快之极。孙公以前并不认识其他年轻琴友，经我们介绍，乃认识了吴老师伉俪和他们的学生如王海燕、顾丰毓、陶筑生、刘品良、张尊农、葛敏久、王正平、安方、朱元明、叶绍国等，每星期日在我家或吴老师家聚会练琴（准备 6 月 29 日在台北实践堂演出古琴古筝欣赏会），孙公的生活也顿时为之多姿多彩，人也年轻起来了。这一年之间，孙公又根据吴景略先生的唱片，自己练出了《忆故人》《渔樵问答》，又根据《琴镜》练出《平

《广陵散对话》

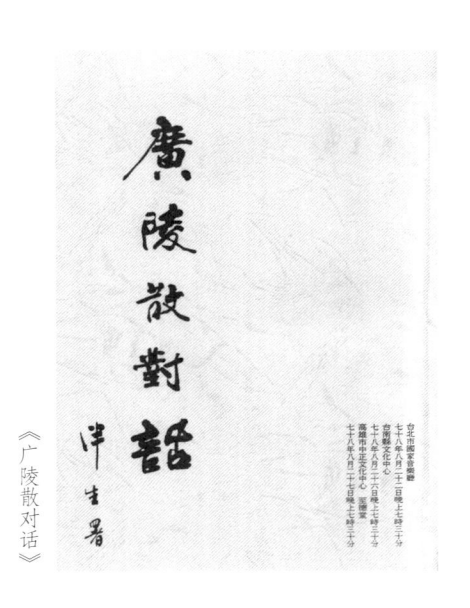

沙落雁》，日夕抚琴，沉醉在琴的天地中。两年之间愚夫妇十次去到孙公家，有八次见他在弹琴，和我两人真是可合称老少琴迷了。

孙公的为人，正直坚毅而沉着，口不言俗事，手不沾俗物，人有困疾，如己有之，而疾恶如仇。处事镇定而精确，可能是喜欢研究佛学、打坐、沉思之故，亦可以说是弹琴有得之故。今年（1972年）夏，蔡德允老师赴日本探亲，途经台北，见到了分别多年的老朋友吴师伉俪，亦认识了孙公。回港后蔡师对我说："孙先生人很正派，所弹琴亦是正音。""正"字适足以表示孙公的为人了！

孙公在内地时跟田寿农（耘夫）先生学琴，学过《高山》《阳关三叠》等多曲，在台北跟章梓琴老先生学了七八年，学得《平沙落雁》《水仙》《太古引》《归去来辞》《关山月》《醉渔唱晚》《梅花三弄》《湘江怨》《流水》（无滚拂《流水》）等，后来据《琴镜》自修得七十二滚拂《大流水》。

近二年又自学成《渔樵问答》《忆故人》《平沙落雁》(《琴镜》谱),可以说是永不后人的前辈。

孙公对前人的成就,既不轻信亦不轻易推翻,必定自行研究、分析,再下断语,弹琴亦一丝不苟,对下指走指的方法很注意,深得"按令入木"的妙旨。制古琴及打磨零件、有高度技巧及耐心,手工精细令人叹服。愚夫妇在台北最后二年之间,财力、物力及精神上得到孙公极大支持,真是无可言报。去年夏我回香港,行前赶造古琴三张出售以清债务,尚未完工,靠孙公帮我造好,了结一事,此事已在安方小姐条"饮水"琴及朱元明小姐条"漱玉"琴下详记,不再述于此了。

藏谱:

①《琴学入门》清同治六年心向往斋刊光绪间增刊序跋及板拍本。三册线装一函,共二卷。此书原属章梓琴先生,多年前曾由韩镜塘先生缩影成线装一小册,在台湾流传。

②《琴学入门》卅二开线装一册,即韩镜塘先生据原刊本缩印者。

③《春草堂四均平沙》卅二开线装一小册,此乃韩镜塘先生在台影印,只收《春草堂琴谱》之卷六。(所影印者乃章志荪先生藏本,亦即《琴府》所收之《春草堂》。)

④《阳关三叠》卅二开线装一小册。此亦韩镜塘先生所影印,收有《琴学入门》(据原刊本)《琴镜》及《立雪斋琴谱》三书之《阳关三叠》。

⑤《流水谱》卅二开线装一小册。此亦韩镜塘先生所影印,收有杨时百《琴学丛书》之《琴谱》卷三有关《流水》之若干页,及《琴镜》卷五之《流水》谱。但所据之《琴镜》乃杨氏第一次印刷者,颇有错误,其后杨氏重校《流水》

改版印于《琴镜》内，此未收。

⑥《琴操》卅二开线装一小册。此亦韩镜塘先生所影印者，即《琴学丛书》之《琴粹》中之《琴操》。

⑦《自远堂琴谱》民国校经山房石印本，十二卷，一函十二册，此原为章志荪先生之物，以赠孙先生者，现承孙先生借出印入《琴府》。

⑧《研易习琴斋琴谱》上中下三卷三册，此乃章志荪先生所编纂。

⑨《长门怨》琴曲手抄本，琴友汪振华先生所抄赠。

⑩《忆故人》琴曲手抄本，孙先生抄自《今虞琴刊》。

⑪《平沙落雁》琴曲抄本，孙先生抄自《琴镜》。

藏琴：

①龙门松风

仲尼式。黑色。螺徽。琴头镶有白玉梅花一朵，花心可转动。琴两侧略现出流水纹，琴背池上刻"龙门松风"四字，池下刻有二印章，填以黄色，字画已不清楚，其第二印云"孝感宋口德口口藏"。此琴原为章志荪先生"念四琴斋"之物，乃先生所藏廿四琴之一，其中廿三张战乱中已不存，携来台者惟此琴，保存廿年，去年六月让给孙先生。据章先生说，宋×德乃是洪承畴之部将，然则此乃明末清初琴也。据近日孙先生及我一再研究，此琴之底板并非原物，已是换过者，漆亦是重漆（原有断纹于灯下尚隐约可见），则此琴初造之年月，必在明末以前也。上弦试鼓音清细而纯古无火气，亦极可珍宝也。

②玄瑜

仲尼式。黑色。无凤眼。金徽、木轸、木足。面板用桐木制成。此琴乃

孙毓芹先生藏龙门松风琴 　　　　孙毓芹先生藏玄瑜新琴

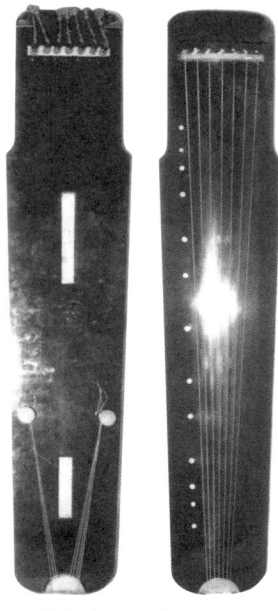

孙毓芹先生旧藏无名新琴 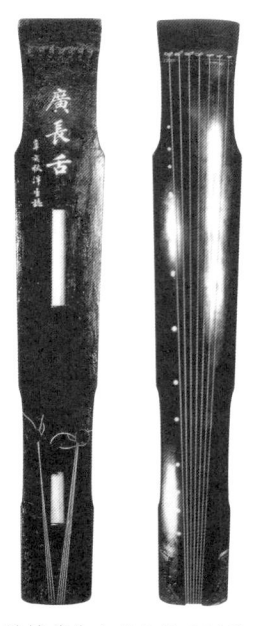　　　　孙毓芹先生藏广长舌新琴

宋琴"鸣泉"(《广陵散对话》第22页)

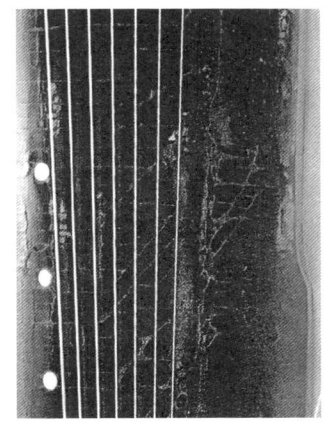

宋琴"鸣泉"九徽至十一徽一弦附近出现龟纹断(《广陵散对话》第23页)

宋琴"鸣泉"龙池旁铭文(《广陵散对话》第23页)

宋琴"鸣泉"琴面两侧断纹隆起甚高(《广陵散对话》第23页)

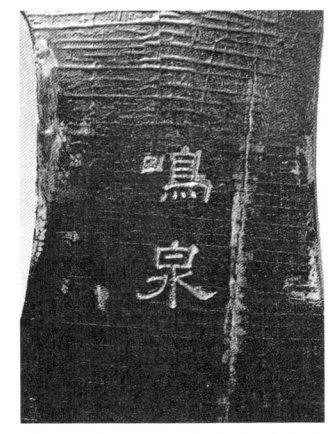

宋琴"鸣泉"琴底断纹(《广陵散对话》第23页)

三年前孙先生亲手制造，琴身颇长大。音色为新琴中之上好者。底板刻"玄瑜"琴名，池左刻二行小字"1969 年，己酉暮秋，渑阳孙泮生手制"。琴底面皆有鹿角霜，所谓古法也。腹内纳音二旁墨书四行："此琴木质坚实，色黄如金，纹平若缦，惜原制乖古，音不透脱。余爱其材之美，剖而重修之，时在 1970 年庚戌巧月，渑阳孙泮生识于台北。"

③无名新琴一张

黑色。仲尼式。螺徽。木轸足。桐木面板。此琴乃多年前孙先生命工人制成，较常琴阔而较常琴短，故颇觉肥大。现已赠与"东西精华协会"南怀瑾先生。

④广长舌

新琴，此为孙先生以"洗心"琴与汤珊先小姐换得一琴，将之破腹换底板而成者，取名"广长舌"。此二琴原皆台北某工艺社出品之新琴，因不循古法制造，故琴音不佳。孙先生极为欣赏"广长舌"琴面板之木质，乃将之改换底板，成为目下之"广长舌"，此琴于去年九月完成，时我已由台回港，内子在台来函告知，云"广长舌"之音韵，在吾人所见所有新琴之上，可称第一，洵足珍惜也。

此外孙先生曾制曾修之琴皆已不在手中。其一为十五年前以一刀一木挖成，不合古法者，现在韩镜塘先生（已故）之女儿手中。其二为"云韶"，乃用台制新琴重漆者，池左有字二行"甲辰暮冬""南怀瑾题于台北蓬莱新村"。此琴去年让与吴宗汉先生之学生刘天云小姐。琴音极大而空虚。其三为"洗心"，乃用台北福玉华工艺店制之新琴换底重修者，现归汤珊先小姐。其四为无名新琴，乃天津出品，仲尼式，前年我售与先生，先生以此琴为阳材琴（底面均用桐木），不合古法，乃换另一琴底，又换岳山、象牙徽换成螺徽，铲去原有琴漆，重上鹿角霜、生漆，前后花费半年以上始完工，琴成，音较原来为清细而不燥，得失参半。去年让与吴宗汉先生，而吴先生又让与一位刘克雄先生。此琴腹内纳音两旁写墨书二行："一九七一年岁次辛亥仲春，溉阳孙泮生斫于台湾并志。"下有二印章："孙毓芹印"（白文方篆印）、"泮生"（朱文方篆印）。

〔**增补**〕

我 1967 年至 1971 年在台北师大读书期间，梅庵派琴家吴宗汉、王忆慈伉俪之外，另一位恩师就是孙毓芹师了。在《琴府》下册《近代琴人录》中对如何认识孙公、其为人、其艺术已有详细介绍，现稍补充一二。

我在 1969 年秋大三进行"琴人查访"工作时，闻老琴家章志荪说有位年五十余的学生为隐世弹琴斫琴好手，乃往拜访，结忘年交。隔日以告吴老师，吴师中风后少出门，命我尽快请孙公，于是两位和善谦恭的琴家得成好友。吴师叫我去学孙公懂的琴曲如《醉渔》《流水》，最重要学斫琴修琴！

孙公获吴师借出两卷共十九曲名琴家弹的录音带，有管平湖的《广陵散》、吴景略师弹的《忆故》《渔樵》《普庵》《梧叶》《潇湘》（是 1953 年用极苍松老琴弹的，比 1956 年录，1985 年出成八片 CD 的"老八张"更胜），这一下子扩大了孙公的耳界。我又为孙公提供简谱使他得以自学弹出多曲，成为真正的"老琴家"。1972 年吴老师离台往美国加州依子定居，行前他向艺专推荐孙公继他之位教授古琴，这是极明智大有益于台海琴坛之举。从此台湾学子得明师，孙公得用武之地，授琴大增收入改善生活之外，数十载隐世孤居的老人，从此被大群崇敬其为人其艺术的弟子围绕、照顾、爱戴，死而怀念，人生夫复何求？

我为编刊《琴府》，不赚钱还负债。1971年春就着手做三张琴，计划卖琴还债才回港，做个清白之人。编书之余我争分夺秒做琴，最后一道工序还是我赶回香港后，劳孙公帮完成的。斫成之三琴是售给吴宗汉师的"听涛"，售给朱元明师妹的"漱玉"，售给安方师妹的"饮水"。

孙公四十载长忆大陆妻儿，痛苦自不足为人道，每日烟二包白酒一瓶，致老年心肺之疾伤身，每早起必大喘，须以拳捶胸半晌方能正常呼吸。

我1970年代曾二次请孙公游香港访琴友并演奏。公见敝藏唐琴"飞泉"极钟爱，但我常常要演奏，未能效吴季札之赠剑，乃送他山东琴家詹澄秋旧藏黑色仲尼式宋琴"鸣泉"，条件是换他戒烟戒酒，当时还签约一纸，结果，琴拿去烟酒未除。

我又曾送孙公另张宋明琴"动静清和"（琴多断纹，龙池两边有旧刻王羲之圣教序文字对联："仙露明珠方其朗润 松风水月足以清华"，意思是：只有仙露明珠比得此琴的朗润，唯松风水月足以比得其清华。方者比也），也是要他立约戒烟酒的，但其后孙公将琴让给有一段时期好心来为他这独居老人煮饭的学生陈美利。陈师妹后来居新竹市教筝少弹琴，琴被其弟骗卖还债，她现在新竹贷屋住，病痛可怜。该琴极古雅好音，我心痛啊！

1989年8月，孙公请我去台和台北国乐团合奏《广陵散对话》，连办三场。他亦用我送的宋琴"鸣泉"独奏一曲。关于此琴，他撰写说明如下：

宋琴"鸣泉"

宋琴，仲尼式，原为大陆已故老琴家詹澄秋所藏。为桐木琴，琴身呈红斑斓色，显示几经修缮，但尚未剖腹修整过；且琴身除有大蛇腹及细蛇腹断以外，两旁并有许多剑锋。琴面除弦路落指处较平外，两旁及琴底可看出漆灰翘起后经修复的痕迹，再加上琴造型属扁宽形制，推考为宋琴无疑。

琴上岳山以红木制成，琴轸及雁足皆为名贵之黑牛角，琴尾冠角亦为红木制造。琴身全长 125.5 公分，琴肩宽 20.5 公分，琴腰宽 15.5 公分，琴首宽 19 公分。底木颈处刻"鸣泉"二字，琴底龙池旁铭曰："音希太古　其德独优　借以陶淑　至人贻留　卧云子铭"。由"至人"及"卧云子"等称谓推断，此琴初为道家人士所藏。其音色苍老、松透、有金石声。

孙公 1985 年获颁第一届"中国民族艺术薪传奖"，1989 年获颁"民族艺师"名衔（类似日本之"人间国宝"名誉）。孙公性慷慨，见学生说他的小文玩可爱，他每每说："你喜欢？拿去！"晚年病重住院，美国友人陈行夫来探望，说及自己洗肾开销大，孙公随手将领来的恩惠金慨赠病友！最近我发微信问陈雯师妹，得她证实确有其事。

孙公教我、爱我、助我、待我厚矣！孙公 1990 年去世，我接他之独子由大陆到台奔丧，推棺入炉点火时，我长跪哀哭送我孙公！

孙公子矮瘦如猴，言谈少文化，正是望之不似人君之辈。其大陆乡亲说他与爱人占住小祖屋，把思念孙公哭到失明的老母赶去住猪圈，没医少吃到死！他到台就暗中向孙公琴生故友谈卖房卖琴。众人认为孙公遗产的处理法还有待研究，好琴人人想要但无人敢入手。丧礼后他问我："这'鸣泉'琴是你送给我父的，不如你随便给十万台币，或三四万人民币，琴就还你吧？"我以琴已送给恩师，不愿蹚这浑水，婉拒之而先回港。该琴终归台湾艺专，供师生使用。他离台回大陆时没在香港见我，房和琴是卖是捐？谁拿到钱？我不管了。

孙公在约 1973 年至 1990 年间教出极多学生，能传承教下一代的，就所知简列于下：

1. 唐健垣：1970 年学《流水》《醉渔》，斫琴。

2. 陈国灯：国灯夫人贤淑常侍孙公衣食，被称干女儿，能筝不弹琴。国灯能曲不少，20 世纪 90 年代后广收弟子，已血癌往生。

3. 孙于涵（初名金凤）：1976 年来跟孙公。其人慧美，家富足，故得居阳明山别业，晨看云山美景，午亲斫琴动漆灰（曾跟专人学漆艺），晚书画琴茶，真神仙生活！又频密云游中外四方，多出席琴学研讨会吸收学问，晚岁偶授琴为乐。

4. 陈雯：因用功聪慧被孙公收为义女，与马来西亚学生陈国兴结合。国兴学琴并斫琴有成，其后教筝售琴为主，回大马定居。陈雯往来台马两地授琴，后在马来西亚获文学博士学位。二人琴筝和鸣，人称绝配，不料中道分手。有一子在上音学琴。陈雯曾任台北"和真琴社"社长。

5. 陈国兴：参看陈雯条。

6. 林立正、林法父子：立正兄 1974 年自制一琴，1976 年跟孙公学斫琴，精研数十年，于木材、漆、灰之要求达极致，中外慕名来投其斫琴班者极众，立正倾囊以授。2015 年台湾琴会与紫藤庐茶馆合办琴展，展出孙公斫琴学生叶世强（已故）、林立正、唐健垣、陈国兴、蔡本烈、李筠、孙于涵并徒孙共十五人所斫三十琴，配合展览出版的《大器今声·台湾斫琴录》有长文介绍林立正。立正不弹琴，其子林法人高琴艺亦高，擅斫制，为台湾第三代高手。

宫下周平＊（Shuhei Miyashita）

男。二十岁。日本人。原籍日本北海道。他的居址，据前年张世彬先生来信说是"日本东京都练马区北町五－一六－一三麻生方"，去年岸边成雄先生来信则说是"日本东京都中野区中野一－二〇－七岩田庄、中川公夫方"。我并不认识宫下周平先生。据张世彬先生来信，则宫下周平先生是他的学生，前年学了《湘江怨》。据岸边成雄先生来信则宫下周平先生现在东京大学东洋音乐学史教室做研究。

藏谱：

不详。

藏琴：

不详。

容天圻

男。今年三十五岁。原籍广东中山县。因从农学院毕业，故别署农庵，又因藏有"秋月"琴，故别署秋庵。斋名秋月草堂。现址是台湾凤山中山东路一五二巷九四号。1969年暑假，我由台北回香港结婚，偕内子赖咏洁回到台北，正式开始进行编印《琴府》

容天圻先生

1980 年末摄于台湾，左起唐健垣、容天圻、陈蕾士、孙毓芹、邵元复。

1980 年末容天圻弹琴

的计划，除整理、校订琴谱之外，并到处拜访琴人，千方百计从报章杂志上寻找谈论古琴的文章，目的是要编撰《近代琴人录》及《近代琴文集》。商务印书馆"人人文库"有容天圻所作的《庸斋谈艺录》《艺人与艺事》两本书，乃是容兄在 1957 年左右发表的杂文，以谈书画艺文的居多。其中收有谈及古琴的文章数篇，文章写得内行，比普通记者报道式或文人遣兴求风雅的琴文可靠得多，可想而知作者应是一位琴人。不久从梁在平教授那儿获知容兄是一个青年画家，对古琴很有研究，梁教授并且给了我容兄在凤山的通讯处，叫我写信去作自我介绍，并且向容兄求教，于是展开了台北凤山之间的通讯友谊。

我先写了一封自我介绍的信去给容兄，详述我要编印《琴府》的计划，及请他准许我转载他的琴文。容兄回信勉励有加，并且作了不少建议，其措词的诚恳、建议的实在，显出他是一个古琴的有心人。

容兄出身农科，而由于他的外祖梁实是位画家，影响所及，容兄也就深深爱上书画艺术。容兄开始学琴距今才九年左右，但对琴事的研求，则肇端更早，十多年以来所看过的琴资料很多。初识容兄的时候我对琴学正在入门阶段，很多古人的琴文不知如何找寻，更因我还年轻，近十多年海内外学者所发表的琴文也没有看过，幸得容兄绝不吝惜，一一指示，并把他历年从报章杂志上剪下来的琴文也寄给我，使我对古人的琴说有了一点认识，近十多年的琴坛情形也有了一个印象，把时空上的真空填补起来，这是我所极为感激的。此所以我在《琴府》上册自序中，称容兄为我"六位师长"之一，这不是泛泛的推崇，而是深深的服膺。

容兄很敬佩愚夫妇对古琴的热心，我则很尊敬容兄对琴学的研究，在这个时代，醉心琴学的人并不多，于是我们就引为知己，不停地通讯。据我统计，在头两年之中，明信片不算在内，我和容兄互通函件共百余封，每封都是洋洋洒洒十页八页。通信密切的时候，简直早晚一封。每天我急不可待地赶去邮局，看看信箱有无容兄的信。返抵家门，内子总是笑问："今天有容天圻的情信多少封？"可见通信之密。

1970年2月，容兄到台北来住了几天，最大的目的在跟愚夫妇见面，讨论琴事，数月神交，一旦畅聚，实在是雀跃不已。容兄人很谦虚、沉着、处事镇定、口中所言本于忠信之道，而皆有关于书画古琴，容兄每作月旦，不但注意别人艺术上的造诣，更注重别人的人品，对正直清高的人每每作很高的评价，这是他十多年来评论书画一贯的作风，从他十多年来所发表的文章之中可以看得出来。他在《艺人与艺事》的后记中说："很不幸的是我们这一代艺术家的眼光往往只看到作品的表面，注意到市场的价值，而忽略了更深一层的东西，与作品背后的人格，这是很可悲的现象。"所以他的文章除了谈艺事之外，"每每兼及艺人与画家的畸行逸事，并不厌其烦地一再提到人品与修养的问题，以达知人论世之旨"。容兄对人的要求既高，律己亦因之而严，我和他前后通信百余封，见面多次，对他的为人很是佩服。容兄凡事只考虑对不对，而不考虑吃不吃亏。对人对事采取"圆满而非圆滑"的态度，那就是做事踏实负责、按部就班，这个态度使前辈对他的印象很好。

容兄自1963年左右始从老琴家胡莹堂先生学琴，数年之间断断续续学了《平沙落雁》《鸥鹭忘机》《空山忆故人》《长门怨》《梅花三弄》等操。容兄到胡先生府中学琴，交通很转接，晚上总要坐尾班车回家，如果赶不上尾班车，更要坐计程车。初学的时候，容兄并无古琴，在家中用硬纸画了一个琴形，在纸上练习，那光景是够苦的。一般琴学得自家传的琴友大约很难体会得到那困难吧。后来容兄在胡先生指导之下，与工匠苏爱林先生合作斫了一张新琴"海潮音"，又买到明琴二张，才算解决了练琴的问题，寻且对琴学的兴趣越来越浓，对琴的体会也越来越深，这一个渐变，可以很清楚地从他先后期所写的琴文中看出来。他的第一本书中所收的琴文如《谈古琴》《古琴名曲与广陵散》《知音》等文章，只是很普通的介绍式文章，未谈得上研究。从第二本书中的琴文看来，容兄对琴的兴趣已越来越大，对琴的认识也越来越深，正因知之深，也忧之深，所忧的是恐怕琴学越来越没落，甚至失传，故他写了一篇《古琴曲谱的整理与发掘》一文，提出"将有名的琴谱加以影印出版，使之流传"的口号，又希望"有经验的琴家"把已无人弹奏的琴曲"仔细地体会，运用技巧，透过打谱的工夫去发掘"，又提出"用现代科学的方法录音，用五线谱加以记录，然后再分析、整理"。这些见解，是很切实际的。容兄所计划的正是愚夫妇的计划，容兄所希望有人做的，是愚夫妇正在进行的，为此容兄对我们十分赞许、支持，曾经一再帮助我解决不少困难，那是愚夫妇永世不忘的。举个例来说，去年容兄就帮我解决了一大笔债项。1971年夏，《琴府》上册已经出版，愚夫妇打算回香港，但因编辑《琴府》之拖累，连年负债，共达台币数万元，虽经尽力清还，仍欠一万六千元，这笔钱相当于一位公共汽车售票员大半年的收入，富人以为不多，我以一个大学生的身份，却是不少的数目，苦思无计，忽然记起自己藏有一片桐木，也跟孙毓芹先生学过斫琴，何不把桐木制成古琴，一方面可以试试自己学得如何，二方面可以把琴售给友人，用来还部分债项。容兄闻知我的困难和计划，不假思索即把他藏了十年，已经造成琴形的琴材二床送给我造琴帮忙清还欠债。琴材在八月初寄到，我立即闭门谢客，每日工作十八小时来赶工，到八月底把三琴完工百分之九十，我在八月底回香港，余下的百分之十工作由孙先生代劳。这期间曾有连续工作五十六小时的记录，这三张琴帮助我清还了大部分的债项，谓非容兄的帮助，我一时之间如何能办得到呢？至于容兄随时为我搜集琴文资料，那更是不胜枚举了。

因为教书工作繁重，容兄能弹的曲不多，能弹的也不熟，但容兄鼓琴，以修心养性为目的（近且信佛，主张琴道进一步称为琴禅，详见其《鼓琴一得》

一文），不斤斤于动听，然亦不致如若干老一辈琴人之不解音律，实在其鉴音之力亦很高。其右指入弦方法未尽善，故弹琴时琴弦多致打击琴面，发出甚多杂音，而左手吟猱进退则颇佳，可谓左右不同修为也。

纵观容兄的琴学，可以说是倒啖甘蔗——渐入佳境，他在1957年左右发表于杂志上，而后来收入《庸斋谈艺录》的琴文，例如《谈古琴》《古琴名曲与广陵散》《知音》等数篇，无可否认，其内容较为浅显、无甚创见。那时容兄根本未学琴，徒以有心学琴而涉猎古书中有关琴的文献，自乐之余，发为文章介绍一二，也是很难得的。第二三本书《艺人与艺事》和《书余随笔》所收的琴文，已较为有了深度，此因为他已开始学琴，日夕闻胡老先生的教诲，自己又用功钩稽旧籍，故此见解与体会日深，《古琴曲谱的整理与发掘》《琴社纪盛》《论古琴的源流及其艺事》《谈古说今话名琴》《古琴曲与琴谱》等篇都已变成内行人的文章，但仍止于阐述旧闻及抒发感想而已。从他近年所写的琴文及给我的信中看来，容兄的琴识又已进一大步，琴文中已有了自己的见解、分析，我很希望他能够花一点时间，把近年的心得整理出来，为下一辈琴人写本指导的书籍，愚夫妇正遥祝馨香呢！

藏谱：

①《新传理性元雅》明张廷玉撰。四卷。1969年台北李宗侗教授据明万历四十六年刊本影印。但李教授误题为清朝之张廷玉。此书为残缺本。

②《琴学入门》。清张鹤撰。上海中华图书馆石印本。二卷分三册线装，即已影印入《琴府》上册的版本。

③《古琴初阶》（复印本）沈草农、查阜西、张子谦合撰。1961年出版。

④《见在古琴曲传谱解题汇编初稿》复印本，查氏编。据盛运策先生的

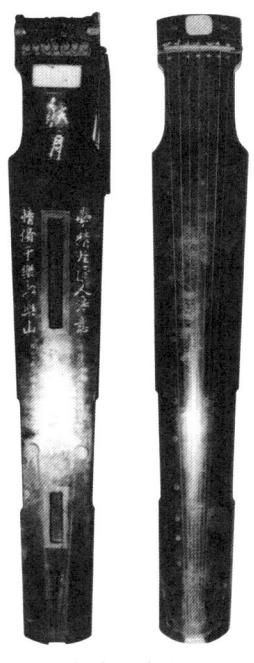

容天圻先生藏秋月琴　　　　　　　　秋月琴底板铭文特写

抄本复印,请参考《近代琴人录》盛先生条。

⑤《文信国公蕉雨琴记》此为谭嗣同撰并书,由香港崇文书店影印之立轴。此为复印本。按:容兄对报章杂志上近人所刊零篇琴文很注意收集,所得必不少,又,古人论琴文章之见于丛书类书者甚多,容兄亦多有之,目繁不及备载。

藏琴:共二张。

①秋月

仲尼式。黑色。透明徽,似水晶或玻璃制,第八至十二徽镶金边。长方池沼。池沼镶边。有凤眼。浅绿色玉轸足。琴额镶有一片玉,玉上刻有云及屋形。岳山上镶有长玉一条,手工颇巧,琴额、起项等地方镶有彩色宝石多颗。底面有小蛇腹断纹。琴面有山水画一幅,似是用金银粉画在灰漆上而磨平的,传世尚有一张"山水趣"是如此设计（请看梁铭越条），"山水趣"及此琴琴面之画，都是清人周鲁封所画。日本正仓院藏有一张"金银平文琴"，底面都有图画，其内容较为特殊，据见过原物的张世彬先生说，日本所藏的金银平文琴乃是以金线银线之类镶嵌在琴面灰漆中然后磨平，并非画上去的，然则山水趣、秋月二琴的"金银平文"与日本所藏我国古琴的"金银平文"制造方法并不相同。铭文如下：

甲："秋月"

按：秋月二字刻于颈部，此处有修补之迹，不知是否原来不叫秋月其后改刻琴名？

乙：在轸池之下，琴名秋月之上，底板镶有小楷题字一纸十余行，纸上盖以玻璃，所题为李白《春夜宴桃李园序》，不知何人所书。

丙："学精于得人得意，情备于乐水乐山。"

按：此二行刻于龙池二旁。

丁："峄阳发孙枝，斫琴名绿绮。自此千百年，无材可以比。不谓有秋月，流徽更掘起。五音能并奏，四美尤清霁。道德并宣情，世守于靡已。雍正二年浴佛日燕日周鲁封书。"

按：此段铭文共五行，刻于龙池下、雁足上之位置。周鲁封乃清代名琴家。清初徐祺曾编撰《五知斋琴谱》，未成而卒，徐祺之子续其遗志，请得周鲁封合作，编成付梓。故世或称"周鲁封撰《五知斋琴谱》"。刻此铭文之地位原有大印一方，内刻：

康熙己亥
五知斋周
父父藏

容天圻先生藏飞霞珮琴

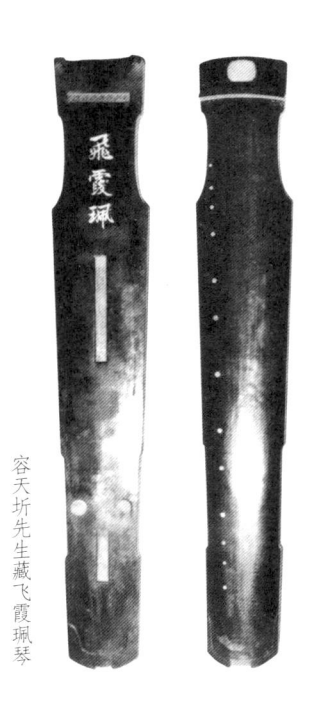

康熙己亥比雍正二年早，然则其初周氏刻此印，后将印削去，改刻上列题识五行，而印文尚可读。"藏"上二字应为周氏之名字："鲁封"或"子安"。

戊：

按：此印刻在雁足稍下，阴文。

己：

按：此乃方印，刻于凤沼之下，文曰："子孙永宝"。

据题识，则此琴乃清初周鲁封所藏，或者琴之制造年代比周氏稍早，而周氏重修，加上题识也。琴面之画亦周鲁封所画，因琴面近尾部有一银印"子安"二字，子安即周鲁封也。

其银印之质料与琴上山水画之银质相同，可知画亦周鲁封同时所制。梁铭越先生藏"山水趣"琴亦有周氏题识，该琴上之山水画亦周氏于清初所绘也。此琴音色中正，惜饰物太多，作儿女态耳。据容兄云，琴在若干年前购自一老翁。

②飞霞珮

仲尼式。深棕色及猪肝色。螺钿徽。长方池沼。有凤眼。玉足。有小蛇腹断纹。琴额镶有一片玉。琴底颈部刻"飞霞珮"三字。音色比不上"秋月"，琴面下准有敚音。据容兄说，此琴为台湾施姓族人出让，施氏为父子进士也。琴龄可达明朝。

按：容兄原有无名新琴一张，及"海潮音"新琴一张，已让给学生邱生及王进祥。

〔增补〕

容兄在《琴府》序里说，这是最近六十年来古琴界的一大盛事，搜集的资料之广，实在是前所未有。其实这部书里也有容兄很多贡献。

自《琴府》1973年出版后，我忙于求学、教学，被紫砂壶、粤剧、盲人南音说唱、斫琴等事务占尽精力时间，少和旧友联络。去台湾多是到台北看孙毓芹师，来去匆匆，少去台南，而容兄又因多年的胃病少外游，因此我们会面不多。

约1988年我到台北，联合若干孙门弟子陪孙公和大筝家陈蕾士师游台湾南部，得再赏容兄雅奏，亦初会梅庵派老琴家邵元复。邵君（1923—1996）是南通梅庵派琴家邵大苏之子，大苏1938年忽往生，元复曾短期代教学梅庵的朱惜辰，后移居上海。1949年他又移居台湾，到台之初少与琴人交往，故此我当年未曾寻访到，《近代琴人录》中无记录。

容兄1994年逝世，享年五十八岁。容兄容兄，我永远感念你！

容思泽

男。三十九岁。广东番禺人。现居香港仔田湾新区第八座二楼一四〇室。琴学得自家传，由十二岁起弹琴至今。能奏《墨子悲丝》《释谈章》《雁渡衡阳》《潇湘水云》《搔首问天》《塞上鸿》《白雪》《渔樵问答》《水仙》《圯桥进履》《梧叶舞秋风》《玉树临风》《雁落平沙》（即《平沙落雁》）《春晓吟》《良宵引》《碧涧流泉》《神化引》《鸥鹭忘机》《鹿鸣》

容思泽先生

《普庵咒》等曲。前夏访之于香港，承亲切招待，奏《水仙》《释谈章》《普庵咒》《雁落平沙》《搔首问天》等曲。去夏我由台回香港，常与容先生见面。容先生祖上为满洲黑龙江人，其曾祖父名庆瑞，能弹琴弹瑟，著有《琴瑟合谱》。此书刻成后刊本极少，承容先生以藏本惠借，影印入《琴府》中，对研究瑟之学人当有不少帮助。容先生之先翁为容心言先生，数年前逝于香港，生前亦善抚琴。

藏谱：

20 世纪 70 年代 香港琴人容思泽（英国人 John Levy 拍摄 刊入 BBC 唱片）

①《琴瑟合谱》。上下卷合成一册。线装。此书为容先生之曾祖父庆瑞所著，刻于清同治九年庚午（1870 年），至同治十二年始刻成。书成后刷印极少，故流传不广。版传于容家，日寇侵华时，容心言先生恐被祸（因琴谱指法符号似密码，恐日寇或以为间谍也），将版焚毁。家中存刊本一部，现由容先生借出影印以公同好。瑟谱传世者极少，此书虽为晚近之作，亦足供学人研究。

②零散墨笔抄本数百页，约订成三十种，为《五知斋琴谱》《悟雪山房琴谱》《春草堂琴谱》等抄本，残而不全。另有数十琴曲抄本，不具录。抄者为庆瑞先生、容心言先生、容思泽先生及其他姓名不详之人士。

③《古琴曲汇编》第一集。此书已影印入《琴府》。

④《悟雪山房琴谱》清中叶黄景星所刊琴谱（1972 年汪太太所赠，汪太太即革命先烈朱执信先生之妹）。版本和卢家炳先生所藏的相同，可参看说明。

藏琴：

香江容氏琴谱

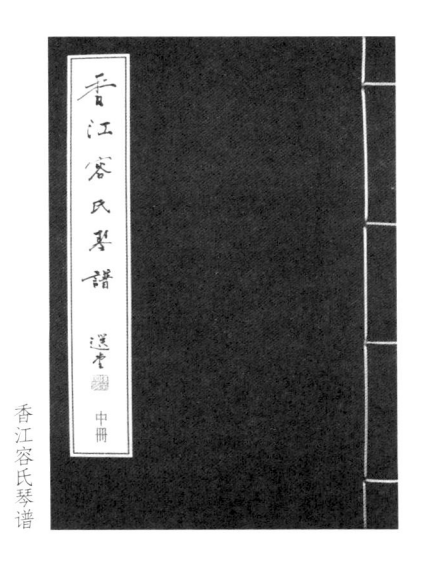

　　无名古琴一张。1971年10月30日在香港购自一菲律宾华侨。此琴黑色。螺钿徽。黄木足。黑木轸。年代颇古，而木质不朽。面板底板原有断纹，数十年前曾刮去灰漆而重漆，故目下无断纹。漆工颇劣，而琴音不错，洪亮而松，惜稍觉干燥。此琴颇长而并不特宽，承露断裂。琴颈部位有数条裂缝，不修亦可用。池沼皆圆形。

　　按：容先生家中原本藏有古琴十多张，三十年来战乱影响，加以容心言先生久病，而容思泽先生又年少未入世途，因此藏琴便一一出售，大部分已归卢家炳先生。

〔增补〕

　　容思泽祖籍黑龙江，曾祖父庆瑞辉山在清同治年间刊行《琴瑟合谱》，移居广州后改姓容。近世岭南派杨新伦氏，中华人民共和国成立前与容家第三代心言先生多过从。约1948年心言移居香港。饶宗颐师在《琴府》序中说：

"容丈年八十，自幼操弄垂七十载，蓬户瓮牖世无知者，余走荒山中从问琴，得手授《搔首》《塞鸿》《水仙》《潇湘》诸操。"

容家第四代思泽先生人与琴都温润柔和，故此蔡德允师愔愔琴室雅集，先生都得为座上客。

容思泽先生2010年去世，享年七十九岁。两女丽英、秀英，子克智都学琴，克智且从蔡昌寿兄学斫琴，今又传子，百余年六代传承实为佳话。克智退休后以传授容家琴风并教斫琴为乐。

香港琴家黄树志兄四十年前重新到苏州定制并推广丝弦，又耗财印行古谱以利人。2015年黄兄将容家劫后尚珍存的旧抄曲谱精印成《香江容氏琴谱》一函三册，所抄曲似源出《五知斋》《悟雪》《春草堂》诸书，故而论者说容家是广陵分支。

容丽英

女。年约十一岁。容思泽先生的千金。课余跟容先生学过《仙翁操》及半曲《渔樵问答》。前年我曾听她弹过。

藏谱：

无。

藏琴：

无。

徐文镜

男。今年七十九岁。原籍浙江临海。字镜斋。现址是香港新界粉岭崇谦堂村五号。徐先生是琴学老前辈。1934年前后，与京沪琴人交游，组青谿琴社。造琴、弹琴不辍。兄长徐元白先生亦是民初名琴人，早已逝世。徐先生雅善书画篆刻，所制紫泥山馆印泥，极为有名。二十年前由内地来香港，不幸目力渐衰，失明已十多年。故此书画古琴皆不习已久，而无日忘情，诚为不幸。据吴宗汉老师及蔡德允老师说，早十年八年徐先生尚能弹《梅花三弄》，其后日久不习，故此现在已不能弹奏。徐先生对斫琴很有研究，以前在内地已制琴不少，来港后虽已失明，仍指导蔡福记乐器店的工人造琴数张（原计划造十二张，只造了七张），为琴友让去。现今一张在吴宗汉老师处，一张在王海燕小姐处。前年夏愚夫妇由台北回香港，到郊外拜访徐先生，畅谈二小时，得益不少。惜徐先生年老体弱，不敢多扰。当日承他借给我一部中华图书公司石印本《琴学入门》，即据以影印入《琴府》上册，谨在此致谢。徐先生始学琴于大休和尚，其后以谱为师，先后学过《良宵引》《鸥鹭忘机》《阳关三叠》《高山》《平沙落雁》《梅花三弄》《潇湘水云》等曲。

徐文镜先生

藏谱：

《琴学入门》中华图书公司石印本。线装一函三册。即《琴府》上册所影印的。

藏琴：

无。

琴人寻访录

寇美安＊（Mary Ann Nichols Crookston）

女。二十五岁。美国人。现址是台湾高雄市前镇区扩建路一之四号高雄加工出口区女子宿舍。永久通讯处是 4075 Gramercy Avenue,Ogden,Utah,84403,U.S.A.。去年一月左右，有一晚愚夫妇到台北实践堂欣赏国乐演奏会，当晚梁在平教授介绍寇美安小姐见我，梁教授说寇小姐刚从美国来台湾，大约要在高雄市工作两年，很想利用这段时间学习古琴，他已经介绍寇小姐投在高雄市老琴家胡莹堂先生门下，但寇小姐买不到琴，希望我让一张给她云云。我当时手上可售的津琴均已售罄，只余一张申琴，手工、制度及声音都很差，本来不打算出售，而想拿来练习拆琴、修琴、上灰、打磨等手工的。我向寇小姐说明此点，寇小姐说她是初学，不必要很好的新琴，而且她第二天就要去高雄市工作，也没办法再在台北慢慢搜购另一张，非要我让给她不可。寇小姐会说国语，人很和平可爱，愚夫妇最喜欢鼓励琴学新血，也不想她失望，结果就把那张琴让了给她。她去高雄之后，就跟胡先生学琴，我曾一再写信给她，为卖了那么坏的一张琴给她而抱歉，她也一再来信，表示她有那一张琴来练习，已很心满意足，真是君子之买卖，在此附记一笔。4月21日晚，愚夫妇在家中举行雅集，请了孙毓芹先生、琴正女士、朱元明女士及她的夫婿、安方小姐，适寇小姐又自高雄来台北数日，遂得一同欢聚。当时是我第二次见到寇小姐，第一次听她弹琴。她弹了一曲《平沙落雁》，因是初学，未够熟练，但学琴三个月，已学了《慨古吟》《平沙落雁》二曲，亦很难得。寇

寇美安小姐

寇美安小姐藏无名新琴

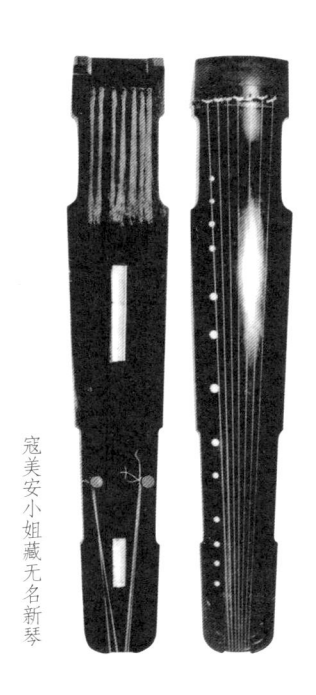

小姐弹来很稳，孙毓芹先生认为她有一个特点是"指下带音"，是说她的左手走音很成功，这也正是我的感觉。后来寇小姐又回到高雄，仍然跟胡先生学琴，大约现在又有不少进步了，寇小姐是美国人，却很有人情味，她来到我家，自动帮内子洗衣服，这种亲切的交友方式，加上她永远愉快万分的脸孔，使我们一直很怀念她。

藏谱：

  所学各曲的抄本。

藏琴：

  无名新琴

  仲尼式。黑色。象牙徽（涂成红色）。长方池沼。池沼镶边。无凤眼。木轸。木足。无断纹。无铭文。与朱元明、林月里所买的新琴同类。音色不好。

琴人寻访录

张充和

女。年龄不详。籍贯不详。现址是：

Mr. Chung-Ho C. Frankel,

87 Ridgewood Avenve,

Hamden,Conn ,06517

U.S.A.

我与张女士本不认识。 1971 年 9 月底，实然接到张女士自美国来函，云饶选堂老师在美讲学，曾一再奖誉我所编印之《琴府》，故来信讨论琴事。我初时尚以为"张充和"是男士，其后看到梁在平教授于 1962 年所出版之《琴影心声》第二页，说他在 1938 年秋在昆明见到"昆曲名家张充和小姐"，又说张小姐"客居美国，嫁美国汉学家佛兰克鲁氏"，乃恍然大悟。以此算之，女士之年龄应在五十以上。近蒙饶师赐赠大著《晞周集》，言及在美国与女士聚首，饶师倚声填词、女士吹玉笛和之，诚雅事也。女士不弹琴，而藏有"寒泉"琴，乃查阜西氏于 1948 年赴美演奏古琴后所赠，作结婚礼物者。女士虽不弹琴，而于琴事甚有心，所藏查氏《潇湘》《普庵》《梅花》《忆故》《鸥鹭》等曲，郑颖孙氏《长门》，徐元白氏《渔樵》之录音，一一转录赐赠，盛情可感，他日有缘，宜谋良晤。

张充和弹琴，约 60 年代。（《往事分明在，明月高楼：查阜西与张充和》107 页，白谦慎提供）

藏谱：

　　不详。

藏琴：

　　寒泉。

此琴我未见。女士说是 1948 年查阜西先生所赠,兹检《今虞琴刊》第二七一页(《琴府》第一四四五页),得此琴之资料。但该刊"寒泉"误印成"响泉"。据该刊,则琴为仲尼式。大小适中。面板为桐木,底板为梓木。细牛毛断纹。音色松透。玉轸。女士曾寄来琴名拓本一纸,"寒泉"二字甚有笔法。龙池纳音二旁刻字二行,云"乾道四年紫阳朱氏藏""光绪十二年云间重修"。凤沼纳音旁刻"玼山琴士韵泉顾氏监修"。按紫阳朱氏即朱熹,此琴之铭不知可信否。查晦庵先生《朱文公文集》,则朱熹确藏有一琴,其铭文与此不同。(详见《古人琴说辑》)但古人藏琴甚多,朱熹琴学甚深,或藏有数琴也。女士所赐拓本附影于此:

〔增补〕

民国时合肥有"张家四姐妹",像"宋氏三姐妹"一样出名。张充和是四妹,书法、昆曲、诗词都很有造诣。

抗战爆发后,她与家人避难到云南。在雅集上张充和唱昆曲、作诗词,显露才华,所以她二十多岁就很出名,结识了查阜西等许多文艺界人士。

美国的年轻学者傅汉思(Hans Hermannt Frankel)20 世纪 40 年代来到中国,执教于北京大学,对张充和一见钟情。他们 1948 年结婚,婚后张充和随夫去美国。查阜西写信祝贺说:"我 1944 年至 1945 年在美国考察,带了宋琴'寒泉'，回国行李太多，就把'寒泉'寄存在朋友家。你们去美国国会图书馆我的朋友某人处取琴，那是给你们的新婚礼物！"

张充和说"寒泉"琴是她最好的结婚礼物。

他们夫妇先在加州生活，后搬到东海岸，两人都在耶鲁大学任教。1970年傅汉思邀请饶宗颐老师到耶鲁讲学，饶师周末常到傅家，张充和亲自下厨。饶师把与张氏唱和的诗词，刊为小册子《晞周集》，周指宋代学者周敦颐，这也是饶氏取名"宗颐"之故。

那时《琴府》上册已出版，饶师说起《琴府》，张充和非常惊讶："这个年轻人不得了，才二十四五岁，竟能编成巨著。"她和我多次通信，还寄给我几盘磁带，是琴家查阜西、郑颖孙、徐元白的录音。《琴府》下册终在1973年出版，我在《近代琴人录》张充和条中写道："盛情可感，他日有缘，宜谋良晤！"

8年后，果然能常常见面。1979年我去美国康州维思大学读民族音乐学博士，距耶鲁大学只一小时车程。我与内子赖咏洁就去拜访充和夫妇，聊八年前联络的旧事，聊已回港的饶师，聊古琴、昆曲、字画，非常开心。

维思大学中文藏书不够多，而耶鲁大学图书馆藏几十万册中文书，简直应有尽有。傅汉思给我办了耶大借书卡，我几乎每周末都去查甲骨文资料，常常就在充和家住一两晚。傅汉思普通话极好，家藏书两万册，有时我也请教他学术问题。他常在二楼书房闭门做研究，充和与我们夫妇则在楼下客厅品茶，我奏笛、二胡、三弦，充和唱昆曲。赖咏洁贤淑文雅，也能弹琴，充和很喜欢这个后辈。

中美建交之后她曾回国探亲，此后国内的亲戚朋友常寄来土特产。有一次她用玻璃瓶装了满满一瓶茶给我，说是南京的雨花茶。雨花茶用玻璃杯泡出来像龙井，很漂亮。但我回去一尝——令人欲呕！原来这个玻璃瓶是她平时装宿墨的，以为洗干净就无异味，但是盖子里垫的几层纸吸满墨，就把茶弄成墨汁茶。至今每每想起"墨香绿茶"，我还是会失笑。

1983年我的博士毕业论文答辩，三个考官之一就是傅汉思。他于2003年去世，享年八十七岁。张充和2015年去世，享寿百龄。

2011年"寒泉"琴与充和其他文物在中国拍卖，张家才女的吸引力让场内外挤了上千人，"寒泉"以人民币517.50万元成交。

张世彬

男。三十三岁。原籍广东广州。十年内地址是：香港九龙农圃道六号香港中文大学新亚书院新亚研究所（新亚书院将于1973年迁至香港新界沙田中文大学新址）。张先生是位年轻有为的学者，在香港大学修得中国文学硕士学位之后，到日本东京大学为大学院研究生，专攻比较音乐学（指导教授是岸边成雄先生），并教授古琴。张先生是香港泛川派琴家蔡德允

张世彬先生

女士的学生。我在1969年夏天从台北回香港跟蔡老师学琴时，张先生早已去了日本。蔡老师说张先生很聪明，懂得很多。张先生曾经自行打谱（《猗兰》《广

1975年8月1日摄于香港中文大学。左起盛运策、张世彬、饶宗颐、唐健垣、屈志仁。

陵散》），又曾经自制一个"改良古琴"。我未看过张先生所造的琴，但我前年开始和张先生通讯，从他的来信判断，张先生无疑是对古琴很有研究的。又承张先生来函给我不少意见，极为可感。据张先生来信说，他弹琴十年，会弹《湘江怨》（闽派）、《阳关三叠》（《琴学入门》谱）、《普庵咒》《梅花三弄》《平沙落雁》《关山月》（《梅庵琴谱》）、《忆故人》（《今虞琴刊》）、《高山》（《五知斋琴谱》）、《客窗夜话》（《绿绮新声》）、《猗兰》（《神奇秘谱》）、《广陵散》（《神奇秘谱》）。在日本跟张先生学琴的有：岸边成雄先生、吉川良和先生、宫下周平先生、三谷阳子女士。今年（1972年）3月间，张先生从日本回香港，我有机会和他详谈多次，承他指教很多。张先生对琴学很有研究，又长于词曲音乐，态度沉着而诚恳，弹琴是我所见六十琴友中最慢的。台北的廖德雄先生弹琴出名极慢，凡见人弹琴必定说"慢一点"，但较诸张先生仍然要快得多。张先生所操曲，有些拍子亦与人不同，如弹梅庵派之《玉楼春晓》，我曾从梅庵派吴宗汉老师学此曲，张先生弹时我几乎认不出来。换言之，张先生似乎是主张从慢中领略琴意的。张先生在日本数年，见闻广博，承他撰一文刊入《近代琴文集》，又为《琴府》撰一跋，特此致谢。

藏谱：

①《古琴曲集》五线谱琴曲专集。查阜西编。即《琴府》下册所影印的一种。

②《古琴曲汇编》五线谱琴曲专集。杨荫浏、侯作吾编。即《琴府》下册所影印的一种。

③《琴曲集成》第一册。查阜西编。查氏原已搜集唐宋元明琴谱四十二种，欲分三册出版。现只出版了第一册，收琴谱十七种。第二、三册迄未出版。

④《梅庵琴谱》再版本。线装一册。此书现已由香港书店增订印行第三版。

⑤《绿绮新声》手抄本。《绿绮新声》是明朝徐时琪所辑的琴书。通行的有丛书集成本和夷门广牍本。（明刊本夷门广牍已由台湾商务印书馆影印）亦经影入台北艺文印书馆的"百部丛书集成"中。

⑥《五知斋琴谱》手抄本。此书是清徐祺等所辑，有数种版本，请参考《今虞琴刊》的《〈五知斋琴谱〉考略》。张先生的手抄本是据哪一种版本，未见说明。

⑦《自远堂琴谱》手抄本。此书是清吴灴辑。有清嘉庆七年原刊本及校经山房成记书局石印本两种，石印本错误极多，经已影印入《琴府》上册。张先生所抄的是何种版本，未见说明。

藏琴：

①无名新琴

张先生说："自造。较一般琴为巨型。黑色。因扩大共鸣箱，故音量较大。琴底不设龙池凤沼。而于琴面开圆孔。形如'结他'。轸亦改用'吉他'之钮，故上弦、调音，均较旧式者为方便。又准备再加改良。故未命名。1965年有简单报告刊于香港新亚书院生活双周刊。其外形略如下图（右图）。"

唐按：张先生在1965年新亚书院生活双周刊第七卷十七期发表的《改良古琴初步报告》一文经已收入《琴府》下册《现代琴文集》中，请参考。据我看来，张先生的"改良"仍待商榷，不过目前未便详论。用吉他的"钮"来代替旧式的琴轸，香港古董家钟同先生及台湾朱家龙先生都有此设计，据我以为亦不是十全十美的方法。请参看朱家龙条。

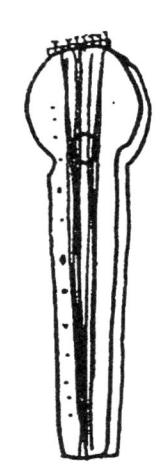

②无名新琴

张先生来函说和我在1969年夏购于香港的新琴同类。然则是仲尼式。黑色。象牙徽。长方池沼。有凤眼。象牙轸。象牙足。无断纹。无铭文。津式新琴。

〔**增补**〕

我编纂《琴府》上册时，张世彬在日本东京大学攻读比较音乐学，师从岸边成雄先生。当时书信往来，为我提出许多可贵的意见。他假期回香港，我们长谈多次，承他为《琴府》写了跋。

1972年我们一起在香港大学中国音乐科做助教（参看祁伟奥条），他教中国音乐史，我教中国戏曲史、地方音乐分析、古琴演奏、斫琴。

张兄略高、瘦削，浓眉大眼，好学深思，沉稳寡言而言必有中，开教后出版一部很有见地的著作《中国音乐史稿》。

张兄说家族有遗传性高血压病史，父亲活不到四十五岁，自己也常年血压高，自料短寿所以不结婚，他弹琴比常人慢几倍以求养生延年。

台北《新生报》董事长廖德雄老丈幼时在北京，旁观其兄从杨时百学琴，到他晚岁自习琴曲时也照杨氏《琴镜》谱一音动辄十多猱，口中偶然还叨念十五、十六……他说杨氏抚琴是极慢的。张世彬兄较廖氏弹的更慢，这并非贬辞，张兄有学养有乐感，其琴是入味的。

1978年他请假回广州省视母亲，某天音乐系接到一个广州来的电话："贵校张世彬在我旅馆去世，床头留有一张字条，想是他突感不适，挣扎着写下的。自言是香港中文大学的助教某人，电话某号，本有心脏病，今天血压升高，恐怕不能支撑。宿舍里的几百册书、两张新斫古琴等物悉数捐给大学。"张先生人忠厚谦和，学生师友至今还怀念他。

中大西乐系1972年起附设的中乐科，筝笛琵琶粤曲等术科之外，初时只有我和张世彬两人教学科。到1975年校方增聘了台北老学者琴筝家陈蕾士，张先生突然离世，我1979年又获美国"亚洲文化协会"奖学金去美国读博士。此时中大认识到中乐科对香港乐坛的建树，干脆扩充为中乐系，先后加盟教学科的人才有曹本冶、陈守仁、余少华等博士。

张尊农

女。二十岁。现址是台湾台北市济南路二段二十一号。张小姐是台湾艺术专科学校的学生。1969 年秋起跟吴宗汉老师学琴。已学了《仙翁操》《秋风词》《关山月》《归去来辞》《湘江怨》《普庵咒》等曲。去年 6 月 29 日在台北实践堂的古琴古筝欣赏会中，张小姐曾经演奏《湘江怨》。

藏谱：

所学各曲之抄本。

藏琴：

无名新琴

仲尼式。黑色。象牙徽。长方池沼。有凤眼。象牙轸。象牙足。无断纹。无铭文。是津式新琴。琴龄约四年。

张尊农

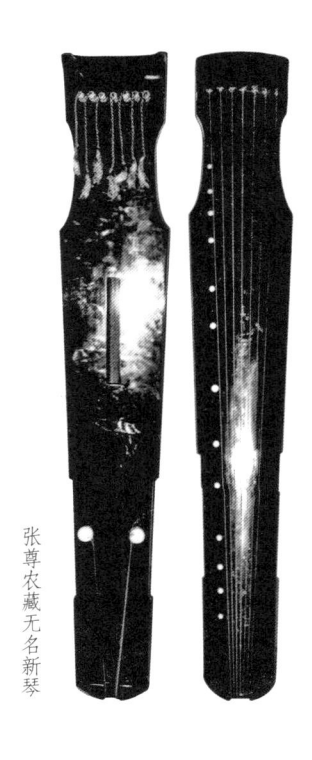

张尊农藏无名新琴

梁丹丰

女。三十七岁。原籍广东顺德。现址是台湾台北县永和镇中和路四一三巷三号。梁小姐是已故名画家梁鼎铭先生的第二千金,也是台湾有名的青年画家,出版画集、创作、教学,很有成绩。去年我曾拜访过梁小姐,梁小姐二十年前开始跟梁鼎铭先生学琴,学过《归去来辞》《普庵咒》二曲。在台北又曾跟汪振华先生学过《关山月》《阳关三叠》二曲。自己又曾经据《琴镜》自学《伐檀》一曲。但多年来忙于工作,很少机会弹琴,琴曲多已忘记。当日梁小姐曾弹《普庵咒》五段,手法及拍子亦稳重,倘若假以时日重温旧谱,要恢复起来是没有困难的。

梁丹丰女士

藏谱:

所学各曲的抄本。

藏琴:

火凤

黑色。有些地方红色。螺钿徽。长方池沼。轸绿色而透明,似是玉质。木足。琴面有大蛇腹断纹,琴底有小蛇腹断纹。清代琴。琴身两旁弯曲,而不是连珠式,和谭先生在香港买自钟同先生的一张琴同一形式,即明末清初琴谱所说的落霞式。这张琴的面板底板曾经脱落分开,梁鼎铭先生重为胶合。龙池内纳音二旁有墨书二行:

"道光丙午铁城西峰散人雅制。此木一名火凤,产自岭南鹤山,合抱良材,

梁丹丰小姐藏火凤琴

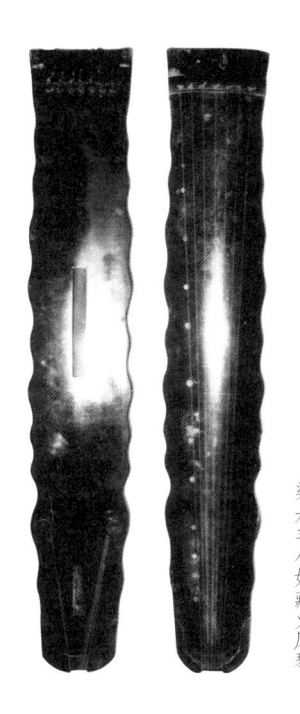

并识。"

  道光丙午是清宣宗道光二十六年，公元 1846 年，然则此琴琴龄只一百二十五年，而已经出不少断纹，可见一百年的琴是可以出断纹的。梁先生因琴是用火凤木制造，乃用"火凤"为名，在琴头用红漆写上"火凤"二字，并把岳山也涂成红色。此琴重三公斤半，即七磅以上，然则"火凤"是硬而重的木材了。如此重的琴我见过三张，"火凤"之外，一是梁鼎铭夫人、李若兰女士的"贺云"，一是香港卢家炳先生今年买到的一张无名旧琴。"贺云"与卢先生的一张音色、重量、断纹、样子、形制都差不多，似是姊妹琴。这种用硬木造的琴，音色清刚有余，松透不足，并非琴的正音，但仍比新琴为佳。

梁丹美

女。三十八岁。原籍广东顺德。现址是台湾台北县木栅港乾中港路四十八号。梁小姐是已故名画家梁鼎铭先生的千金,丹青之余,亦曾从梁先生学琴。梁小姐早年曾学过《关山月》《归去来辞》《普庵咒》。但多年来买不到琴弦,又忙于工作,久已不弹,可能要重温旧谱才能弹了。

梁丹美女士

藏谱:

无。

藏琴:

无名旧琴。

仲尼式。黑色。螺钿徽。有凤眼。长方池沼。木轸。木足。琴底有大蛇腹断纹。琴面曾经修过重漆,故此琴面不见断纹,只有三五条旧纹隐隐显出。龙池内纳音右旁刻了"赤城朱致远制"六字。朱致远是何时人?往年问各琴友,无人能确定,或说是元人,或说是明人。一般人名大辞典、音乐人名辞典、廿五史人名索引找遍都无线索。近年编《琴府》遍涉明人说部杂书,方渐有头绪。以我所知,朱致远之名最先出现在明朝高濂的《燕闲清赏笺》中,高氏说:"我明高腾、朱致远、惠桐冈、祝公望,诸家造琴,中有精美可操,纤毫无病者。"以朱致远为明朝人。其后张应文的《清秘藏》论造琴名手亦说:"我朝则高腾、朱致远、惠桐冈、祝公望,皆其选也。"亦以朱致远为明朝人。再后屠

梁丹美小姐藏无名旧琴

隆的《考槃余事》论元琴说："有朱致远造琴精绝。"则把朱致远列为元人。看了上述三种记载，不由令我想到：元朝统治中国只约八十年，会不会朱致远是元末明初人，所以有人说他是元人，有人说他是明人呢？再看《今虞琴刊·古琴征访录》所列一百六十余张古琴之中，说是朱致远制的共有十三张，腹内刻字不出"赤城朱致远制"的内容，其中有一例是"赤城慎庵朱致远制"，可惜各琴都没有写明制造的年月日，这十三张琴的主人猜测其年代时，有说是"宋末元初"，有说是"元末"，有说是"南宋"，亦有人不妄猜年月，以示矜慎的。第十四例则是民初琴人白体所藏的一张，题"洪武三年"，"赤城朱远"，朱远就是朱致远，《五知斋》已言之（见《琴学随笔》卷一第九页。杨时百藏一张琴，腹有"慎庵朱远"四字，其他琴有刻"赤城慎庵朱致远制"的，可见朱远即朱致远）。倘若这张琴并非伪造，则可以帮助解答朱致远的

生存年代。洪武三年是明太祖洪武三年，公元1370年，距离元朝的覆亡只三年，这时朱致远既健在，且能造琴，则说他是元末明初人，就很正确了，这样也正可以解释何以明朝人有说他是元人，又有说他是明人的原因。那么主张是"南宋"或"宋末元初"的，就不免错误了。梁丹美小姐所藏这张琴亦刻了"赤城朱致远制"字样，若的确是朱致远制，就有六百年琴龄了。假若不是朱致远所制，依断纹木质者，亦不失是明朝琴。

梁在平

男。六十一岁。原籍河北高阳。现址是台湾台北市临沂街三巷一号。梁先生是著名的国乐家，历任"中华国乐会"理事长、台湾艺术专科学校教授，公余并教授古筝，弟子极多。我在香港已经略懂弹岭南派及潮州派

梁在平先生

古筝，到台北后因很想跟梁先生学习，乃在1968年4月间，冒昧写了一封信给梁先生，表达了我想学琴、学筝的愿望。梁先生回信请我去他府中见面。在我自我介绍过之后，梁先生跑到地下室（他的乐室）去找来一张古筝，叫我弹一曲给他看看。在我弹奏之后，梁先生说："本来我是不收已经学过别派筝曲的学生的，因为要改变指法并不容易。但我看你弹筝根柢很好，人又聪明，就破例教你吧。我不收您的学费，不过有一个条件，是你要从头学起。

古琴我已多年不弹，要弹就必须重温指法。你要学琴，我给你梅庵派琴家吴宗汉先生的地址，你拿我的名片去请他教你吧。"当时我正感到自己的筝是缺乏根基，从头学起最好不过，自然立即答应。同年10月至第二年3月左右，梁先生教我从他的大著《古筝独奏曲》的指法、练习曲开始练习，并教了《千声佛》《蕉窗夜雨》《百鸟朝凤》《上楼》《平沙落雁》《舒怀曲》《锦上花》《蓬莱怀古》等八曲。所以在台北数年间，我一直称梁先生为梁老师的。梁师母不会弹筝，人很和气，整天笑眯眯的。我为了写《近代琴人录》的资料，曾经六七次请师母把老师的琴搬来搬去，从不见她觉得烦厌。梁老师自幼研习国乐，漫游南北各地，民初大琴家皆有过从，各地名琴多曾寓目。可惜老师很忙碌，三年来没机会坐下来聊天，否则我虽没机会见到民初的大琴家，也可从老师的谈话中整理出很多印象、资料，供现代的年青琴友参考。现在只能从老师的大著《琴影心声》第一集（1962年4月台北出版）中钩沉索隐，找出老师以前学琴的经过，及所学过的琴曲等资料，列在下面。

梁老师生于1910年2月23日，十四岁时考入北平四存中学，校方聘了史荫美先生教授国乐，老师跟他学了《归去来辞》《阳关三叠》《平沙落雁》《秋风词》《梅花三弄》《四大景》等琴曲，又学了琵琶及古筝。1925年秋，老师十五岁，参加了在北平艺术学院大礼堂举行的一次国乐演奏会演奏古筝，会中并有杨时百、张友鹤、郑颖孙等琴家演出。1928年老师考入南开大学，1929年转入锦州的东北交通大学，九一八事变后转入北平交大借读，那时史先生已回扬州，乃从张友鹤先生学了《长门怨》《捣衣》和《梦蝶》三操。老师廿三岁时大学毕业，同年八月十四日和蒋希娴女士结婚，1937年秋老师由北平只身南下，到达昆明，遇见郑颖孙、彭祉卿、杨荫浏等琴家，"客旅中潜忱于《忆故人》与《潇湘水云》名操中"。（唐按：梁老师填给我的调查表所记曾学过的琴曲中，并未列入《忆故人》《潇湘水云》二曲，不知所谓"潜忱"是自己弹奏，抑是听他人弹？彭祉卿先生弹《忆故人》一曲十分有名。）1940年老师转入中国运输公司工作，旋调回贵阳，在改组后的西南公路运输局做事，遇到名满西南的桂百铸（诗成）老先生（琴家，藏有东坡琴），又遇到刘含章（仲瓒）院长，据说刘先生曾藏文天祥琴，时任贵州高等法院院长，善古琴。时大琴家杨时百先生的哲嗣杨葆元（乾斋）先生，亦在该院做事。1945年春，老师正准备赴美国，于客居重庆期间，和琴人徐元白、徐文镜、徐芝孙、黄鞠生、荷兰琴家高罗佩、蜀中杨老先生等组织天风琴社。老师在赴美之前，从徐元白处买得一张琴，琴头上镶有碧玉一枚，在美国演奏即用此琴。（这张琴似已售给贝洛先生，请参看有关贝洛先生的资料。）1945年梁老师去到美国，1946年5月17日，纽约哈尔曼基金会为老师摄制《中国古典音乐》彩色电影，所弹琴曲是《良宵引》，用的琴正是向徐元白先生买的一张。1946年7月12日回国，旅居金陵约半年，常和琴友郑颖孙、胡莹堂先生等聚会。1947年老师在申江，和今虞琴社张子谦、吴兰荪、吴景略、庄剑丞、吴政、孙裕德等琴家往还。1949年2月，老师由上海来台。1950年在高雄服务。1951年起在台北定居，以迄于今。

　　昔在大陆，老师对琴、筝都很注意。迁台之后，精力多花在筝方面。作曲、印谱、教学、演讲、举办音乐会、出国演奏、参加音乐会议，二十年如一日。是国乐界的领导人。约十年前，梁老师尚弹《梅花三弄》《平沙落雁》二琴曲，近年则不弹久矣。老师的公子铭越先生在美国加州大学修业，为中国第一位古琴硕士。别详梁铭越条。我今次编撰《琴府》，梁老师、师母常加鼓励，老师并把他珍藏的《琴学丛书》七本（原为八本，缺一本）借给我，特此致谢。

藏谱：

①《琴学入门》线装。一册。清张鹤撰。重印本。不全。有程独青的印章。

②《琴学丛书》民初杨时百（宗稷）著。杨氏的《琴学丛书》是自有琴谱以来极重要的琴书之一，因刊刻时间之不同，有廿四卷、三十二卷、四十三卷三种。梁先生所藏的是廿四卷本，应为线装八册，但梁先生府上只得七册，缺第六册，即《琴镜》卷一、二、三（梁先生代梁铭越先生填琴人调查表时，在藏谱一栏填上"《琴学丛书》一、二册"，大约所缺的一册即由梁铭越先生带到美国）。承梁先生将此书前五册借给我用兰克施洛士机（台北称为"全录"）复印一份，把复印本拍照印入《琴府》。（后三册则用廖德雄先生及李若兰女士所藏的《琴镜》补足，乃成完整的廿四卷本《琴学丛书》，收在《琴府》上册）。据梁师母说，老师原来就有一套《琴学丛书》，不见了。老师原又有一部清周鲁封著的《与古斋琴谱》，多年前新加坡大学的贺光中教授借去，后来送给梁老师这一部《琴学丛书》作为交换。

③《梅庵琴谱》王宾鲁先生著。初版在1931年印行，其后曾增订印行一次，增加了各曲的曲意、简谱，并增加了一曲，及徐立孙先生的文章。梁先生所藏的不知是初版本抑或是再版本。此书的第二版已由我在香港印行，又增加了材料。

④《研易习琴斋琴谱》上中下，线装三册。章志荪先生撰。台北出版。

⑤程独青先生手抄琴谱。程先生是近代琴人，已故。他的琴"山水趣"已由其遗族售给梁先生，其生平所自抄的琴谱也连带送给了梁先生。

⑥吴政女士手抄琴谱。吴政女士是近代琴人。已故。她以前从老琴家郑颖孙先生处买到明琴"龙吟秋水"，吴女士逝世后，琴归她的夫婿徐小圃，其后归梁先生，女士生平所抄琴谱也连带送给梁先生。

⑦ THE CHINESE CH'IN, ITS HISTORY AND MUSIC. 这是梁先生的公子梁铭越先生的硕士论文，用英文写成。梁先生以这篇文章获美国加州大学古琴硕士学位。我未有机会看过这篇文章，只是从梁在平先生口中听到。梁先生说此论文尚未出版，共三二三页，指导教授是该大学研究所所长胡德博士（Dr. Mantle Hood）。

藏琴：

梁先生藏琴数张。现在台北的在此叙述，已由梁铭越先生带到美国的暂归于梁铭越名下，请另行参看。

①龙吟秋水（2021年唐健垣注：琴已售给苏州章晨）

黑色。螺钿徽。长方池沼。木轸。木足。琴面几乎无断纹。只有两旁及琴尾略有小蛇腹断纹。琴底有小蛇腹及大牛毛断纹。琴底铭文如下：

甲：

唐按：这是琴名"龙吟秋水"，刻在颈部。字内填金色。

乙：（如右图）

唐按：这二行铭文刻在龙池两旁。"弌"是一，"兏"是天，"䨓"是雷，"飛䨓"是风云，"㠯"是以，"唫"是吟。前四句是描写龙的神妙，第五六句是说琴的奥妙，七八句是说因此取龙吟于秋水的声音，来比喻这张琴的音色。

丙：

唐按：这是个方印，凡二寸见方。字内填金色。文曰"衡藩和斋佳制"。衡藩是明皇子衡王的藩国。

丁："嘉靖乙卯岁仲秋，皇明衡国藩翁制。"

唐按：此二行铭文在龙池内纳音两旁。此琴的纳音极薄。由此铭文，可知"龙吟秋水"琴，是明王子衡王所造。嘉靖乙卯即明世宗嘉靖三十四年乙卯，公元1555年。然则这张琴已有四百一十六年历史。

戊："徐名衡"

唐按：这三字在凤沼内纳音左面，或者是琴工的名字。第三个字似是"衡"，亦似是"衡"字。

唐按："龙吟秋水"琴在民国初年为琴家郑颖孙先生（二十年前病逝台北，他的公子现在台湾师范大学工教系任教授）所藏，后售给琴人吴政女士。吴女士在台湾与徐小圃医生结婚。吴女士在台北逝世后，琴由徐氏收藏。现

梁在平先生藏龙吟秋水琴

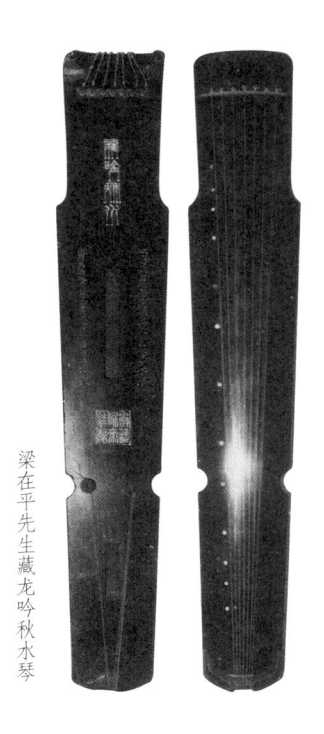

归梁先生琴韵筝声斋。有明一代，宁王、衡王、益王、潞王，四位王子都是造琴有名的（当然不是王子动手亲制，而是监制，另有琴工代劳）。这张"龙吟秋水"是衡王制品。声音洪亮，下准按音颇松，音色是明朝琴的中等或中上等。可惜保存不精，岳山亦不好，似有修磨过的迹象。1963年，梁先生曾经把这张琴借给黄体培先生，请台北福玉华乐器号的工人照其外形仿造了数张琴。后来福玉华公司及先进工艺社出品的琴，都是仿照"龙吟秋水"形式的。

又按：我所作的记录，琴腹内刻的是"皇明衡国藩翁制"，而杨时百先生说他在1914年甲寅春天买到一张衡王琴"太古遗音"，腹内刻"嘉靖乙卯岁季夏皇门衡国藩翁制"楷书两行。想皇门是皇明之误，因"门""明"二字相似，故杨氏看错了。因论及衡王琴，附记于此。

梁在平先生藏响山琴

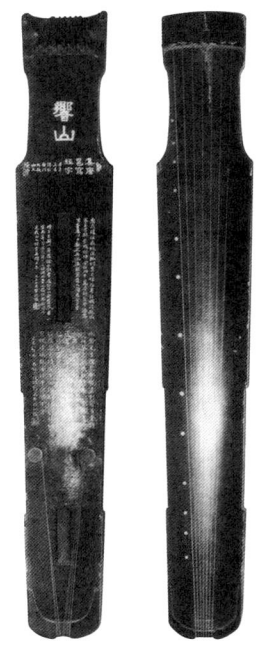

② 响山

仲尼式。黑色。螺钿徽。长方池沼。木轸。玉足。断纹颇细密，接近牛毛断。这张琴的木色、声音显示，琴的确是古的，料是明朝末年物。但断纹平滑，望之有异样的感觉，与所见数十张古琴的各种断纹不同，极似是古人所说以利针在漆上划出痕迹，日久遂出伪断纹的一种，或者是断纹经过磨平也不一定。从琴头至一徽有一条很明显的裂痕。底板颈部刻琴名"响山"。另有铭文三段：

甲：

"集唐邕写经字"

"壬子三月得于都门九嶷山人"

唐按：这一段铭文刻在琴肩部位。最右面是"杨"字。壬子是公元1912年。九嶷山人是清末民初大琴家杨宗稷的号，宗稷字时百。著有《琴学丛书》。杨氏很喜欢杨守敬氏在日本发现的唐抄本《碣石调·幽兰》琴曲卷子。因该卷的序说："丘公。字明。会稽人也。梁末隐于九嶷山。妙绝楚调。于《幽兰》一曲尤特精绝。"故杨氏亦自号为九嶷山人。左面的印章是"为琴来室"。杨氏中年丧偶，又睹世乱，乃绝意功名，究心于琴，曾作诗句"旧业已随流水去，此生端为雅琴来"。（见《琴学丛书·琴话》卷四第十页，即《琴府》上册第八一八页。）作此诗是以"自伤也"（见《琴学丛书·琴余漫录》卷二第三十页，即《琴府》上册九一八页），故以"为琴来室"为室名。

乙："湘舲先生馈《琴学丛书》刊资百金，谨以此琴奉酬。感赋志谢一首，并求教正。四载鳞鸿契已浮，神交千里感苔岑。封侯未识荆州面，知我先分鲍叔金。盐夹书成经世志，先生前著《盐法志》数百卷。雅琴史续百年心。近又续《琴史》若干卷。枯桐有媲琼琚报，漫比中郎爨下音。己未八月朔，弟杨宗稷识于宣南舞胎仙馆。"

唐按："湘舲"即周庆云。周庆云是清末民初琴人，字湘舲，号梦坡，乌程人（今浙江吴兴县治）。藏琴谱极多。著有《琴书存目》六卷、《琴书别录》二卷、《琴史补》二卷、《琴史续》二卷。周氏藏琴亦甚多，其中以宋徽宗的"松风"琴最为名贵。"苔岑"指同志友好。中郎，指东汉蔡邕。据说蔡邕有一次看见有人烧桐木为薪，他听到那段桐木的爆裂声，知道是上好桐木，于是请人把那片桐木送给他造了一张琴，音色很好，因该琴的尾部被火烧过，所以名为"焦尾"琴。"爨下音"即指此事。己未是公元1919年。舞胎仙馆是杨时百的另一个室名，取自《黄庭坚内景经》："琴心三叠舞胎仙"一句。据这一段铭文看来，是周氏送了一百金给杨时百先生助他刊行《琴学丛书》，故而杨氏以"响山"琴送给周氏为谢。下面一段是周氏和诗一首。

丙："惠我琼瑶感愧深，孤桐秀出峄阳岑。弦调清越鸣寒玉，书辑丛残检碎金。好向牛氂寻断发，却凭凤嗉寄遐心。二勋近矣风流歇，寥落人间几赏音。时百至契，以广陵徐二勋常遇响山堂旧琴，自宣南寄赠，并题诗其上。因次均答之，复作琴契图以见我两人忻合无间云尔。己未十月，梦坡识。

唐按：这一段铭文刻在龙池两旁。每边三行。"书辑丛残检碎金"，是周氏自谦之辞，其实他有关琴学的著作是很不错的。牛氂，牛毛也。响山琴的断纹，正接近牛毛式。凤嗉是琴上部位的名称，即琴面为琴额，反面为琴底，同一部位即凤嗉。凤嗉在此是作"琴"的代称，以便在诗中和"牛氂"对偶。遐，远也，遐心，是指远方友人关切之心意。"二勋"即清初琴家徐常遇，字二勋，自号五山老人，扬州人。徐氏著有《澄鉴堂琴谱》，又著《响山堂指法》二卷。印章是"梦坡之印"四字。

丁："琴川张敏修制" "响山堂珍藏"

唐按：这二行铭文在龙池内纳音两旁，字内填朱色。琴川即江苏常熟。张敏修是明朝人。响山堂，清初琴家徐常遇的轩堂。如果这两行所记可信，则这张响山琴乃是明朝张敏修所制的。但杨时百的《琴学丛书·琴话》卷二第十五页说他得到一张"张敬修制、响山堂藏"的琴，乃名之为"响山"。制琴者的名字是张敬修而非张敏修，与此腹内题字不同。杨氏在《琴话》卷二第二十三页又说"张敬修、与睿修、敏修，皆当时斲琴名手。予得敬修、睿修制者各一，睿修重修者一。制作皆精，声音清越，亦唐之雷氏也"，亦并不说他的琴有敏修所制的，假如梁先生所藏这一张"响山"的确就是杨时百先生所得的"响山"，那就是杨先生记载有误了。但梁先生这张"响山"制作普通，音色亦普通，若说能及得上唐雷氏琴，那似乎夸大了点。张敬修、张敏修是明朝人，到底是明朝什么时候的人？我曾经详细查看过《今虞琴刊·古琴征访录》中一百六十多张古琴的资料，其中说是张敬修造，而有年月的，最早是明熹宗天启四年甲子，即公元 1624 年，查阜西氏所藏张敬修造的一张，查氏说是明嘉靖年间造，又早了七八十年，但查氏未列准确年月，大约是猜想而已。张敏修的琴未见列有年月的。杨时百先生说张敬修、睿修、敏修"皆当时斫琴名手"，张睿修的琴有年代者，是明思宗"崇祯丙子"年，即崇祯九年，公元 1636 年。且张敬修的名字见于《松弦馆琴谱·楷琴记》中，由此观之，张敬修、张睿修、张敏修都是明朝末年造琴名手。又梁先生的响山琴腹内的刻字二行，其书法、刻工相同，然则是一时所刻，可以推测张敏修与徐常遇（响山堂）曾经见面，换句话说，就是张敏修与徐常遇的生存年代相及。我手头缺乏资料，亦无徐常遇所撰的《澄鉴堂琴谱》，无法详考。但《澄鉴堂琴谱》是徐常遇死后由他的公子徐晋臣刊行的，初刻于康熙四十一年壬午（1702 年），当时徐常遇已逝世多少年不得而知。上推六十多年，正是张氏的生存年代，所以我以为张敏修和徐常遇是可能会到面的，日后寻到《澄鉴堂琴谱》，便可进一步研究。

据《今虞琴刊·古琴征访录》造琴手姓张而名修的，有张敬修、睿修、潆修、宾修、顺修、敏修六人。造琴手的名字常刻在腹内，日久朱、墨褪色，刻画崩毁，很可能读错人名，或者人名没有读错，而排字工人排错字（例如《今虞琴刊》

第二七一页，查阜西先生藏的"寒泉"琴排成"响泉"了，这是错字的一例）。睿修、濬修当是一人，宾修或是睿修之误（"賓""睿"字形相近，容易弄错）。《今虞琴刊》第二七一页，查阜西氏以张敬修琴列为明嘉靖时制，第二八〇页孙净尘氏以"张宾修"琴列为明以前，都是不大可靠的。

又"响山"琴腹内只有"响山堂珍藏"字样，无徐常遇的名字，杨时百先生在《琴话》卷二，亦只说"响山堂"，不说徐常遇。按：清有二人以响山堂为室名，一为耿迈，一为徐常遇，两人都能弹琴。周梦坡直说是徐氏的响山堂，可能是有他的根据的。

③无名旧琴

仲尼式。黑色。螺钿徽。长方池沼。木足。无断纹。无铭文。梁先生说，是汪振华先生介绍他以二千元新台币买到的清朝琴。我往年怀疑是拿大陆的苏州琴或广州琴改造的伪物，因为外形相似，一也。徽全部挖出换过，二也（有些大陆琴用特殊颜色的胶徽或象牙徽，一望可辨，不换徽则不能冒充古物）。焦尾明显可见改换过，三也。木足亦似换过，四也（一般大陆琴琴足是用机器车磨的，足底有特别的圈线）。池沼内的纳音改过，五也（有些大陆琴的纳音，鼓出的形状及纳音上所加的漆色很特殊，一望可辨，故若要冒充古物，非把纳音挖改不可）。其后一再审视，觉得这张琴的音色没有大陆琴的燥味，漆灰亦似和一般大陆琴的漆灰不同，故最后仍定这张琴为清末民初之物。

④平园之吟

新琴。形式仿"龙吟秋水"琴。黑色。蓝色螺钿徽。长方池沼。无凤眼。（未上弦，不知轸的质料。）木足。无断纹。琴底颈部刻"平园之吟"四字，字内填朱色，龙池两旁刻铭文七行：

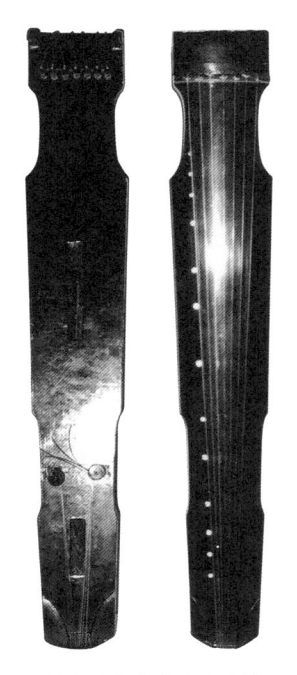

梁在平先生藏无名旧琴 　　　　　　　梁在平先生藏平园之吟新琴

"戊申六月，新屋落成，命名'平园新厦'。因制二琴以为纪念，一名'平园之吟'，一名'爱神之声'，借示基督家庭永沐主恩之意。梁在平敬题，戊申初冬。[印]"

唐按：此段铭文是梁先生手题。三行在池右，四行在池左。字内填绿色。印章填朱色。戊申年即公元1968年，然则这张琴琴龄是四年。这张琴是请先进工艺社仿龙吟秋水琴形造的，漆色光洁，灰及制作则不合古制。

⑤爱神之声

新琴。形式仿"龙吟秋水"琴。黑色。蓝色螺钿徽。长方池沼。无凤眼。木轸。

木足。琴底颈部刻"爱神之声"四字。字内填朱色。龙池两旁刻铭文如下：

"来台十八载中所居日式建筑，铭时、铭远、铭越均在此屋长大，长孙伯荣诞生于此；余所创作之古筝新曲全部完成陋室中；东南亚各国之访问，日本之旅与欧美行，均系由此屋出发。原址重建后命名'平园新厦'。特制贰琴，以为纪念。梁在平敬题，戊申初冬梁蒋希娴。"

唐按：此铭文是梁先生手题。字内填绿色。四行刻在池右，余在池左。铭时、铭远、铭越都是梁先生的子女。铭越先生亦弹琴。印章是"在平长寿"四字篆文。字内填朱色。琴龄四年。

梁铭越

男。三十一岁。原籍河北高阳。现址是 Mr. David Liang, Institute of Ethnomuricology, University of California, Los Angeles, Calif. 90024. U.S.A

梁铭越先生

这个地址是梁先生三年前告诉我的，其后梁先生在该校毕业，获古琴硕士学位，可能地址会随工作而变动，要跟梁先生联络的人士，宜先向梁先生的尊人梁在平先生（地址：台湾台北市临沂街三巷一号）探询梁铭越先生的准确地址。我到台北求学的时候，梁先生早已去了美国研究音乐，未缘相见。据梁在平先生说，铭越先生受过中、西乐的正规训练，对读谱、记谱、作曲、演奏、乐理都深有研究。因我对梁先生所知甚少，在此乃引用《中华乐典近代人名篇》（1967年版）的记载。梁先生"为梁在平教授二公子，艺术专科学校音乐科第一届毕业生，从邓昌国教授学习小提琴，曾在台北国际学会举行独奏会，两度赴香港演奏，1964年赴美，在夏威夷大学，获得音乐学士学位，刻在南加州大学民族音乐研究所进修硕士学位。以家学渊源，能弹奏八种中国乐器。刻正协助吕振原先生教授国乐。曾作曲有：管弦乐曲《虚空》及鸣筝曲《玉楼春晓》"。1969年底，梁在平老师把我要编印《琴府》的计划在家信中告诉了铭越先生，铭越先生回信说："翻印他人的书刊心血，并不适宜。"（大意）梁老师把信给我看，叫我考虑。我曾经写一封长信给铭越先生，说明我要印行琴书的苦心及特点。一、是不牟利的（如销路极好，盈利也是书局的事，我并无稿费、版税）。二、所翻印的书，尽可能补其残缺，要比原书印得更完善。三、各书我加上学术性的校注，使文意畅通，可以利用。四、五线谱原书错处，我一一按弹，校出错误千条。五、把五线谱译成简谱，以便利大部分不懂五线谱的琴人。六、琴书中有我自己的作品。七、翻印的书，我都举出原作者的名字，并不攘为己有。其后梁铭越先生在1970年1月给我一封信，对我的计划很是赞同，并提出不少有用的建议，这是我所要感谢的。梁先生并寄来美金十元，作为义气上的支持。无功不受禄，为收集《琴府》的照片、资料，我已花了四千元港币，本来也不想接受别人的捐助，但当时我正在读大学，经济情况很差，心中想把那十元寄还给梁先生，而逼于情况，不久也就换了米粮，对梁先生的好意，惟有拜谢。后来从梁老师处知铭越先生得到古琴硕士学位，是历史上第一个古琴硕士，乐坛异彩，很值得高兴。旅居日本的琴人张世彬先生来函说近年很少有人写整本的琴学论著，不妨请梁先生把他的硕士论文印在《琴府》里，以备各地琴人参考。我是个琴迷，凡是有关琴的书刊、照片，都想收集，更想印出来公诸同好，但后来考虑到篇幅增加三百多页，出版商可能不同意，原稿是英文，一般琴人不易参考，又既是大学的毕业论文，必要申请翻印的准许，以免引起版权的纷争，这不是容易解决的问题，惟有打消此议。据梁老师说，这篇论文名叫 THE CHINESE CH'IN, ITS HISTORY AND MUSIC，共三二三页，指导教授是该大学研究所所长胡德博士（Dr. Mantle Hood）。据梁在平老师说，铭越先生曾跟胡莹堂先生学琴。以铭越先生对中西音乐的造诣，学起来必定很快，很成功的，我未有机会听到他的演奏或录音。梁老师说铭越先生学过《关山月》《阳关三叠》《忆故人》《普庵咒》《平沙落雁》《长门怨》《鸥鹭忘机》《潇湘水云》等曲。

藏谱：

不详。梁老师代填的调查表上说，铭越先生在美国有《琴学丛书》一二册。梁老师在台北的一套《琴学丛书》应共有八册，但缺了第六册，可能即是铭越先生所带去的一二册。铭越先生在美国既能写出三百多页的论文，想必定有很多参考书的。

藏琴：

总数不详

①山水趣

梁先生并未详细叙述，幸而容天圻兄亦藏有一张"秋月"琴，和这张山水趣是姊妹作，皆经过清代琴家周鲁封珍藏、修饰，从照片看来，这张琴的

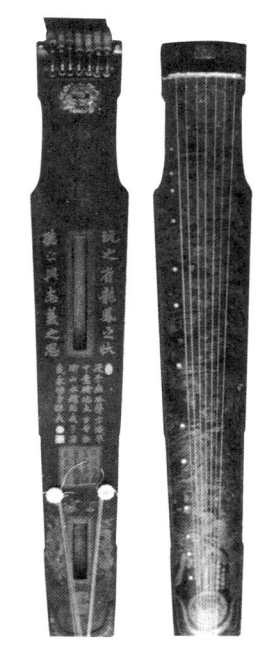

梁在平先生藏爱神之声新琴　　　梁铭越先生藏山水趣琴　　　山水趣琴底板琴名特写

形状、质料和容兄的"秋月"大同小异，乃可据以描述。此琴是仲尼式。黑色。琴面上有一幅图画，故又呈金银色。透明徽，似是水晶或玻璃造成。长方池沼。池沼镶边。有凤眼（照片上看不出有无凤眼，据"秋月"琴作此推断）。轸质料不详。足似是玉造（在照片上白色，并雕花）。琴身上有图画，花纹太多，看不出有无断纹。但这张琴在《今虞琴刊》第二六七页《古琴征访录》曾有记载，说"底有流水断"。（该书说这张琴是"仲尼式"，大小"适中"，底面木质是"梓桐"，断纹是"底有流水断"，漆色是"黑"，声音是"清润"，年代、款识是"有题识无年代"，斫者修者是"斫者不可考。康熙己亥五知斋主人重修"。当时藏此琴者是"程蜀青"。）琴额镶有一片饰物，似是玉，两旁亦刻满图案。岳山上镶了一条玉，用以架弦。岳山至起项之间在每条弦对下位置镶了一粒珍珠或宝石之类饰物。整个琴面都充满了图画，须把琴倒

211

立起来，琴尾朝上地看。在第十三徽上面（即琴谱上所说的"徽外"位置），有一个圆圈，圈中是一只凤。在岳山上、一徽之下的颈部位置，亦有一个圆圈，里面是一条龙。圆圈中又镶了一些珠玉粒。在十三徽的左面，是诗一首，文曰：

"春色迷圝荷月□。夏时垂钓一江清。秋风□笛山城晚。冬□□□□□……"

上列的一首诗句，因照片模糊，字体很小，又被琴弦遮盖，很不易卒读，□中的字是不能断定读得对不对的。笛字上一字，似是松、横、桥、铁字都很有可能。这一首诗乃是描写琴面所画四季景色的，据愚夫妇用放大镜研究了半天，从一徽至四徽半之间，是池塘中有荷花，附近有屋，即是第一句"春色迷离荷月□"的景色。从四徽半至第七徽间是一个渔翁在一个塘中垂钓，即第二句"夏时垂钓一江清"之意。第七徽至九徽间有一个人在对着大自然山水吹笛，即第三句"秋风□笛山城晚"之意。第九徽至十三徽及徽外之间，是冬天景象，亭、台、山、树上都积了雪，第四句"冬……"必定是描写这情景。这四季画是连接不易分割的，我这第几徽至第几徽是什么季，只是就照片上所见的稍作划分而已。琴面上的画及题诗，是用金、银造的。琴的两边（面板底板合缝处）应亦有花纹，但因照片上看不见，无法说明。

琴底亦有很多铭文。颈部是"山水趣"三字，乃是琴名。这张琴，是琴人程蜀青先生死后，他的后人售给梁在平先生的。据程先生于1937年出版的《今虞琴刊》上所作记载，这张琴名叫"得山水趣"，日常在台北听梁老师提及此琴，则是"山水趣"而非"得山水趣"，现在照片上所见亦无"得"字，"山"字上面镶了一片饰物，可能是玉片之类，作龙头形状，到底是原来有"得"字而被这片饰物盖住了，还是释读之误，则不得而知了。龙池四周也雕了花纹。

龙池二旁有铭文二行：

"玩之有龙凤之状，听之兴志义之思。"

嵇康《琴赋》云："爰有龙凤之象。古人之形。"注引《西京杂记》云："赵后有宝琴曰'凤凰'。皆以金玉隐起为龙螭鸾凤古贤列女之像。"（《西京杂记》题汉刘歆撰，亦有人说非歆所撰）《太古遗音》卷二："赵后有宝琴。名曰凤凰。皆以金玉隐起为龙凤古贤列女之像。"有人说用金及玉片镶在琴板上，设计出龙、凤，及古代贤人、列女的图像，镶好金玉，再把凸出来的部分磨平，使视之可见，而抚之与琴面平，此谓之隐起。但这样的手工十分不容易，现存最早的这一种琴，要算现在日本保存在"正仓院"（日本皇室博物院）的一张了。根据《正仓院御物棚别目录》，该琴是公元817年入藏的，那时是唐宪宗元和十二年丁酉，距今已一千一百五十四年，而该琴是由中国传去日本的，制造的年代恐怕要早得多。高罗佩氏认为是在公元435或495年魏朝时候造的（见高氏著《琴道》第二〇九页）。他的说法对不对，尚待研究，但无疑是现存同类琴中最古的一张。该琴上有很多美丽的花纹、图画，龙凤之象、古人之形都有了。日本人叫这张琴做"金银平文琴"，大约是用金银在琴面上镶成图画，小心磨成的（请参看《琴府》下册该琴的照片）。梁先生这张"山水趣"亦有龙、凤及人物，故龙池右面的一句说："玩之有龙凤之状""听之兴志义之思"一句则出自《礼记·乐记》编："君子听琴瑟之声，则思志义之臣"。龙池下又有铭文四行：

"[印章] 授予幽谷声，方识琴中意。输他太古音，无逾山水趣。贻我子孙藏，永保勿疏失。[印][印]"

唐按：从照片上看来，有印章三个，但看不到其中文字。这段铭文之下，雁足之上，又刻有一个篆文大印章：

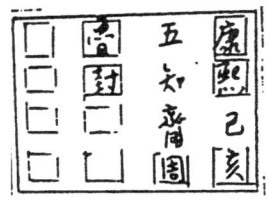

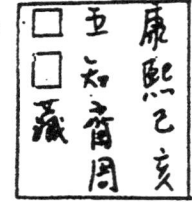

```
□ □ 五 康
□ 壹 知 熙
□ 团 斋 己
      周 亥
```

唐按：照片中这个印很不清楚，只有"五知斋"三字是不会错的，其他的字则不能确定。这张琴的上一位主人程蜀青在《今虞琴刊》中说琴上有"康熙己亥五知斋主人重修"字样，未说明是刻在琴底，抑或在腹内。容天圻兄"秋月"琴这个部位的印章是：

```
□ 五 康
□ 知 熙
 藏 斋 己
   周 亥
```

以此二种资料做索引，在放大镜之下，隐约可见到康、亥、周鲁封等字形，故我作上面的读法。康熙己亥是清圣祖康熙五十八年，公元1719年，然则"山水趣"重修至今已经二百五十二年。

凤沼四周亦雕了花纹。凤沼的上方及左右两旁似乎也有图画，看不清楚。凤沼下面有篆文印章：

```
永 子
宝 孙
```

唐按：据梁在平老师说，这张"山水趣"是在台湾购自程蜀青先生的后人，因这张琴曾为明朝左光斗所藏，故程先生把他的书斋取名"左琴楼"云。程先生在《今虞琴刊》上记载此琴，并未说曾为左光斗所藏，但程先生既取"左琴楼"之名，或者亦有根据。希望以后我有机会亲见此琴，细细研究，或者其上的铭文、印章，可以提供一些线索亦说不定。

在琴上加上这种花纹的琴，大约古人也不多造，故此汉人作的《西京杂记》才会把赵后藏了一张这种琴的事，作为特别的例子而记下来。大约唐朝时候，这种琴已很少见，故此宋朝何薳写《春渚纪闻》、田芝翁写《太古遗音》，提及这种琴的时候，也不能举出实例，而只能引古书上的传说。自唐至清，据我所知的资料，尚无人造过这样的琴。其原因可能是不易制造，或是没有人想到要造，或者宋明人也看不到这种琴，没有引致仿制的计划。因为这缘故，以前曾有朋友说"山水趣"是唐朝以前的琴，我以为这个说法是不可靠的。我看"山水趣"及容天圻兄"秋月"琴的照片，琴面上的画并不是唐人宋人的笔法。"秋月"琴我是亲手抚弹过的，其形制、音色、漆灰、断纹、木质，都不是唐琴。总不能因为唐朝以后没有人造这种琴，就说现有的这二张也是唐以前制品。今年8月中，愚夫妇及孙毓芹先生、朱元明小姐到凤山访容天圻兄，我又把"秋月"详细看了一遍，结果在琴面上近尾部发现了一个很小而又不大清楚的印章，乃是"子安"二字，所用的颜料（银）和琴面的图画所用的相同，可见"子安"就是在琴上画上图像之人。子安就是周子安，也就是周鲁封，"秋月"的琴底有周氏的题字，可见"秋月"琴的图画是周鲁封设计的。"山水趣"和"秋月"琴是相同的姊妹琴，亦有周鲁封题字，可见"山水趣"上面的画也是周氏之作。唐朝释彪宝有一首诗说："吾有一宝琴。价重双南金。刻作龙凤象。弹为山水音。星从徽里发。风来弦上吟。钟期不可遇。谁辨曲中心。"诗中既说龙凤，又说山水，跟这张"山水趣"琴可算有缘了。所谓"刻作龙凤状"可能也是说琴上有图画。

"秋月"及"山水趣"都有周鲁封"重修"的记录。既云重修，则必然

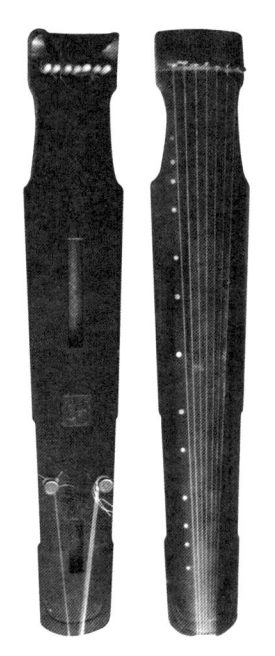

梁铭越先生藏漱石寒泉琴　　　　漱石寒泉琴底板琴名特写

琴是别人早已造好的。周氏是清初人，照理论看，这二张琴最少也是明末以前人造的。"秋月"我看过，以声音、木质看来，确是明琴。"山水趣"料亦是明琴。大约原先两张琴都是普通的仲尼式琴，经周氏拿来加上图画及珠玉等饰物，乃成现在的样子。倘若"山水趣"的确曾由左光斗收藏过，则名臣明琴，相得益彰了。

②漱石寒泉

仲尼式。黑色。螺徽。有凤眼。长方池沼。从照片看来，轸白色，似是玉质。琴面有很整齐类似小蛇腹的断纹，琴底小蛇腹断纹。琴底颈部有"漱石寒泉"四字。龙池下有印章一个，文字不能辨。这一张是膝琴，即是比普通琴为窄、薄、短一点，方便放在膝上弹的。因未见原物，年代不详。以断纹看，或是明代物。香港卢家炳先生有一张大小、样子、断纹形式颇相近的膝琴，名叫

"寒泉漱石",琴名的字体和"漱石寒泉"相同。以断纹看来,梁先生这一张较为古旧一点。

③龙吟秋水

唐按:梁在平老师代梁铭越先生填给我的琴人调查表里,在藏琴一栏又写了"龙吟秋水(新琴)"字样。原本的明琴"龙吟秋水"现在台北梁在平先生家中,然则这是说在美国梁铭越先生那儿,有一张仿"龙吟秋水"形式的琴了(1963年以后,台北福玉华、先进两间乐器店都仿"龙吟秋水"琴的样子造了很多新琴)。

毕铿 *（Laurence Picken）

男。字乐仁。英国籍。今年六十二岁。通讯处是 Jesus College, Cambridge, CB5 8BL, England.

以往久闻荷兰高罗佩、英国毕铿二位先生对中国古乐很有研究,极为心仪。高先生已经逝世数年,毕先生倒幸而见上一面。

今年(1972年)4月15至5月5日,香港中文大学中国文化研究所文物馆举办了一个古琴展览,展出了唐宋元明清各代的琴十多张、古今琴谱百种,算得上是多年来的琴坛盛事。此次展览由文物馆馆长屈志仁先生主持,我因为在中文

毕铿先生

1976年秋，唐健垣赴英国北 Dunham 大学"首届东方音乐节"与香港学生（左一）合影

大学中国文化研究所读硕士班，就近从旁出力。毕铿教授应中文大学崇基学院音乐系祁伟奥教授的邀请，乘周游东南亚各地搜集音乐史料之便，来香港小住一周，正赶上这个展览。因为毕铿教授对琴很留心，正好我也是个琴迷，近年因为整理《琴府》资料之故，也看过不少琴及琴谱，于是两人作了十多小时的长谈，极为愉快。毕教授能说国语，读、写中文，思路周密，对中国唐宋音乐极有研究。据毕教授说，他学琴始于 1945 年，当时他在重庆住了一年，跟徐元白先生学琴，先后学过《访子期》《阳关三叠》《关山月》《普庵咒》等曲，《潇湘水云》只学了第一段。近年自行打谱，弹出了宋朝姜白石所作的琴曲《古怨》。惜近时旅游各地，久疏练习，以上各曲已不熟习。5月3日，祁教授请毕教授在崇基学院音乐系演讲唐宋音乐，毕教授用英语演讲，用中文板书说明，辅以他所整理、由外国音乐家演奏的唐宋音乐录音，并播放他自己弹奏的琴曲《古怨》录音，是一次内容丰富的演讲。当晚屈馆长在

文物馆内举行了一个小型雅集，请了数位琴友参加，目的是把展览中的部分古琴拿来各弹一曲作成录音，看看各琴的音色如何。当晚弹琴的琴友计有盛运策先生及他的学生黄特明先生、张世彬先生（蔡德允女士的学生）、盛孝沛先生（吕振原先生及蔡德允女士的学生）和我，另外毕教授、祁教授、屈馆长三人则能弹而未弹。屈教授对琴事很留心，对指法、琴谱版本及制琴问题有很多见解，实在是有心人。数日后毕教授即飞到台北住了一个月，再访问韩国、日本等地。以下略记有关毕教授藏琴谱、古琴等资料，因为毕教授在旅途中，各书的卷数、册数、琴铭等资料不能确记，所述可能有误，请读者原谅。

藏谱：

①《五知斋琴谱》清康熙年间徐祺等撰。毕教授说他所藏的不知是哪一年刻本。书亦是残本。

②《××××》毕教授说此琴书名有一"山"字，乃康熙年间刊本，忘其书名。按康熙间刊琴谱而有山字的，可能是徐祺撰的《溪山琴况》或徐常遇的《响山堂琴谱》《响山堂指法》。

③《琴学入门》清张鹤撰。中华图书馆本。按：即《琴府》上册所影印的一种。

④《天闻阁琴谱》十六卷。清唐彝铭撰，光绪二年丙子（1876年）成都叶氏刊本。

⑤《梅庵琴谱》民初王燕卿遗著。1971年香港书店影印再增订第三版，即本人在香港所印，列为《琴府外编之一》。

⑥《今虞琴刊》1937年今虞琴社印行。此书已影印入《琴府》上册。

⑦《琴曲集成》近人查阜西先生编，影印唐至明朝琴谱十七种。

⑧《见存古琴曲传谱解题汇编初编》查阜西先生编。油印本一大册。按：据《中国古代音乐书目参考书目目录》此书为民族音乐研究所油印本，四册，1956年5月出版。而我曾见一本，书名稍异。友人说此书有正续编，册数不一。未知毕教授此书为正编抑续编，亦不知总页数。

⑨《古琴曲汇编》侯作吾等编。五线谱琴曲。即《琴府》下册所收者。

⑩《古琴曲集》查阜西先生编，收五线谱琴曲六十二首。即《琴府》下册所影印者。

⑪《中国民族音乐选集》五线谱本。收二胡、琵琶、扬琴、筝、琴等乐器之演奏曲各二三首。

⑫《广陵散》五线谱，管平湖打谱，王迪记谱。

⑬ The Lore of Chinese Lute(《琴道》).By R.H Van Gulik(荷兰高罗佩著)。精装一册。此为高氏论琴的名著。

⑭ Hsi K'ang and His Poetical Essay on the Lute（嵇康和他的《琴赋》）. By R.H. Van Gulik（荷兰高罗佩撰）。高氏将晋人嵇康的《琴赋》译成英文。

毕铿教授藏书尚多，旅途中未能尽记云。

藏琴：共三张

①风音

清朝琴。"风音"二字近大篆。底板另有小篆铭文。长方池沼。

②龙吟

民初琴人徐元白先生造于1920年。面板为桐木。琴为黑色。螺钿徽。有凤眼。长方池沼。木轸。木足。"龙吟"二字为高罗佩先生所刻。

③无名古琴

黑色。仲尼式。螺钿徽。木轸木足。有凤眼。长方池沼。龙池内有铭文云日本某僧所造。其年代在中国之乾隆年间，即是琴龄二百年左右。

〔增补〕

毕铿先生是英国剑桥大学著名大学者，研究亚洲音乐，著作等身，名闻世界。他本是很有建树的生物学家，年轻时对亚洲音乐产生了兴趣，中年之后转以此为主业。《格洛弗音乐大词典》（*Grove's Dictionary of Music and Musicians*）有一两尺厚，其中的中国音乐部分就是他写的。抗战时他到中国，结识了查阜西、徐元白等琴家，学到《普庵咒》，能读《神奇秘谱》，弹小曲《泛沧浪》之类。

毕铿1966年至1976年出任剑桥大学东方学院的副院长。1972年至1973年他休假到亚洲，会见中、韩、日、泰、越各国学者、演奏家。

他来到香港中文大学中国音乐科，祁伟奥教授介绍我和毕铿作长谈，他见我编的《琴府》非常惊喜。次日去我家再晤，听我弹了几张老琴，聊到深夜才告辞。

几个月后他回到剑桥，来信说："健垣，你是我此次六个月亚洲行所见最出类拔萃、可以称为学者的音乐人。《格洛弗音乐大辞典》前一版已是二三十年前，近年中国出土许多商周乐器，有许多新考古发现。我要重写中国音乐部分，但一个人太吃力，想邀你与我合写。"

那时他六十多岁，是名满天下的汉学家，我才二十七，硕士在读，还没有去美国读博士。我回信说："我哪里敢跟您一同写书？您把我抬举过甚了，过五六年待我的学问慢慢成熟，那时才勉强能协助您！"他见我坚决推辞，就不再勉强。

我硕士毕业后，1974 年至 1975 年周游美国十间大学讲学，反响都很好。所以我准备读博士时，华盛顿大学、维思大学等四五家都乐于提供奖学金。我请毕铿先生写推荐信。他回信说："你何不来剑桥？剑桥名望高，中文图书极多，你来不必考试，我跟学院说要你来读博士即可，也有奖学金。"可是过了一两个月，他又来信说："糟糕！我发现今年名额已满，你可否多等两年？如果你今年来就要支付学费。"我权衡一下，剑桥学费开支大。而去维思大学全免，每年还有 5000 美金奖学金，平均每月 400 美金，足够生活用度。毕铿教授出名严格，他终身未婚，全力研究音乐。朋友展艾伦（Alan Thrather 后为著名民族音乐学家）告诉我，他曾想随毕铿学习，得知毕铿有古怪的规矩：男生不许留胡须，已婚的要离婚才肯收！而我大学时已经结婚，所以我最终选择去美国。

1976 年秋 8 月英国北方杜伦大学（Durham University）举办第一届东方音乐节，我和二胡家徐华南代表香港出席。到伦敦转机，徐华南在酒店休息，我坐火车一个多钟头赶去剑桥，到毕铿家已是晚上十一点。

他和十几位各国学生早在客厅等我，其中一位正是《近代琴人录》里的三谷阳子。

众人席地而坐持各种乐器：仿唐古筝、仿唐琵琶（现代琵琶是六相二十四品共三十按格，唐代琵琶四相无品）、五孔尺八、六孔洞箫、胡琴等，毕铿训练他们演奏唐代敦煌音乐。法国、英国的图书馆藏有许多敦煌经卷，一些佛经的背面，居然抄有乐谱，原来是琵琶谱。20 世纪 70 年代至 80 年代著名的研究学者有毕铿教授、日本林谦三和岸边成雄教授、上音叶栋教授。但各人翻译出的五线谱却很不同，尚无定论。

我也弹了几曲古琴，当晚我酒醉尽欢而散。次日午饭后回到伦敦与徐华南会合，同飞去杜伦。

杜伦大学的东方音乐节为期十来天，百多位中、韩、日、泰亚洲音乐家参加，我认识了不少朋友。有几位香港学生从伦敦开车来听音乐会，于是我坐他们的车一起回伦敦。

回程又经剑桥，我们到毕铿家力邀他去唐人街吃烧鹅。毕铿不随便跟人泡酒楼茶楼，这次居然答应了，在唐人街吃了丰盛的广东菜，还听我们跟朋友唱粤曲。毕铿对我印象很好，说以后去香港再见。

我在维思大学的博士毕业论文是中英文的《商代乐器考》，共三百多页。我先寄了一份给毕铿教授，那时他已七十多岁，每年看博士论文万页，我也不确定他有没有时间看。一个月后毕铿教授寄来一封信，一页纸上十几行极潦草看不很明的英文，大意是：你的论文之优秀令人震惊！你通过甲骨文、出土乐器、文献三方面结合来研究商代的乐器。它们的功能是娱神、娱人，包括埙有多少孔等等，都考证得清清楚楚。

有的词很古老，如头句："Dear Kinwoon, Your Doctoral Dissertation is stunningly excellent." "Stunningly" 这个词我不明白，查字典才知道是 "令人震惊的"。我请博士导师帮读信，他很惊讶地说："这是大名鼎鼎的东方音乐专家毕铿先生，你怎么认识他？他把你称赞得天上有地下无，说你这论文把商代乐器研究得清清楚楚，划时代！"我说："我 1972 年有幸见过他，他邀请我跟他一起写《格洛弗音乐大辞典》，还想我去剑桥跟他读博士，1976

年我去拜访过他两次。"另一位导师说："在任何音乐学院提起毕铿，无人不识！"后来他们常赞我："健垣你真了不起，居然那么早就认识毕铿！"

1984 年到 1992 年，我在香港演艺学院做中国音乐系主任，寒暑假常去内地访友、逛古董店，有一次居然在上海古董街遇到毕铿先生，他八十多了还来中国，那是我最后一次见到他。

毕铿先生 2007 年去世，享年九十八岁。他在剑桥地位非常高，收藏的中日韩乐器数百件，全捐给剑桥大学，成立了一个乐器博物馆。

章克范

男。浙江诸暨县人。现年四十六岁。以前地址是台湾台北市民权东路四七二号二六一室。现址不详。1970 年我在孙毓芹先生家中碰见章先生。章先生是公务员。从孙先生学琴。已学《太古引》《阳关三叠》《归去来兮辞》《醉渔晚唱》（即《醉渔唱晚》）《平沙落雁》等曲。当晚曾听章先生奏《醉渔》。此后未再见面。孙先生说章先生到各地寺门游玩去了，不易访寻。

章克范先生

藏谱：

① 《琴学入门》章先生手抄本，缺六曲。

② 《研易习琴斋琴谱》章志荪先生撰。上中下卷线装三册。

藏琴：

  无名新琴

  台北福玉华工艺厂造。黑色。无凤眼。木轸。木足。长方池沼。与汤德均小姐的琴同式。

章志荪

  男。安徽泾县人。字梓琴。书斋名"研易习琴斋"。现年八十七岁。住址是台湾台北市潮州街60巷7弄8号。章先生乃是近代琴家，生于清光绪年间。弹琴已六十年。1969年起，我在台北拜访先生，二年间向先生求教四五次，承他不吝教诲，详示琴学资料，律吕心得，又对我编《琴府》很是赞许。1971年夏，《琴府》上册出版，章先生以八六高龄，仍赐序文一篇，即由先生的入室弟子孙毓芹先生精心抄录，印于篇首。章先生身长玉立，仙风道骨，望之似神仙中人，记忆力极好，记琴书琴事尤其清楚。人说弹琴能令修心养性，却病延年，观先生更为深信了。章先生自1905年乙巳（光绪三十一年），始从宝庆李缉熙先生学《归去来辞》，时为二十岁。1908年戊申（光绪三十四年），又从陈寿臣先生学琴，自此搜罗琴谱及古琴不遗余力。民国初年周庆云氏编《琴书存目》所列琴书八十多种，

章志荪先生

章先生搜得六十九种。另得抄本九种，及杨时百《琴学丛书》、王燕卿《梅庵琴谱》二种，共为八十种，可称藏谱之大家。数十年间在平、津、沪、汉等地搜得古琴二十多张，但这些琴谱及古琴都已毁于战火。来台之时只带备"龙门松风"一琴，及《春草堂琴谱》《自远堂琴谱》《琴学入门》等书。章先生的书斋名称曾经数易，以前曾藏有南宋"仙籁"琴，有蛇腹断纹，故取名"仙籁阁"，并编有《仙籁阁琴谱》，共收三十二曲，交商务印书馆印行，但稿本已毁于战火中。又因藏有"漱玉"琴，有蛇腹断纹，故取名"漱玉山房"。按：大琴家查阜西先生灌有《醉渔唱晚》琴曲唱片（香港艺声唱片 ATL73，台北女王唱片 QNL5033），所用的琴音色很松透，章先生听过唱片之后，说那是他的"漱玉"琴。查氏在1937年的《今虞琴刊》第二五七页（《琴府》上册一四三一页）记载他藏有琴十张，"就中以章梓琴所赠元琴漱玉最佳"。则章先生所言或不虚。章先生因共藏过二十四张琴，而均毁于战时，遂取名"念四琴斋"。其中一张为连珠式，龟纹断，腹内塞满铜末生漆，故而极重，其后剖腹除去铜末及漆，音色极佳。第二十四张为南宋张斗南的"养和"琴，细蛇腹断纹，兼有梅花断。来台湾后取名"研易习琴斋"。

20世纪50年代，台湾全省很缺乏琴谱。有一位辽北籍的韩镜塘先生欲印行琴谱以利便各人，章先生即将所弹的琴曲数十操一一抄正，交韩氏影印流传，名为《研易习琴斋琴谱》。十六开本大小，线装三册，1961、1962、1963年各出版一册，每册有长序一篇，剖示琴史、律名，每曲附有解题，嘉惠后学极大，时先生已七十余岁矣。先生又在台北广收弟子，先后从游的有孙毓芹先生、汪振华先生、侯济舟女士、汤德均小姐、陈易新小姐等，就中以孙先生最得真传，故此章先生的琴及琴谱都于去年（1971年）传给孙先生。近年汪先生及侯女士在台北又教出若干学生，台湾琴学一线不绝，拜章先生的热心。去年我在台北影印《琴府》上册，承章先生借出《春草堂琴谱》影印，谨此致谢。

　　章先生所弹的琴曲不下五十操，来台后常弹的是《平沙落雁》《流水》（无滚拂）、《水仙操》《圯桥进履》《醉渔晚唱》（即《醉渔唱晚》），其余不能尽录。1960年秋，尚应梁在平教授之请，在台北举行海天琴社雅集录音，当时年七十五。前数年章先生已过八十，因邻家在门前放鞭炮，耳膜被震破而听觉消失，且年老手弱，已不能弹琴。幸记忆力及精神尚好，论琴学如数家珍。《中华乐典·近代人名篇》收有章先生的详细资料，现抄录于此以备参考：

　　章志荪：字梓琴号研几。安徽泾县人。公元一八八五年三月七日生。一九〇四年以附生考入荆南师范学堂肄业五年，调省复试以优等毕业为优贡生。后入上海正风文学院中国文学系，一九一六年在北平从杭辛斋研究周易，后又跟谢世研易多年，一九〇四年从李缉熙初学安弦，一九〇七年又从陈寿臣共得二十余操。在台曾演奏古琴，辑订《研易习琴斋琴谱》上中下三卷。

藏谱：

　　《春草堂琴谱》《自远堂琴谱》《琴学入门》等皆已送给孙毓芹先生，请参看孙毓芹条。

藏琴：

　　龙门松风，已在1971年归孙毓芹先生。

莫建明

男。年二十余岁。广东新会人。现址是香港九龙彩虹村白雪楼一○○三号。莫先生是香港中文大学毕业生。1966年左右开始跟徐文镜先生学琴，学了一年多，时徐先生失明已久。莫先生曾学《阳关三叠》《梅花三弄》《鸥鹭忘机》《平沙落雁》《良宵引》等。

藏谱：

无。

藏琴：

无。

许闻韵

女。年龄、籍贯不详。我与许女士并未认识，只知她从北平燕京大学音乐系毕业，曾任教于艺术专科学校。前年在台湾，胡莹堂老先生说许女士曾跟他学琴，时许女士在美国。1972年从台北的《"中央"日报》，知道许女士回台北发表作曲（西洋音乐），报上并说女士约十多年前有硕士论文名《古琴旋宫转调之研究》，如果所说属实，则梁铭越先生便不是我国第一个古琴硕士了。

藏谱：

不详。

藏琴：

不详。

许轮乾

男。年约三十。现址是台湾台北市和平东路二段二〇七号之九。许先生是位工程师，对琵琶、古筝很有研究，在台北造就了很多学生，1970 年 5 月 21 日，我在台湾师范大学大礼堂举办了一个古琴古筝欣赏会，请了六个青年朋友弹琴，七个青年朋友弹筝。当晚许先生是弹筝者之一。事后他对我表示他很想学琴。同年夏我买到数张津式琴，许先生让去一张，想请我介绍去跟吴宗汉老师学琴，但其时许先生因工作关系，要到晚上才能学琴，而吴老师病后遵医生的嘱咐，八时已要睡觉，结果一直未学。直到去年夏天才开始学琴。但当时许先生忙，我也忙于考毕业试、安排六月廿九日晚在实践堂举行的古琴古筝欣赏会，忙于校订《琴府》上册，一直未能去听许先生弹琴，不知学得怎样。许先生近已与他的古筝高足甄宝玉小姐结婚，婚后可能另觅新居，

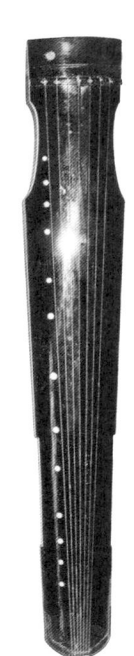

许轮乾先生藏无名新琴

地址恐有改变，有意和许先生联络的，可试向吴老师查询。

藏谱：

不详。大约有所学各曲的抄本。

藏琴：

无名新琴

仲尼式。黑色。象牙徽。长方池沼。有凤眼。象牙轸。象牙足。无断纹。无铭文。津式琴。琴龄约三年。

〔增补〕

许轮乾娶妻甄宝玉，甄女士也是吴宗汉老师的学生。2001年是吴老师逝世十周年，我们众多同门组织古琴音乐会，许先生夫妇都参加了演出。

陈安鸣

男。五十六岁。原籍浙江上虞。字乐畲。现址是台湾花莲市菁华街二号台湾省立花莲女子高级中学。陈先生对国乐很有兴趣，自己摸索学弹古筝多年，亦在校中教古筝，诲人不倦。近年很想弹琴。前数年梁在平教授送给他一张新琴，陈先生苦于在花莲访

陈安鸣先生

陈安鸣先生藏无名新琴

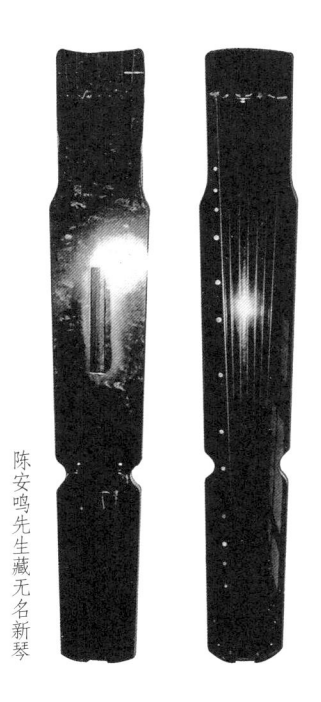

不到琴师，乃向朋友借抄琴谱自行摸索，但止于初学程度。去年三四月间，我和陈先生通讯数次，欣悉陈先生对琴的热心。8 月中愚夫妇和孙毓芹先生曾到花莲拜访陈先生，承他热诚招待，又陪我们去拜访花莲诗人骆香林先生，欣赏骆先生珍藏的奇石、照片及一张古琴。

藏谱：

①《春草堂琴谱》抄本。六卷。骆香林先生藏有孚华书局本《春草堂琴谱》一套（和《琴府》上册所影印的版本相同），陈先生借来抄录一遍。

②《琴学八则》清程雄撰。陈先生自抄本。

③《研易习琴斋琴谱》线装三册。章志荪先生撰。

藏琴：

无名新琴

是台北先进工艺社依照梁在平先生的明琴"龙吟秋水"的形式造的新琴

之一。是梁在平先生送给陈先生的。该琴黑色。螺钿徽。长方池沼。无凤眼。木轸。木足。无断纹。无铭文。琴龄约五年。

陈冕之

男。年约六十九岁。原籍浙江省。现址是 Mr. Grahan Chen,119 N. Dixboro Road, Ann Arbor, Michican 48105,U.S.A.

陈先生旅居美国今已数十年，1969年秋他专程从美国飞到台北，寻访古琴老师。国乐家孙培章先生介绍他去看吴宗汉老师，刚巧那一天我也在吴老师家中，和陈先生见了面。陈先生说数十年前他就对古琴很有兴趣，也学过入门的指法，但在美国住了半辈子，早已忘记，不过由北平带出的一张琴及三十年前手抄的一本琴谱则仍然珍藏身边，现在年老退休想再习古琴，故此由美国飞回祖国。陈先生比吴老师还要长一两岁，因为他的确很有心学琴，吴老师也乐意教他。陈先生以旅馆作居所，每周到吴师家上课三次。据吴师说他学了《仙翁操》《秋风词》《关山月》《湘江怨》《阳关三叠》《归去来辞》等曲。两三个月后的一天，我带着照相机想去旅馆访问他，不巧他刚在前一天回美国去了。

藏谱：

手抄本琴曲。三十年前陈先生亲自抄自《梅庵琴谱》。

藏琴：

无名旧琴

仲尼式。黑色。螺钿徽。木轸。木足。有小蛇腹及小冰裂断纹。无铭文。木色金黄。漆色光滑。大约明朝琴。音色普通。

陶筑生

男。三十四岁。原籍江西南昌。现址是台湾台北市永和镇文化街九十四巷十二号。陶兄是台北有名的年青国乐家,对箫、笛、古筝都很有研究,在著名的国乐团任箫笛手。工余又教授很多古筝学生,并曾在台湾大学及台湾师范大学的国乐社任古筝组导师。我和陶兄认识近四年,深感陶兄是个谦谦君子,并结为莫逆之交。1969年,陶兄和董榕森先生应香港中文大学崇基学院音乐系祁伟奥博士的邀请到香港演奏,各买到一张新琴(琴是吴宗汉老师两位女学生八年前学琴时所买的,现在既不弹琴,就让出来),回到台北,就从1969年底左右开始跟吴老师学琴,到现在已学会《仙翁操》《秋风词》《关山月》《湘江怨》《玉楼春晓》《极乐吟》《阳关三叠》《风雷引》《凤求凰》《归去来辞》《良宵引》《普庵咒》《长门怨》《平沙落雁》《梅花三弄》等曲。目前仍在学习中。陶兄为人很正派、尊师重道、守时用功。吴老师常常称赞他"诚笃"。陶兄学琴很有耐心,既不贪快,又不贪多,每次上课,不求多学,但求学得清楚,回家练得规矩合度,很得老师师母的赞

陶筑生先生

赏。陶兄练琴，每天不少于四小时，为了有充分时间练习，前年竟把在某中学的教职辞了，专心练琴，我看到他的左手指被琴弦磨擦到起了茧，可见他是很用功的。两年来我有很多机会听陶兄弹琴，他给我的印象是稳重、沉着、板拍交代清楚，是一位忠实的演奏者。

藏谱：

①所学各曲的抄本。

②《琴学入门》线装一册。三十二开本。韩镜塘先生在台北据原版本缩印的本子。

藏琴：

无名新琴

仲尼式。黑色。螺钿徽。长方池沼。有凤眼。木轸。木足。无断纹。无铭文。琴龄约十二年。

〔增补〕

陶筑生兄20世纪70年代中期移居美国西雅图，一直教授古琴、古筝。

约在1975年，展艾伦（Alan Thrasher）硕士由美国来中大跟我学中乐半年。他认为我英语流畅，于中乐能奏能讲，是美国大学极欢迎的访客。展君回美后安排我到美国访问几个月，在东西部多间大学各停几天作一二场演奏讲座，有报酬之外，可免费住访客宾馆。其实更多时候是被崇敬《琴府》编者"唐老先生"的琴友、教授恭请住到家中。人们常以为编得出三千页《琴府》的人必定是七老八十、腰如虾公、杖而后行的老者，哪知我才而立之年。既见我还能动，又带有大漆、鹿角灰并修琴工具，就每天让我无酬教琴、修琴、

琴人寻访录

约 1976 年，唐健垣赴美巡回十间大学讲学期间 于西雅图大学探访琴友陶筑生

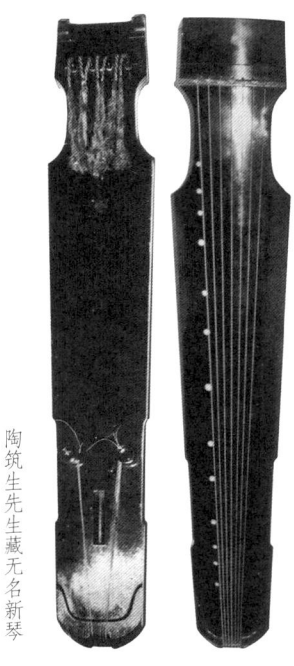

陶筑生先生藏无名新琴

上弦，累得我没精打采。

  首航途次西岸北的西雅图大学，重遇同样精力被榨干的可怜人陶师弟。他在大学是乐器教师级别，每日朝九晚五都有学生在教室外排队，轮流做片刻"入室弟子"。除短暂的午休外，温顺怕事、正直负责的陶兄连稍停喝杯水、洗手、到门口跟我说几句话都怕学生投诉！闻说他的弟弟在台湾效周瑜孔明"火烧连环船"烧了邻人房子，陶兄代为赔偿，只好少睡多教学生。

  有一晚睡眼惺忪的陶兄坚要稍尽地主之谊，来敦促我强打精神共作"陶唐赏月自驾游"。车在公路上忽然被警车逼停在路旁，原来二人都已呼呼梦入黄粱，车子正作 S 形！

  警员很体贴不开罚单，只拔走车匙命我们大睡两小时。此后数十年我没缘再晤陶兄，如他还健在，不知尚记得此可写入《世说新语》的"陶唐大睡自驾游"否？

曾天来

  男。年龄、籍贯、现址均不详。前年我由台北回香港度假，在蔡德允老师家中看到一张新琴，蔡老师说："这是我一个学生曾天来的。"匆匆未及详查。

藏谱：

  不详。

藏琴：

  无名新琴

曾天来先生藏无名新琴

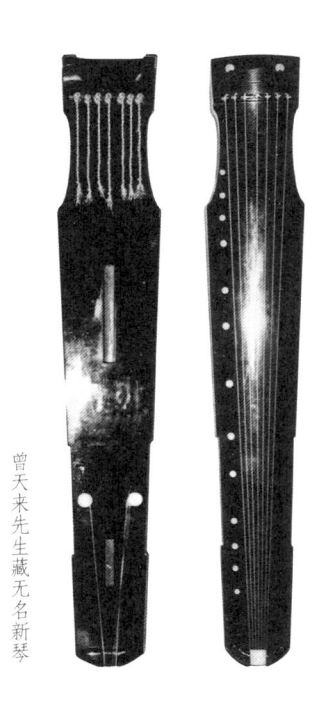

仲尼式。黑色。象牙徽。长方池沼。有凤眼。象牙轸足。无断纹。无铭文。天津出品。

汤德均

（按：汤小姐最近不幸逝世，1972年）

女。江苏人。字珊先。今年三十一岁。住址是台湾台北市泰顺街四十巷十一号。1961年至1963年间，汤小姐尚在台湾师范大学读书，同时跟章志荪老先生学琴。曾学《太古引》《阳关三叠》《归去来辞》《凤求凰》《平沙落雁》

《醉渔晚唱》(即《醉渔唱晚》)《客窗夜话》《梅花三弄》等操。1969年12月，我和内子初访汤小姐，汤小姐说自从毕业后出任中学教职，即疏于练习，如今须要重温方能弹奏了。我们始终未闻汤小姐奏一曲，倒听她弹了一曲古筝。和汤小姐同时学琴的有一位陈易新小姐，因为在台北外县教书，我始终未有见到。

汤德均小姐

藏谱：

① 《研易习琴斋琴谱》章志荪先生撰，上中下卷线装三册。汤小姐共有两套。

② 《梅花三弄》琴曲油印本二份。乃是《研易习琴斋琴谱》中《梅花三弄》的部分。后面附有指法说明。

藏琴：

洗心

新琴，台北福玉华工艺店制。是依据梁在平先生所藏的明琴"龙吟秋水"形式制的。黑色。螺钿徽。木轸。木足。此琴经孙毓芹先生剖腹重修，换过底板，取名"洗心"。音色不错。孙先生在龙池内纳音两旁题了四行字：

"此琴木质坚实，色黄如金，纹平若缦。惜原制乖古，音不透脱。余爱其材之美，剖而重修之。时在一九七〇年庚戌巧月，滠阳孙泮生识于台北。"

另在琴底板颈部刻了"洗心"二字。下又有小字曰：

汤德均小姐旧藏洗心新琴

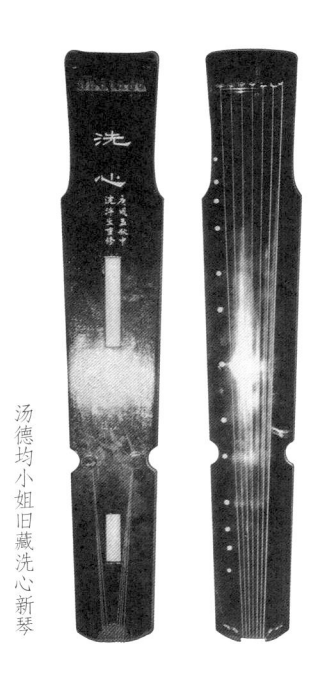

"庚戌孟秋中浣,泮生重修。"

汤小姐原有的琴也是福玉华工艺店出品,式样相同,汤小姐拿来跟孙先生交换了"洗心",孙先生则把汤小姐的琴重修,取名"广长舌"。

琴正

女。浙江人。人称董夫人。年约五十余岁。因董夫人深居简出,不便发表地址。1970年10月,我得胡莹堂先生之介,得与内子同往拜访,相谈甚欢,二三年间多次雅集。董夫人自

琴正女士

琴正女士藏妙春雷琴

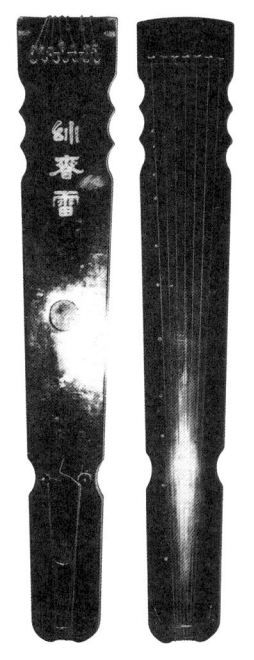

1931年开始学琴，初在湖南长沙跟顾熙先生学琴（顾氏原籍四川，一家操琴，见《今虞琴刊》二四一页）。来台之后又跟胡莹堂老先生学琴，操琴已三四十年。

董夫人先后所学琴曲甚多，近年常弹的有《普庵咒》《平沙落雁》《梅花三弄》《长门怨》《醉渔唱晚》《阳关三叠》等，其中《醉渔唱晚》是跟顾先生学的。董夫人弹琴很稳，拍子也很清楚准确。指力充足，颇有味道。

藏谱：

①《研易习琴斋琴谱》章志荪先生撰。此书原有三卷，线装三册。琴正女士只藏其中一册。

②《音乐之友》1960年6月15日出版，第28期。音乐研究所音乐之

友社出版。

③抄本琴曲：《平沙落雁》《梅花三弄》（共二本，其一是琴箫合谱）《潇湘水云》《阳关三叠》《普庵咒》。

藏琴：

妙春雷

式样近明末清初琴谱的子期式，而颈部比子期式尚多一节。黑色，稍带猪肝色。螺钿徽。木轸。木足。有凤眼。圆形池沼。底板颈部刻有"妙春雷"三字，妙字作"幺小"。此琴以木质、音色视之，是古的。大约是明琴，经后人重漆，故现在并无断纹。音色中等。董夫人在长沙曾有一"十琴楼"，藏古琴十张，毁于长沙大火中。

盛孝沛

男。今年约二十九岁。原籍山东。盛先生在美国加州大学曾跟吕振原先生学琴约一年。学过《关山月》《湘江怨》，去年来香港入香港中文大学新亚书院新亚研究所进修哲学，并跟沈蔡德允女士学琴，学得《平沙落雁》《普庵咒》等。我自今年2月认识盛先生，多次听他弹琴，相谈甚欢。盛先生人很文静，谦虚。弹琴极得静、澹之法，听者也觉心平气和，兼且指法正确，音乐性浓。是很有前途的年青琴人。

藏谱：

《梅庵琴谱》王燕卿撰。再增订第三版。1971年香港书店影印。

藏琴：

  尚未有琴。

盛运策

  男。字献三。广东番禺人。今年六十八岁。住址是香港九龙彩虹道大成街德明楼四一七室。盛先生已学琴数十年，操弄不辍。我自1970年起认识盛先生，两年间见面数十次。盛先生人很和气，热心助人，能琴能筝，广收弟子，诲人不倦。今年（1972年）年间香港中文大学中国文化研究所文物馆举办古琴展览，盛先生借出明琴一张及琴谱六种，为展览会生色不少。盛先生曾从张廉夫、容心言二人学琴，其琴学来源如后：

  1. 云志高数传至→杨子瑞→张廉夫→盛运策。

  （云志高是清初人，撰有《蓼怀堂琴谱》）

  （杨子瑞是晚清人）

  （张廉夫是民初人）

  2. 庆瑞数传至→容心言→盛运策。

  （庆瑞是清朝同治光绪年间人，满族籍）

  （容心言是近代人，庆瑞之孙，落籍番禺，取姓容）

盛运策先生

容心言先生前数年在香港逝世，其子容思泽先生在港，亦操琴。盛先生弹琴四十年，所学凡数十曲，计《古琴吟》《良宵引》《塞上鸿》《洞天春晓》《水仙操》《泽畔吟》《离骚》《渔樵问答》《招隐曲》《释谈章》《胡笳十八拍》《石上流泉》《鹿鸣》《阳关三叠》等。近年只操《水仙》一曲，其他则须看谱重温。盛先生喜欢研究律吕，常常改动琴曲的指法、结构、拍子。近年所授琴学生有吕伯友、黄特明等。盛先生因藏谱甚多，又极用心，琴学知识颇丰富，亦有志于述作。

藏谱：

①《大还阁琴谱》清·徐谼撰。六卷。线装四册。清康熙癸丑（1673年）蔡氏刊本。徐谼为清初名琴家。此书第一册为指法，附手势图，取材于宋、明琴谱，印刷颇清晰。此书今秋将让给香港中文大学中国文化研究所图书馆。

②《德音堂琴谱》清·郭裕斋撰。十卷。线装四册。按：此书有康熙三十年、六十年两种刊本，盛先生所藏的缺失前页序跋，虫蛀极甚，不知是何种刊本。世人但说《五知斋琴谱》资料丰富，不知是从宋明琴书、清初《德音堂》等谱而来耳。

③《五知斋琴谱》清·徐祺等撰。八卷。线装四册。清栖心琴社丛刊本。有"红杏山房藏板"字样。（栖心琴社丛刊本有一种有"本衙藏板"字样，卢家炳先生有之。）有关《五知斋琴谱》版本，可参看拙著《古琴展览》第二十页。

④《自远堂琴谱》清·吴灴撰。十二卷。线装十二册。嘉庆六年自远堂原刊本。

⑤《琴学入门》清·张鹤撰。二卷。"清同治六年心向往斋刊光绪

间增刊序跋凡例及板拍本"。线装三册。此书非初版，乃据旧版重印，有所增订。

⑥《天闻阁琴谱》清·唐彝铭撰。清光绪二年（1876年）成都叶氏刊本。全书应有十六卷，盛先生所藏者仅残余一至四册。《天闻阁琴谱》以《七十二滚拂流水》为最著名，其余资料亦不外因袭别书而来。饶选堂师、英国毕铿教授、德国柏林图书馆等均藏有全书。

⑦《琴瑟合谱》清·庆瑞撰。二卷。清同治九年原刊本。此书已收入《琴府》上册。庆瑞乃满族人，能琴，乃容思泽先生之曾祖父，请参看容思泽条。

⑧《神奇秘谱》明·朱权辑。此为查阜西氏据明万历间翻刻本影印，一函三册。此书亦已影入《琴府》上册，并有我的校注。

⑨《琴曲集成》第一辑第一册。中央音乐学院中国音乐研究所北京古琴研究会编。1963年出版，此书原欲影印唐宋明琴谱四十二种，分三大册，但只出版了第一册，共收琴谱十七种。十六开本，一千四百零六页。

⑩《见在有谱琴曲谱内解题汇编》抄本之施洛氏影印本。十六开共二四二页。此书为中央音乐学院民族音乐研究所出版，查阜西编，1956年5月油印二五零份，列为参考资料第六十五号，向未出版，海外流传极少。香港老琴家徐文镜先生为查氏旧友，获赠一份，徐先生转赠给蔡德允师。饶选堂老师由蔡师处借得，请盛先生作一个抄本，盛先生用复写纸多复出一份，连正本共得两份，正本给饶师，复本自用。今年5月承盛先生将复印本让给我，我即用施洛氏影印机影印一份给盛先生保存，并影印数份分授友好，此书遂得流传。书中是将现存各琴书的标题、解题等集为一编，于研究琴曲的演变及流传情形极有用处。

按：上述第一至七种清代琴谱，乃谭荣光氏所赠。盛先生说多年前香港有一位谭荣光先生以自己年事渐高，想为所藏的琴谱找个新主人，经人辗转介绍，结果赠给了盛先生。又盛先生原有清初云志高所撰的《蓼怀堂琴谱》一部（清康熙间刊本，不分卷），已在数年前让给他的学生吕伯友先生。

藏琴：

无名新琴

香港蔡福记乐器店出品。式样和吕培原先生的藏琴第①号相同。按：盛先生原有明朝祝海鹤所制蕉叶琴一张，最近让给吕培原先生。有关此琴资料请参看吕培原先生藏琴条，及《近代琴文集》拙著《古琴展览》第九页。

〔增补〕

盛运策先生本是广州的"西关子弟"，广州西关多故家大宅，富二代人称西关大少。盛老师解放前曾随著名盲唱家钟德学广东"飏舟南音"。多数人唱南音用真嗓，如我老师杜焕便是。钟德则照样右手弹小筝，左手打板，但他用假嗓阴声，唱腔高、清，不粗豪，如一条细线，相隔十米都清楚入耳，有如刘鹗《老残游记》"明湖居听书"一节写听黑妞白妞的妙腔。"飏舟"之名，取自陶渊明《归去来分辞》"舟遥遥以轻飏"，意谓其声腔摇曳如小船在水面高下起落。后人常写为扬州南音，说是广州珠江花舫扬州妓传来的"扬州清曲"云云，我想这是误会，扬州话加上不入粤耳的旋律，不易变成粤人的南音。飏舟南音的起板、唱腔、过门和其他盲唱家的"地水南音"稍异（地水者，易经术语，指盲人派），但不是扬州音乐。

钟德清末民初在广州名气很大，从照片看相貌堂堂，因唱熟《红楼梦》故事的南音《今梦曲》，致吐属文雅。一个大户人家请他长住家中唱曲，并负责接待宾客。据说钟德在客厅弹唱时，邻近房舍屋顶墙头爬满听客。

盛先生少时厚币敦请钟德来家授艺，每次用四人轿接送。盛师说一位著名的师娘（女盲唱家称为师娘）来唱更夸张，下轿后不走路而由人背出背入！钟德在20世纪30年代逝去后，盛师就是唯一自弹筝唱飓舟南音的传人。盛师原供职于广州教育部，不以演唱为生，也难找个懂此艺术的盲人拉椰胡伴奏。20世纪50年代盛师移居香港依女儿女婿穷居陋室。我1971年为撰《近代琴人录》去访问，见老人夜卧冷巷板床，日则背一肩包游走港九上门授琴，讲解文史为活，境况可怜。

我在中大读甲骨文硕士、兼职教中乐时，我的几位粤曲老师陈皮、李庸、王粤生、徐柳仙等认为我已学了粤曲，又学了盲唱家杜焕的"自弹筝地水南音"，宜学盛生的飓舟南音，免此高音南音断绝。盛师很乐意教我，他说当年花了巨资才得学到，如今也不要我给拜师金，只要我依古式写张"拜师帖"去就是。我好不容易找到一位懂此道的老者，用张三尺见方的红纸，正反写下姓名、籍贯、年庚八字、简历、一段投师敬语，折叠成信封大小，内放上点钞票，这就叫"拜师帖"。

选了个良辰吉日我在家拜师，请来十几位曲艺师长，厅中墙上贴红纸上写"至圣先师孔子"字样。现场师友同唱佛曲《炉香赞》，师徒相对鞠躬。然后盛老师弹筝，请来硕果仅存懂飓舟南音旋律的老人朱天啸伴奏，盛师年老用喑哑低音唱《今梦曲》的《潇湘琴怨》为开蒙。之后大伙同到酒楼饮宴，算是礼成。但我难唱高音，也找不到能伴奏飓舟南音之人，我下半生唱飓舟南音曲目，都是当作一般低音地水南音来唱耳。

　　盛师到港后珍藏的仅余几部明清琴谱，我都介绍他卖给中文大学的中国音乐资料馆。一张明代祝海鹤蕉叶琴我本来想买，但吕培原师兄想要，就让他买了。吕师兄移民美国后，此琴也转手了。

　　《琴府》下册出版后第二年，也就是1974年，盛师去世。因家贫，丧事由一间小殡仪馆经礼堂经办，并无礼堂辞灵仪式。当日挂8号风球，狂风横雨，只用一辆灵车送棺木去山上墓地。下葬方法是用粗麻绳绑住棺木头尾，我跟数个工人在墓穴的斜坡上方拉住麻绳，原计划慢慢放绳，让棺材像坐滑梯一样沿斜坡滑入墓穴。谁料山坡泥软草滑，我们和棺材猝然下滑十尺，同堕入了墓穴！墓穴中积满水，棺材在水中反转！工人们祝祷说："盛老爷入土为安，明天8号风球便不来，等墓中水渗走，再来将你安葬，你老人家见谅！"可怜的盛老师一生落魄，下葬还翻个身，不知主吉主凶？

黄特明

　　男。三十岁。原籍广东省龙川。现址是香港九龙清水湾道大石古村一号石屋。黄先生跟盛运策先生学琴，大约学了二年，时学时停。先后学过《石上流泉》《渔樵问答》《洞天春晓》《梨园春思》《汉宫秋》五曲。我曾听他弹过《石上流泉》《渔樵问答》二曲，也弹得很熟。他所学的谱是盛先生据清人琴谱而改订的，所以拍子与吾人日常听到的很不同。黄先生又曾跟盛先生及陈琪女士学筝。

藏谱：

所学各曲的抄本。

藏琴：

清音致远。新琴。仲尼式。黑色。螺钿徽。长方池沼。有凤眼。木轸。木足。无断纹。琴龄约十年。"清音致远"四字是双钩篆文，作下列行款：

致 清

远 音

龙池两旁有唐诗一首，和李文芳女士所藏的一张"清音致远"相同。请参看李文芳女士条下所引。

黄笃修

男。年岁不详。现年六十左右。福建人。通讯处是香港九龙牛头角淘化大同有限公司。黄先生为本港殷商，其本人曾在燕京大学法律系修业，又在岭南大学农科毕业，旅游所至，皆有游记发表，因出身书香之家，其先世善琴，故亦好鼓琴。黄先生我未见过，1970年夏我回港度假，欲拜访黄先生，其秘书说黄先生到欧洲去了。黄先生之令堂黄老夫人亦弹琴，现年已九十，居于新加坡，藏琴不少。黄先生以前曾多次在家中作雅集，吴宗汉师伉俪、蔡德允老师、饶宗颐老师、徐文镜先生、容思泽先生等均有参加。据吴师说，黄先生事母至孝，为难得之孝子。据琴友张世彬先生说黄先生藏琴不下十张，有一张题元赵松雪藏，音色甚好，新者有一张为近人徐文镜先生造。

藏谱：

不详。

按：蔡老师藏有《琴镜》的晒蓝影印本一份，云是借自黄先生的，则黄先生应藏有《琴镜》。另在新加坡有古谱若干。

藏琴：

总数不详，约有十张，闻有赵松雪一琴。其他古琴三四张，一张名"中和"（按传世潞王琴皆名"中和"，但此非潞王琴），一名"风入松"。新琴亦四五张，为香港徐文镜先生造、蔡福记乐器行造及苏州造。在新加坡亦藏琴若干张。

黄继持

男。广东中山人。今年三十四岁。地址是香港大坑道九号三楼。我和继持兄极为相熟，1967年结交，当时我为中学生，黄兄为中文大学崇基学院副讲师。我在台北读书四年，得黄兄在财力物力上帮助极大，第一年每月资助房租，尤为可记。其人古道热肠，乃今之古人也。我去台之第二年，黄兄在香港跟蔡德允老师学琴，约一年，先后学《耕莘钓渭》《普庵咒》《平沙落雁》《关山月》等曲，然因课业忙碌，疏于练习，前年又往英伦游学一年，

黄继持先生

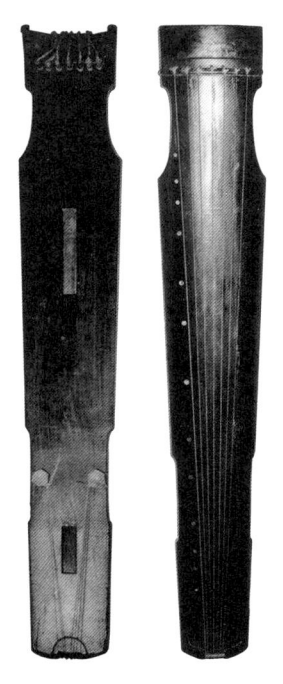

黄继持先生藏鸣球琴

更无法练习。目下黄兄任中文大学崇基学院讲师，并中文系主任，对琴事仍十分注意。黄兄为香港大学中文系硕士，饶选堂（宗颐）教授的高足，学问渊博，为一年青学人。1967年夏，饶教授尚未去新加坡，黄兄与我多次往饶师家中听琴，晚上八时去，深夜一二时返。饶师家在山上，而二人乐此不疲，二人目下之深好古琴，实始于当年也。我编《琴府》时，黄兄屡次代觅资料，鼓励备至，谨此致谢。

藏谱：

①《古琴初阶》沈草农、查阜西、张子谦合编。1961年音乐出版社出版。三十二开本。七十三页。

②《梅庵琴谱》1971年香港书店出版，再增订第三版。

藏琴：

　　鸣球

　　仲尼式。黑色。螺钿徽。长方池沼。有凤眼。角轸角足。底面小蛇腹断纹。因此种断纹成长条形横过琴面，一如芭蕉叶之纹，故近人有称之为"蕉叶断"的，此名称不见于古书，我以为颇可采用。琴底颈部用朱漆题"鸣球"二字，无其他铭文。此琴并非梧桐木制，面板底板各用三块长木片拼成，因日久碰撞，第七弦处接口稍坏。底板亦有裂痕。此琴以断纹及木质音色视之，为明琴无疑，原乃容思泽先生之物，今年经我介绍让给黄兄。最近由我换龙龈及岳山、修补琴面裂缝，此琴音色清刚，醇而不燥，虽非至佳之物，亦中等音色。

黄体培

　　男。福建福州人。字琴斋。今年四十六岁。住址是台湾台北板桥镇大观路一四九号之一。黄先生是国乐名家。擅二胡、古筝及其他乐器。曾在台北印行数种乐谱，流传甚广，并编有《国乐乐器图式》，及《古琴字母诠释》薄册。

黄体培先生

1971年春，我得陶筑生兄之介，同去拜访黄先生，承黄先生伉俪热诚招待，畅谈半日，合奏国乐。据黄先生说，他在1958年跟汪振华先生学琴，学了一年。学过《关山月》《阳关三叠》《归去来辞》三曲。但因十多年不弹，早已忘却指法。以黄先生深于国乐，如要按谱重温，相信是毫无问题的。《琴府》下册影印了五线谱本的《古琴曲集》及《古琴曲汇编》，其中《古琴曲集》的六十二曲皆由内子咏洁译成简谱，以便不会五线谱的琴友，因为缺乏时间，《古琴曲汇编》的十七曲则未曾译成简谱，当日访黄先生，发觉黄先生亦曾将该书十七曲译成简谱一百页，为之大喜过望。分手后曾致一函请黄先生借出他所译的简谱影入《琴府》下册，用他的名字发表。黄先生回信说，如要借用他的谱，须送他《琴府》十套或该简谱的油印本一百部以供他出售及送友人。我编《琴府》以来，承港台各地琴友热心帮助，所借三十多套琴书，皆为无条件借出。廖德雄先生借出《琴镜》九卷凡两年，余迺永同学借出照相机、廖德雄先生借出镁光灯，供我到各地拍琴照，凡一年半，尤为可感，倘若每借一书须送《琴府》一套或十套，岂非要送出三十至三百套？且我之编《琴府》，并无稿费、版税收入，送不送之权在出版社，恐怕出版社亦无法首肯。黄先生不明白我的困难，结果并未能向黄先生借到该简谱。希望黄先生将来能将该谱出版，以利琴人。《琴府》上册《东方学报》本的《古怨》，是借黄先生所藏的《鄂公祠说琴》抽印的，谨此致谢。

藏谱：

①《鄂公祠说琴》清末朱棣垞先生（朱执信先生之父）撰。马来亚大学贺光中教授据抄本排印。1960年12月1日刊于马来亚大学《东方学报》二卷一期。此为油印本。

②《古琴曲汇编》侯作吾、杨荫浏编。五线谱本。收琴曲十七首。

③《研易习琴斋琴谱》三卷。线装三册。章志荪先生撰。

④《与古斋琴谱》《自远堂琴谱》之部分抄本。

藏琴：二张。

①永明

新琴。仲尼式。黑色。螺钿徽。有凤眼。木轸。木足。面板为桐木。泛、散音不错，走音闷。此琴于1961年购自香港，为苏州或广州出品。原来无铭文，黄先生在底板颈部刻了"永明"二字，双钩填朱。龙池左右刻字二行：

"心无物欲即是秋空霁海，坐有琴书便成石室丹丘。"

下署：

"五十年二月岁次辛丑，琴斋主人黄体培 [印] 识。"

印章为阴文，涂朱。

②太古遗音

新琴。黑色。螺钿徽。无凤眼。木足。木轸。台北福玉华工艺店照梁在平先生所藏明琴"龙吟秋水"形式制造。当时造了不止一张琴，其中一张现在夏天马先生手中。此琴底板铭文甚多：

甲："□□癸卯"

"太古遗音"

"嬾云高拜石书"

此段刻在颈部。太古遗音四字填朱。癸卯即1963年。高拜石先生乃已故名书画家。

乙："玉女风前旁小窗，衣衣（依依）时闻百合香。长河尽目望，征人不返乡。一九六〇年丙辰董作宾 [印]"

此二行刻于龙池二旁。为已故名甲骨家董彦堂(作宾)先生用甲骨文所书。

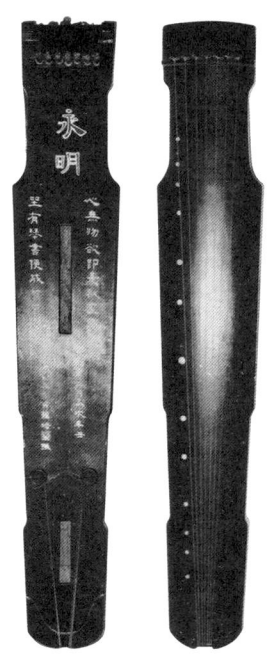

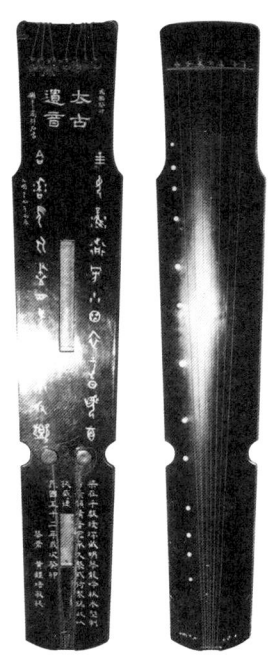

黄体培先生藏永明新琴　　　　　　黄体培先生藏太古遗音新琴

字皆填绿色。印章为篆文，填朱。

丙："梁在平教授珍藏明琴龙吟秋水，型制特广，韵清音宏，承允袭式仿制，铭此以志盛德。一九六三年岁次癸卯，琴斋黄体培敬志。"

此段刻在凤沼左右。字填绿色。

丁："一九六三年癸卯，台北福玉华乐器号出品。"

此二行墨书于龙池内纳音二旁。

戊："制琴陈树银。监制黄体培。"

此二行墨书在凤沼内纳音二旁。

叶绍国

女。二十一岁。原籍福建。现址是台湾台北县板桥镇大东街五十号三楼。永久居址是台湾新竹县竹东镇大村路七十七巷二十九号。叶小姐是台湾师范大学学生,是师大国乐社的能干社员。在她任古筝组组长期间,曾经把多年来毫无生气的古筝组整顿得颇有生气。叶小姐本来就学过弹筝,后来亦曾跟我学过数曲,颇有学筝的天分。叶小姐很久以来就对古琴发生兴趣,但一直没有机会学习,一来买不到古琴,二来欠缺学费。去年春天我介绍她认识吴宗汉老师,吴老师很愿意减收她的学费,沈一忠先生又愿意把他的琴借给她用几个月,于是叶小姐就跟吴老师学琴,到七月为止,已经学了《仙翁操》《秋风词》《关山月》《湘江怨》《归去来辞》等。7月以后,因为古琴要还给沈先生,而她又未买到自己的琴,暂时停学。今春已买到一琴,料将继续学习。

藏谱:

所学各曲的抄本。

藏琴:

无名新琴

仲尼式。黑色。螺钿徽。木轸木足。有凤眼。今年购自香港。

葛敏久

男。二十岁。原籍山东蓬莱。现址是台湾台北市重庆南路三段九巷八之四号,葛先生是台湾艺术专科学校的学生。跟梁在平教授学筝,苦练十年,

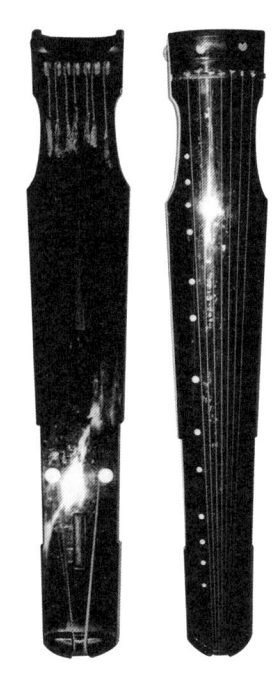

葛敏久先生藏无名新琴

是梁先生的得意弟子。1970年9月起，又跟吴宗汉老师学琴，已学了《仙翁操》《秋风词》《关山月》《湘江怨》《玉楼春晓》《归去来辞》《阳关三叠》《普庵咒》《长门怨》《梅花三弄》等曲。葛先生弹筝十年，天资过人，不论是老师教的，抑或是跟唱片自学的曲子，都深得原来的神髓。因葛先生是音乐学院的学生，人又聪明，跟吴老师学琴时，对谱及拍子毫无困难，学得很快，深得老师及师母的喜爱。

藏谱：

所学各曲的抄本。

藏琴：

无名新琴

仲尼式。黑色。螺钿徽。长方池沼。有凤眼。木轸。木足。无断纹。无铭文。琴龄约五年。津式。

〔增补〕

葛敏久少时消瘦清癯，如玉树临风，较沉默寡言。就读台湾艺专，二胡琵琶为学生中高手，从吴宗汉师学古琴，聪明进步快，甚得老师喜爱。其后敏久改名瀚聪，毕业后主要教琴，中岁后与成都琴人俞秦琴（故琴人俞伯荪之女，初承父教，复北上求学）结连理。20世纪80年代后期葛君有幸通过林立正买到吴师留在上海的老琴"琅石泉"。（参看吴宗汉条）

董榕森

男。三十九岁。原籍浙江绍兴。现址是：台湾台北市吴兴街一一八巷十六弄六之二号。董先生是台湾地区著名的国乐家，兼有演奏（胡琴类）、作曲、指挥三方面的才干。任台湾艺术专科学校教授。1969年，董先生与陶筑生先生应香港中文大学崇基学院音乐系祁伟奥博士的邀请到香港演奏，此行他们各买到约有十年琴龄的新琴一张。回台北后即跟吴宗汉老师学琴，因董先生是大忙人，身兼数职（任教、任指挥、作曲、演奏），时学时辍，到1970年5月左右就停学了。吴老师说董先生很聪明，学得很快，学过《仙翁操》《秋风词》《关山月》《阳关三叠》。但他没有时间练习，弹不出来云云。

藏谱：

不详。大约有所学各曲的抄本。

藏琴：

无名新琴

董榕森先生藏无名新琴

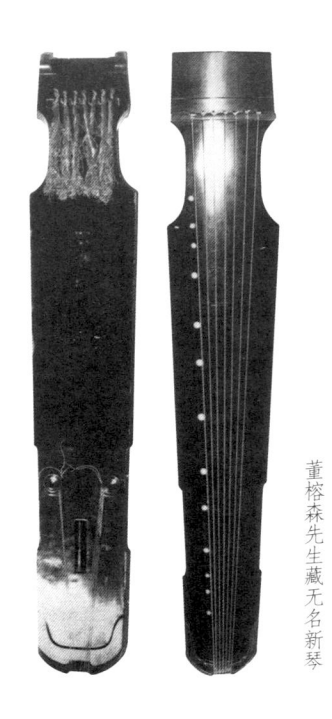

仲尼式。黑色。螺钿徽。长方池沼。有凤眼。木轸。木足。无断纹。无铭文。琴龄约十年（琴是吴老师以前在香港的一位女学生让出的，故有十年历史）。

廖德雄

男。湖南常德人，字履恒。今年六十二岁。地址是台湾台北市敦化北路一段一四五巷六十九号之二。1969年，我因孙毓芹先生之介，得见廖德雄先生，二三年间时相过从，雅集数次，为忘年之交。廖先生对愚夫妇编印《琴府》的计划很赞许，除借给《琴镜》九卷供影印外，又借出镁光灯一具，供我到港、台各地拍琴照之用，使用一年半。实为不可多得之热心人，谨此致谢。廖先生鼓琴讲究修心养性，每抚弦动操，必正襟危坐，调弦养气。鼓琴之际，力求其慢，故能神宁气静，尽去烦躁。据廖先生说，他家原居北平，父母兄弟姊妹七人均爱琴，其先翁允端（维勋）先生是清末民初大琴家杨时百先生的老朋友，跟杨先生学琴。廖先生的兄长德聪先生（现居台北）亦跟杨先生学琴。廖先生七八岁时即惯立于一旁看杨先生授琴。十二岁时廖先生分得一琴，始学《归去来辞》，其后因病，未再续学。来台之后，久未抚琴。1963年左右，偶然参加董夫人（琴正女士）家中的雅集，再引起弹琴的兴趣，乃取他兄长德聪先生保存的《琴镜》三册、无名古琴一张，依照记忆中的拍子自行练习，将《归去来辞》温好，再据《琴镜》练成《平沙落雁》《阳关三叠》《梅花三弄》《渔樵问答》等曲，这是廖先生学琴的经过。古琴本来不易自学，纵使能明白指法，也不易知道拍子。《琴学入门》一书，使用点拍的方法，较为可用，而拍子也不精确。廖先生之所以能根据儿时的印象而重温成功，是因为杨时百先生的两种特别方法：①用方格表示板拍。②用唱弦数的方法，即要学琴者把所弹的第几弦，依该曲的韵唱出来，唱之既熟，纵使过了数十年，只要能唱弦数，便知应弹第几弦，以取得该音，练起来是事半功倍的。

藏谱：

①《琴镜》民初杨时百撰。九卷，线装三册。1918年戊午刊本。按，《琴镜》是《琴学丛书》的一部分单行本，是近代出版的重要琴谱。《琴学丛书》

1970年廖德雄弹琴,后立者左起容天圻、孙毓芹、唐健垣、赖咏洁。

已影印入《琴府》上册。

②《研易习琴斋琴谱》章志荪先生撰。1961至1963年刊。上中下卷,线装三册。

③《与古斋琴谱》节抄本。廖先生手抄。按,《与古斋琴谱》为清祝凤喈撰,为研究造琴方法的名著。《与古斋琴谱》近日极少见,此据梁在平先生藏本抄来。梁本借与贺光中教授,其后贺教授以《琴学丛书》一套易之,《与古斋琴谱》近已不知下落。

藏琴:

无名古琴

连珠式(此乃清人如《五知斋琴谱》所谓之连珠式,而非宋人《太古遗音》所谓之连珠式)。有凤眼。木轸。木足。龙池凤沼均长方形,池沼内纳音甚薄而阔。此琴原为朱砂色(红色),1967年在台北请人改成黑色。原有断纹又已在底板黑漆下透出,为大蛇腹状。琴面亦现出十多条原有的断纹

廖德雄先生藏无名旧琴

数年前廖先生将琴挂在塑胶钉上，忽然钉断琴堕，致尾部十一、十二徽间断裂，幸能修复。音色中等，清细而不洪亮，亦不够松透。以音色及木质视之，亦明琴也。此琴在广州古肆中购得。廖家以前存于北平之七张琴均已留于南京。

廖德聪

男。年约六十六岁。原籍湖南常德。现址是台湾台北县新店七张路二四八号之二十五。廖先生是廖德雄先生的兄长。公元1969年冬，愚夫妇初识廖德雄先生，廖先生说他的兄长德聪先生也住在台北，以前弹琴，今年已不弹了。愚夫妇正打算去拜访德聪先生，不料他倒从廖德雄先生那儿取到我们的地址看我们来了。德聪先生小时候曾及见杨时百先生,得授数操。战后废琴不弹,但对琴仍很爱好。那一晚他在舍下抚摸古琴,以生疏的指法弹一二句,十分高兴,可惜十数年不操弄,已不能弹了。

藏谱:

原有《琴镜》一套。九卷三册。已送给乃弟德雄先生。

藏琴:

无。

刘天云

女。年约二十岁。现址是台湾台北市和平东路二段十八巷九号。刘小姐对古琴发生兴趣,前年十二月经吴宗汉老师的介绍,以二千八百元新台币买了孙毓芹先生的一张新琴"云韶",但后来为专心准备投考大专,并未开始练习。今夏考上某大专,又未暇到吴老师处学琴。我一直未见过刘小姐。

藏谱:

不详。

藏琴:

云韶

仲尼式。黑色。螺钿徽。长方池沼。木轸。木足。无断纹。琴底颈部刻:

"云韶"

"甲辰暮冬南怀瑾题于蓬莱新村"

刘天云小姐藏云韶新琴

　　这张新琴是孙毓芹先生在台北买的，经孙先生重修重漆，请南怀瑾先生题字。此琴颇长大，槽腹挖空过甚，故而琴音大而无韵，初学用之最为适宜。

刘克雄

　　男。年三十余岁。刘先生现任教于东吴大学。今年6月间，刘先生要跟吴宗汉老师学琴，以四千元新台币让了吴老师一张新琴供练习之用，7月左右开始学琴。当时我忙于整理《琴府》稿件，未曾和刘先生见过面。据吴老师说刘先生学得很慢。现在大约已学了《仙翁操》《秋风词》《关山月》等操。

藏谱：

不详。大约有所学各曲的抄本。

藏琴：

无名新琴

仲尼式。黑色。螺钿徽。长方池沼。有凤眼。木轸。木足。无断纹。无铭文。前年我从香港买了几张新琴带到台北，其中一张让给孙毓芹先生。孙先生认为该种琴没有上灰，故而不出好音，乃在去年底将琴面板上的漆磨去，另加上鹿角灰，又把原来的岳山、龙龈换了硬木，声音比原来的好了很多。孙先生又以为该琴是纯阳琴（底面皆用桐木，谓之纯阳琴），不合琴制，乃在今年二月把原来的底板拆下，另换上一片较硬的底板，加上灰漆后声音反而闷了一点，大约是灰漆及底板太厚之故。5月间吴宗汉老师以新台币四千元让去，6月左右刘克雄先生拜访吴老师，表达要学琴的心意，因琴不易买到，即请吴老师将该琴出让。该琴由我让给孙先生时是象牙徽，孙先生后来换成螺钿徽。改斫之后我未有机会拍照，故此琴不附图片。但该琴和葛敏久先生、刘品良小姐所用的是同一种，可参考他们的琴照。

刘品良

女。十九岁。原籍台湾省。现址是台湾云林县斗六镇平和路12巷一号。刘小姐是台湾艺术专科学校学生，自1970年秋起跟吴宗汉老师学琴。已学得《仙翁操》《秋风词》《关山月》《湘江怨》《归去来辞》《玉楼春晓》

刘品良小姐

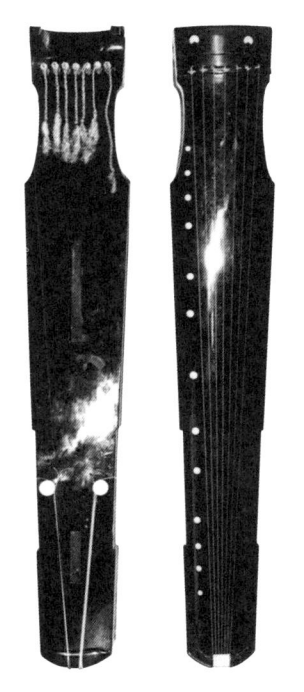

刘品良小姐藏无名新琴

《阳关三叠》《慨古吟》《凤求凰》《风雷引》《良宵引》《普庵咒》等曲。去年6月29日在台北实践堂举行的古琴古筝欣赏会中，刘小姐曾经演奏《关山月》。

藏谱：

　　所学各曲抄本

藏琴：

　　无名新琴

　　仲尼式。黑色。象牙徽。长方池沼。有凤眼。象牙轸。象牙足。无断纹。无铭文。是津式新琴。琴龄约二年。

刘毅志

男。刘先生一名肇祥，五十岁。通讯处是台北民权东路四十六号国际工商传播股份有限公司。刘先生是国乐家，能琵琶、二胡、古筝等乐器，传授提倡不遗余力，并组织女子国乐团，时有演奏。刘先生著有《谈筝瑟》《谈二胡》等书。我在台北数年见过刘先生几次，闻友人说刘先生藏琴二三张，欲去拜访拍照，刘先生因他并不弹琴，寄来一函云："弟非琴人，所藏琴亦非极古，不必记录。"遂未得拜观。亦未记录有关刘先生资料。兹将 1967 年出版的《中华乐典近代人名篇》有关刘先生的资料抄下：

"刘毅志，山东掖县人。1922 年 10 月 19 日生。东吴大学法律学系毕业。现任中国女子国乐团团长，台北女师专国乐教师，中华国乐会理事，及台北市中国民族音乐研究学会理事长，著作《国乐浅说》《乐谱集成》《谈筝瑟》。"

藏谱：

不详。

藏琴：

闻共有数张，不详。

欧月里

女。年约二十岁。现址是台湾台北市金华街三十巷二十四号。另一地址是台湾台北市和平东路三段一九六巷六十弄六之二号。欧小姐是台湾艺术专科学校的学生，去年似已毕业，我不大清楚。1968年5月间，我第一次拜访吴宗汉老师，在吴师府上看到欧小姐正在学琴。同年11月，中华国乐会计划在台北实践堂举办一次演奏会，老师派欧小姐担任演奏琴曲《玉楼春晓》，我在梁在平教授家中看到欧小姐练习《玉楼春晓》，常常弹错，或者弹到中途忘记了。演奏会举办时，吴老师正卧病在荣民医院，事后我去到探病，吴老师一直问："欧月里演奏时有没有弹错了？"可见吴老师是很不放心的。1969年初，吴老师回家休养。三四月间又开始由师母代教琴，众学生再度上课。但欧小姐常常学了琴回家不练，或者上课时迟到数十分钟，或者过了约定时间，突然打个电话到老师家中说："师母呀，我今天有事情，不能来了。改在某天好不好？"到了改订的某天，或者又不来。这样子总有很多次。吴老师为人十分守时守约，对此种态度很不高兴，初时还原谅她，后来老师说："欧月里不是有心要学琴的，我不教她了。"欧小姐闻言为之下泪。但她始终没有改正她的态度，结果老师不教她了。吴老师和师母对所有的学生本来都很爱护，就当是自己的孩子一样，只是吴老师最讨厌失时失约的事，致有此僵局。老师私下曾多次对我说："欧月里人很聪明，可惜她的兴趣太广，要学七八种乐器，怎能学得好？她的一张嘴巴很会说话，见了我只是甜甜蜜蜜的说好话，但是她不用心练琴，好话说多少都没用，这样的学生我不要教。"有时老师又说："我也很原谅她。她买到的是台北福玉华公司造的新琴，不发好声音，琴不好，自然没心情练习，所以她练不好。"去年初，欧小姐又去求吴老师教琴，吴老师本已答应了，但欧小姐约好上课时间，又一再失约，使吴老师大为生气，结果叫她不要学了。欧小姐以前既能演奏《玉楼春晓》，可能已学过《仙翁操》《关山月》《秋风词》《湘江怨》《阳关三叠》等曲。三年不练，不知尚能弹奏否。

藏谱：

不详。大约有所学各曲的抄本。

藏琴：

不详。吴宗汉老师说欧小姐用新台币一千余元买了一张台北福玉华公司出品的新琴，那应该是和汤德均小姐所用的"洗心"琴同一形式。请参看汤小姐的琴照。

欧清川＊（Mrs. Lois Oksenberg）

女。今年三十一岁。住址是 34Greentree Terrace，Tenafly，New Jersey，07670，U.S.A.

女士与夫婿从美国来香港地区作研究，居留一年，得香港中文大学崇基学院音乐系祁伟奥先生（Dr. D.A. Craig）之介来访我，欲跟我学筝。自 1971 年 10 月至今年 4 月学筝数曲。女士能弹钢琴，人亦聪慧，领悟吸收极快，我教来并不吃力。女士对古琴极有兴趣，遂从我学琴，已学《仙翁操》《秋风词》《湘江怨》《阳关三叠》等小操。惟离港在即，不暇多学矣。

欧清川女士

欧清川女士藏清音致远新琴

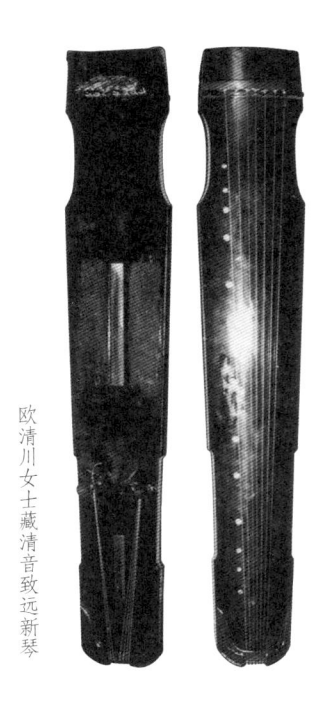

藏谱：

《梅庵琴谱》王燕卿撰，1971年香港书店再增订第三版。

藏琴：

清音致远

苏州制新琴。仲尼式。黑色。螺钿徽。有凤眼。长方池沼。无断纹。买到此琴之后，在灯下细看始知底板原有刻字，而工匠又用灰漆将字填平。试将灰漆移去，现出铭文甚多，琴歌六行分刻于龙池两旁。

甲："清音致远"（按：此为琴名，小篆双钩，刻于颈部。）

乙："主人有酒欢今夕，请奏鸣琴广陵客。月照城头乌半飞，霜凄万树风入衣。铜炉华烛烛增辉，初弹渌水后楚妃。一声已动物皆静，四座无言星欲稀。清淮奉使千余里，敢告云山从此始。唐李颀琴歌一首"

〔增补〕

我 1983 年从美国维思大学博士毕业，香港演艺学院聘我为中乐系主任，然而校舍要 1984 年后才能建好。恰在这时，密歇根大学（University of Michigan）音乐系茱蒂丝·贝克教授（Judith Becker）来电："我校研究日本音乐的 Mantlehood 教授休假一年，我们认为您是罕有的能讲能奏的学者，您不用面试直接来做一年访问教授可好？"美国的大学教授是很幸福的，工作三年，即可带薪休假一年，而我正好有 1983 年至 1984 年的空当，就欣然接受了这份工作。

在密大我重遇欧清川，原来她的夫婿在密大教政治学。

潘重规

男。潘教授现任教于香港中文大学新亚书院中文系，在港曾从沈蔡德允女士学琴。我去年回香港入中文大学中国文化研究所读硕士，多次见到潘教授，但尚未听过他的雅操。闻潘教授下学年即自中大退休回台湾。

藏谱：

　　不详。

藏琴：

　　不详。

潘重规（石禅）先生近影（《庆祝婺源潘石禅先生七秩华诞特刊》1977 年）

[增补]

潘重规先生是国学家黄侃的学生，娶黄的长女，而黄侃是清末民初国学泰斗章太炎的得意门生。

蔡德允

女。年约六十岁。现址是香港北角英皇道六九四号北角大厦三楼H座。蔡老师是泛川派琴家，从沈草农先生学琴，操缦已四十年。在20世纪30年代，常参加上海今虞琴社的雅集，故与查阜西、吴景略、张子谦等琴家相熟，见闻既广，操弄又勤，造诣甚高。能弹之曲甚多，且极纯熟，即一年不弹者亦能随时奏出。左右手指法轻灵、优美而有气度，琴曲极有韵味。吴宗汉老师云："蔡女士为我数十年间海内外所见女琴家中之第一人。"其言并非溢美。盖蔡老师得名师心传，又曾从游于今虞琴社大家，于名琴名谱复极留心，以是造诣独高也。蔡老师来港已二十年，与香港各琴人均认识，以前常有雅集。二十年间从蔡老师学琴之人甚多，计有谢方回女士、张世彬先生、潘重规先生、盛孝沛先生、黄继持先生、曾天来先生等不下数十人。吴宗汉老师伉俪在20世纪30年代时亦为今虞社友，其后至香港定居凡二十年，与蔡老师至为莫逆，并曾多次在香港各大专学校演奏古琴。

20世纪70年代，饶宗颐于香港蔡德允家中听琴

琴人寻访录

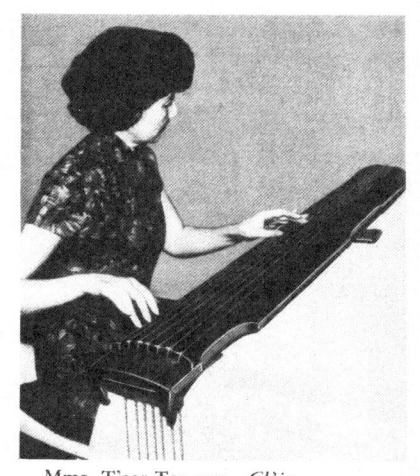

Mme. T'sar Tey-yun—*Ch'in*

20 世纪 70 年代，香港琴人蔡德允（英国人 John Levy 拍摄，刊入 BBC 唱片）

1967 年左右，吴老师伉俪到台北定居，我于 1968 年起在台北从吴老师学琴，1969 年夏回港度假，因吴师之介，遂得跟蔡师学《梅花三弄》《普庵咒》二曲。先是在 1968 年夏饶宗颐老师自香港移居新加坡，留下古琴一张在蔡老师处，嘱我回港取用，故我于 1968 年冬回香港取琴时已初识蔡老师，并得聆雅奏，神往不已，及得吴老师之推介而获从游，遂得传二操。去年夏天毕业回港进中文大学研究院，屡欲再求蔡师教导，但因研究院课业繁忙，迄无法如愿，只能偶然拜访蔡老师一次，得听琴之乐耳。蔡老师人极儒雅，书法极佳妙，笔力飘逸而有劲，气韵不凡。又善昆曲，曾与吴师母（王忆慈女士）在香港中文大学新亚书院演唱昆曲，名琵琶家吕培原先生等伴奏。蔡老师所弹琴曲约有三十操，计《醉渔唱晚》《潇湘水云》《梅花三弄》

《普庵咒》《阳关三叠》《湘江怨》《流水》（此曲依管平湖先生拍子自修）《平沙落雁》《长门怨》《玉楼春晓》《水仙》《秋风辞》《耕莘钓渭》《忆故人》等，其中《潇湘水云》一曲，曾由英国 John Levy 先生来香港录音，在英国灌入唱片。蔡老师不独教我弹琴，且免收学费，以示鼓励。平常见面又不断指示各种琴理，讲述近代琴家之事迹，使我之小小年纪，得闻数十年前琴坛盛况。我婚后又对愚夫妇之生活起居关怀备至，愚夫妇铭感不已。

藏谱：

①《蕉庵琴谱》。清秦维瀚撰。四卷。线装二册。清光绪四年（1878年）原刊本。

②《古琴曲集》第一集。查阜西编。1962年音乐出版社出版。一册十六开本。正文二百八十一页。用五线谱记录琴曲六十二首。

③《梅庵琴谱》。1931年初版。王燕卿撰。

④《古琴初阶》。沈草农、查阜西、张子谦三先生合撰。此乃入门之用。深入浅出，最宜初学。沈先生即蔡老师之老师。

⑤《幽兰研究实录》。查阜西编。1957年4月中央音乐学院民族音乐研究所出版。油印本。平装三册。按：日本所藏唐抄《幽兰》卷子在清末被杨守敬氏发现，刻入《古逸丛书》，首由大琴家杨时百先生译成减字谱（见《琴学丛书》），但杨氏未见唐宋琴人之指法资料，仅以清代琴书所引述之古代指法为据，于指法之解释尚有错误。后数十年间研究《幽兰》卷子之琴人极多，查氏主持民族音乐研究所及北平古琴研究会，将各地琴人有关《幽兰》之意见、书信、论文等汇集油印成此书，分赠各地琴人作参考用，蔡老师因是查先生

旧友，亦获赠一份。

⑥《见在古琴曲传谱解题汇编》。查阜西编。1956年，中央音乐学院民族音乐研究所油印本。此书将现代琴曲之解题、标题集为汇编，对琴曲来源、演变之研究极为有用。此书为非卖品。

⑦《琴曲集成》第一辑一、二、三册之目录。油印本。按：《琴曲集成》为查阜西氏主编，原定第一辑收唐至明朝琴谱四十二种，分三册出版。第一册于1963年面世。十六开本精装一册。正文一千四百〇六页。影印唐至明朝琴书十七种。蔡老师曾得查氏寄赠第一辑一、二、三册之总目录。第二、三册迄未出版。蔡老师所藏琴谱实不止此，其他我未见过。从略。

藏琴：

①虎啸

仲尼式。黄棕色，作斑块状。颜色极美妙。螺钿徽。长方池沼。黄木足，足作瓜形，式样极可爱。底面板蛇腹、冰裂断纹并陈，料为明琴。音色中上等。据蔡老师说她以前在内地原有其他琴，到香港时并未携出，其后又从家中取到此琴，底板破裂，重修后音色甚好。在港时曾作小修。底板铭文如下：

甲："虎啸"（此为琴名，刻于颈部）

乙："萧然沈草农藏，广陵张子谦修，琴川吴景略镌。"

　　芳　音

同　心　　知

　　自　者

按：此段铭文在龙池对下。沈、张、吴三氏为现代琴家。沈先生年过八十，不知尚健在否？"知音者芳心自同"数字成圆形图案。

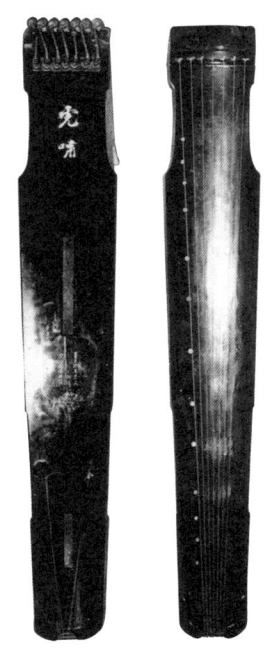

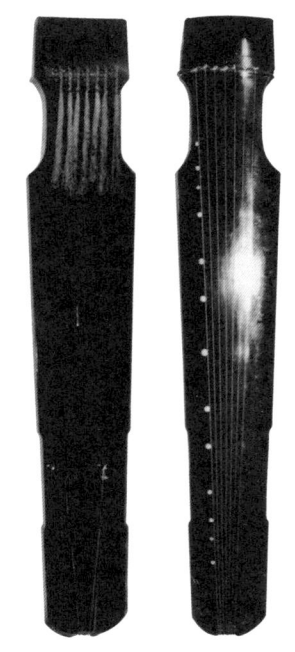

蔡德允女士藏虎啸琴　　　　　蔡德允女士藏无名新琴

②无名新琴

仲尼式。黑色。螺钿徽。长方池沼。有凤眼。木轸。木足。无断纹。无铭文。此乃内地制品，供学生学琴时用。

〔增补〕

我1969年大二暑假回香港探亲，吴老师亲笔函荐我拜在蔡德允老师门下，学会《梅花三弄》《普庵咒》二曲。

我曾暗自比较王忆慈、蔡德允两位女老师，吴师母好比京剧四大名旦的荀慧生，为人热情，有一手好厨艺，是雅集上活跃的女主人。蔡老师像梅兰芳演的大家闺秀，娴雅庄重。她六七十岁身体很好，行动自如，但下楼梯惯伸手由女佣或学生搀扶。

蔡老师择徒甚严，非学界文人雅士不收，下午通常只教一人。我上课时到蔡家的空调客厅坐定，老师拿来琴谱纸笔，指定我抄写几段："抄过就印象深刻，不必多抄，循序渐进。"然后又供应蛋糕、冰冻饮料，待我抄完就上课。课后蔡老师又赐茶点，闲聊学问。蔡老师和吴师母都曾在上海从俞振飞学昆曲，我虽粤人，对京昆各种戏曲都有认识，也聊得兴致勃勃。

《琴府》中记录蔡老师的"虎啸"宋琴，我曾在20世纪70年代中期修过。

蔡老师左手指都留有指甲，说女性没指甲难看。她按弦灵动有力，日久天长在琴面沿弦路下刮出七条槽沟，按弹时常把弦按入沟中，以此苦恼。老师不敢给人修，恐被"修旧如新"，"虎啸"琴面上的花纹斑驳可爱，不容修坏。我对老师说："我有把握修好！我在台湾跟孙毓芹先生学过做琴，懂上漆灰、打磨全部工艺，连雁足、轸子都是自己手工做，修复过不少宋明琴，回港后还在中大开过两年斫琴课。"蔡老师常见我手上有漆，知我确是内行，就放心让我修琴。

我把"虎啸"带回家，先清理好弦坑，再用漆灰填补，待干后打磨，补色。两个月后修好送还，蔡老师大喜说："这琴如同我初得时请张子谦、吴景略修过一样！十几年的老问题解决了！"老师亲手用古锦做了一个琴囊送给我作奖品。

蔡老师八十多岁时还收了香港藏琴家沈兴顺为弟子。沈先生是我好友，四十年间交换唐宋明清老琴达数十张。沈先生如何打动不再收学生的蔡老师呢？一者沈君儒雅高才，二是他对老师说："我每次上课都会带一张不同的老琴来请您赏玩。"蔡老师是古之大家闺秀，大门不出二门不迈，平生不逛古玩店访琴，听沈兴顺此言大感兴趣，于是沈生就得列蔡氏门墙了。

《琴府》里提到的蔡老师20世纪60年代所录的一曲《潇湘水云》，弹得出神入化。学生们常常劝她多录音，她不大惯去录音室。学生就拿了一个高级录音机，并许多盘录音带放在蔡家，请老师弹琴自娱时录下来，于是蔡老师留下许多录音，部分由弟子整理出了CD，网上可得而欣赏。

蔡老师是书法大家，饶宗颐老师十分称赞，说她的书法无脂粉气，是"女中丈夫"。

1971年《琴府》上册出版，我敬呈一部给蔡老师，1973年下册出版我又送去。有一天老师很郑重地让我和咏洁坐下，说："健垣，我以前对你很有误会。1970年我看你《琴府》的宣传广告，所收不外是查阜西老师已整理出版的《幽兰》《古怨》《太古遗音》《神奇秘谱》《古琴曲集》等，以为你只是翻印古书牟利，欺世盗名。你送来《琴府》上册，我都生气丢在一旁没打开包装来看！现在我细心看完全书，才知道你们是做了学术校正的！《幽兰》你全曲加了标点方便打谱者；《古怨》你加到五个版本；《太古遗音》你抄来明本；《神奇秘谱》的谱字，凡黑墨汁的、墨淡模糊的，你都一一考证别谱修描清楚，又加了注释。下册的《古人琴说》《近代琴文》《琴人录》，周到翔实。你们把五线谱翻成简谱已是功德无量，何况又将无数误译处改正……你俩实在下了苦功夫，于古琴大有建树！怪不得饶宗颐、吴宗汉、孙公都这么欣赏你！往年我曾在人前对你们作了不公允的批评，现在我正式向你们道歉！"我和咏洁听了都感动得落泪！我何德何能？遇到这许多艺术高明、襟怀磊落的恩师！

蔡德允老师2007年去世，享寿一百零二岁。"虎啸"琴归和气谦恭的弟子黄树志，黄先生数十年制"太古琴弦"方便琴友，大有功于琴学，得琴是理所当然。

邓兆华

男。今年二十四岁。广东南海人。现址是香港九龙联合道 84 号二楼。我与邓兆华先生并未见过面,仅从徐文镜先生处取得邓先生地址,请邓先生填写琴人调查表。据邓先生说,他自十一岁开始从徐文镜先生学琴。时学时停,共学过《阳关三叠》《梅花三弄》《平沙落雁》《鸥鹭忘机》等曲。

藏谱:

不详。

藏琴:

不详。

郑向恒

女。李殿魁先生之夫人。详李殿魁条。

卢家炳

男。七十八岁。原籍广东中山。字秀石。号"醉琴楼主人"。斋名"春雨草堂"。现址是香港新界元朗屏山大道村卢氏英文书院春雨草堂。我往年在香港已久闻卢先生对古琴研究有年,藏琴二十多张。1969 年夏天,我由台北回香港度假并结婚,本来想去拜访卢先生,适闻卢先生染病,闭门谢客,故而并未去打扰,径回台北。其后先生康复,遂从十二月起与先生通讯,讨论琴事。1970年夏,大学放暑假,我本来不必回香港,但因要收集琴谱资料,最主要的目的是要去拜访卢先生,欣赏他的藏琴,结果我和内子就回香港一行。先生清斋在郊外,从我家出发,要先坐电车、坐船、再坐小型巴士,下车后步行十五分钟才到达卢府,路上共花两小时多。7月至8月中旬,愚夫妇去拜访先生凡六七次,先生身长玉立、貌癯古而和蔼亲切,每次热诚招待,畅谈琴艺,遂为忘年之交。卢先生说因他藏琴多而精,海内外人士踵门拜访,并求他出让古琴的人很多,使他不胜其扰,凡不懂琴或开口即求售琴的人,话不投机,稍接坐即送客。独愚夫妇为琴迷,与卢先生极为投契,每次拜访,自午坐谈至晚间,论琴、听琴、赏琴,极为愉快。去年夏天,我大学毕业,回香港中文大学攻读硕士学位,课余又常常到卢先生家中弹琴,每月总有一二次。卢先生家中藏琴之富,可说世上首屈一指,任何博物馆的庋藏都为之逊色。先生幼年居于内地,搜得古琴不少,其后来香港居留四十年,又蓄意搜集,前后所得达二十余张之多,但历年赠出、让出及遗失不少,前年7月我初访卢先生时,斋中共有十四张,不久将"秋声"让给旅美华侨谭先生,"松风"让给我,故八月间藏琴数目降至十二张,去年春天卢先生又买到四张,则又成十六之数,夏天我由台湾回香港,请卢先生把"青山"让给我,故此现在卢先生斋中共有十五张琴。卢先生所藏的琴,音色、制作、断纹等,多属上乘,这是先生机缘巧合,及财力雄厚之故。先生自十六岁始学琴,早年

卢家炳先生

卢家炳先生鼓琴

曾任中山大学教授，收琴多而弹琴少。1952年从香港元朗中学退休之后，乃得余暇练琴，曾向容心言先生学习一极短时期。以后自行打谱、研究、创作，至今不辍。卢先生曾学过五十曲，现在仍保持弹琴二十曲左右，前年有一天先生一口气为我弹了十曲，指法纯熟，记忆力极强。卢先生所弹的古谱，多由打谱而得，另又自作十余曲，故此各曲的拍子、韵味，自成一派，弹琴时气度沉着而又有气派，左右手下指快而准，有龙翔凤舞的感觉，可见功力深厚。卢先生爱琴如命，适逢我亦是琴迷，又承先生赞许为"数十年间所见对琴最热心的青年人"，故此谈个不停，有时不暇见面在电话中也谈一小时多。有一次我站在梯上取阁上物件，刚巧卢先生电话来，长谈七十分钟，要挂上电话时，我才发觉原来自己仍然站在梯上。前年我初见卢先生，见到他有一本1937年出版的《今虞琴刊》，就请他借给我影印，先生一口答应，绝无条件，慷慨异常。该书已于去年6月印入《琴府》上册。特此致谢。去年我由台湾回香港，到先生斋中拜访，一眼看见一本1959年再版的《梅庵琴谱》，乃是卢先生刚刚得到的，我即请他借给我，已在去年作增订第三版翻印流传，我在台北幸得梅庵派第三代宗师吴宗汉老师传授，吴师很希望我把《梅庵琴谱》重印以广流传，我也觉得《梅庵琴谱》是入门及进修都适宜的好书，亦有重印的意思。至今得卢先生帮助，乃完成这个心愿。卢先生所藏清版琴谱数种，都愿意借给我印行，可惜我财力不足以进行此事，惟有期许他年。

卢先生对琴很爱惜，又兼经济情况很好。只想买琴而不想卖琴，所藏的琴，大都已预定将来某琴传给某子，某琴传给某女，某琴传给其孙，想出售一张也不易。前年我拜访先生，见他所藏的琴又多又精，当然恨不得请他让一二张给我，但卢先生最不愿售琴，又不必售琴，实在不敢开口。到我离港前去看卢先生，赫然发觉他斋中少了一张"秋声"琴，乃向先生询问，卢先生说："言之痛心，昨日老友钟同先生带了一个美国华侨谭先生来看我，说谭先生在美国跟吕振原先生学琴，欲发扬中国文化，而苦于没有古琴，求我让一张给他。我本来不想卖琴，但听说他要发扬中国文化，一时心软，就答应了，结果把'秋声'给了他。昨夜心痛得很，真惨。"后悔之情，溢于言表。我本来不敢请卢先生让琴，但鉴于跟卢先生原不认识的谭先生也能求他出让一张，卢先生既然如此欣赏我对琴的热爱，或者亦愿让一张给我吧？我把这个意思向卢先生说了，卢先生原本不答应，经我恳求后，说："我的琴大都预定了分给各子女，现在尚未说明分给什么人的，只有明琴'青山'和清琴'松风'。昨天我曾让谭先生在'青山'和'秋声'之间选择一张，他不识宝贝，选了'秋声'，我要他二千元。'青山'音色很纯古，下准很松，就是上准未透，难得你夫妇俩对琴如此热心，又肯印行琴谱，我就把'青山'以三千元让给你吧。"卢先生肯让给我青山，问题是我仍是学生，没有收入，拿不出三千元。我就请卢先生把"松风"以一千元让给我。卢先生说："这可不成，我这儿藏琴虽多，

1970年7月摄于元朗卢氏春雨草堂。左起钟同、何觉、卢家炳、唐健垣、赖咏洁

除了'鸣凤'及这'松风'之外,都是仲尼式,我想多藏几种形式的古琴,以免全是仲尼式太单调,好不容易收到'鸣凤'及'松风',怎可以出让呢?当然,'松风'只是光绪七年的琴,琴龄才一百年,一百年的琴你出一千元,也算是高价,但我又不缺钱,一千元对我来说,没什么用处。"经我一再请求,卢先生结果勉为其难,当天终于把"松风"给了我,而我说明要等我回到台北开课后,把一些杂物书籍卖掉,才可以把一千元寄给他,卢先生一口答应了。这是我买到"松风"的过程。其后卢先生常常向我问及"松风"音色如何,念念不忘。"松风"声音很润,也很松,我以为把它重修就可以改善。买到"松风"是在前年八月中,立即回台北("松风"倒没带去)继续编《琴府》。我虽然没钱买"青山",对"青山"的音色也很喜爱,一再写信给卢先生,请他切勿把"青山"让给别人,等我以后毕业回香港找到工作后,储三千元换取"青山"。卢先生一直没肯答应,因为"青山"是他琴斋中唯一仍是他名下的琴,

其他的十一张都已分给子女（当然，卢先生的子女都很孝顺，琴都全在先生斋中，由先生宝用，只是预定某琴将来给某人而已）。卢先生给我的信说："'青山'是我名下唯一的琴，让了出来，我名下岂非一张琴也没有了吗？"到今年春天，老友何蒙夫（觉）先生从香港来信说："闻家炳兄近日买到数琴，阁下可取到照片一观？"我立即写信给卢先生，向他索新得琴的照片，卢先生来信说他共买到四张琴，寄给我三张琴的照片。古人说"物聚于所好"实在不错，吾人要买一张古的琴，难比登天。卢先生藏琴已多，却又一口气买到四张，令人不能不羡慕。我立即连发数函给卢先生说："以前阁下以'青山'为名下唯一之一张古琴，故不能割爱，如今一举又得四琴，'青山'务求成全。"卢先生结果答应了。于是我在去年 8 月底毕业回香港，9 月间拜访卢先生，得到了"青山"。我一到卢先生斋中谈起"青山"，正想请他优待我是学生，就二千五给了我，不料我尚未开口，卢先生已对我说："唐先生，我前数月答应了把'青山'让给你，如今很舍不得，如果你仍然要我让，我为保存信用，当然不反悔，如果你不要我给你'青山'，我立即送给你五百元，好不好？"卢先生如此不想割爱，竟要倒退我五百元，我怎好意思请他少收五百元呢？于是我说我一定要。卢先生又提议把他新买到的四张琴之中，拿三张给我选其一（既是下文的第 12、13、15 张琴），意思是希望我不选中"青山"。我一再研究，一张是明万历年间造的百衲式琴，制法特殊；一张是明万历汪舜卿造的琴，有小流水断纹，断纹极美观，漆色极光莹；一张是极重的琴，大约是清初琴。三琴各有特色，但音色都不如"青山"，结果我坚持要"青山"。卢先生守诺言并答应。我即向亲戚举债二千五百元给卢先生，说明尚欠五百，一月后补足三千之数。卢先生同意了，乃在依依不舍之情况下，把"青山"给了我。这是去年9月的事。经过两个月的研究，我断定"青山"上准之所以不出好音，是面板过厚，只要把面板挖薄，必定可以大为改善。我在去年七八月，在台北造了三张琴，又试过把造好的琴破腹重修再胶合，对修琴颇有把握，乃本着"不入虎穴，焉得虎子"的精神，在12月6日大着胆子把青山破腹，把面板、底板按明人所说的唐朝雷文、张钺造琴秘法重修，现在"青山"音色极为佳妙，拿给卢先生看，卢先生大为赞许，说："琴到老唐手中有了生命，不枉我把这琴传给你。"琴友容思泽先生，十多年前是"青山"的主人，其后让给卢先生。我去卢先生家中买"青山"那天，刚巧容先生在座，他曾经向我说："'青山'的音色，不值三千元。"他不知我有修琴的计划。待我修好之后，容先生试弹过，爱不忍释，向我提议用两张明琴（即他的无名古琴及后来让给黄继持先生的"鸣球"）交换我的"青山"，可见"青山"重修后音韵之妙！但我好不容易才得到一张好琴，自然不肯交换。多少人要求卢先生让琴都遭到拒绝，我却在短短的一年之中得到他的两张琴，实在应该多谢他。卢先生不愁生活，他的夫人及子女都反对他把琴出让。去年他答应给我"松风"，不久卢夫人来到琴室中（琴室在楼上，先生的一家人通常不上来，以免打扰他静修），卢先生犹豫了很久，才向卢夫人说："唐先生出一千元求我出让'松风'，我已答应了。"卢夫人听了老大不高兴，说："你真是老糊涂，昨日一时心软售了'秋声'给谭先生，晚上又叫心痛。如今又出售'松风'，你又不是没钱用，卖什么琴？你要钱用何不开口向儿子要……"卢先生后来说："不必多说了，我已经答应唐先生。唐先生两夫妇是我数十年间所见最热心的琴人，就给他吧。"后来我把"松风"带走，到了楼下的客厅，刚巧卢先生的公子由市中回来，外孙又亦在座，都主张卢

2014年，唐健垣与沈兴顺在香港拍卖行鉴赏卢家炳旧藏古琴"八极引"（头戴电筒）

先生不要售琴，卢先生还是一句老话："算了，算了，唐先生与人不同，就给他吧。"结果我和内子就拿走了"松风"，想来也不好意思呢。

卢先生是近代一个特殊人物，早岁在中山大学当教授，其后在香港定居。1952年在元朗中学退休后，以五十六岁的年龄尚不甘后人，创办了卢氏英文书院，前三年才结束。先生以七十余的高龄，参加羽毛球公开赛，将二三十岁的选手杀得片甲不留，连年获冠军。去年庆祝五十周年金婚纪念，须发尚黑，健康而愉快，行动敏捷，不似老年人。先生自早年开始，究心哲理，创立"天启道"，信徒很多。近年与一班国乐家组织香港古典音乐社，被推为社长。前数年先生挟琴到美国探视儿女，旅游半年，曾应各界邀请演奏古琴，美国报纸曾作详细介绍。去年10月初，香港中文大学崇基学院庆祝建校二十周年纪念，假香港大会堂举行盛大的音乐活动，名为"中国音乐的过去、现在及未来"，包括港、台的音乐家演讲，及二晚演奏，主持人是音乐系的钢琴教授祁伟奥博士（Dr. Dale A. Craig），曾邀请卢先生演奏古琴。卢先生弹奏了《平沙落雁》及自作的《午夜焚修》。祁博士在 Arts of Asia 杂志1971年十一、十二联号撰了一篇英文特稿介绍卢先生及他的藏琴，图文并茂，此文我已收入在《琴府》下册《近代琴文集》中，请参看。

　　卢先生弹琴很用功，总共能弹下列琴曲：古曲方面，《石上流泉》《渔樵问答》《归去来辞》《雁渡衡阳》《醉渔唱晚》（改编）、《平沙落雁》《凤鸣丹山》《释谈章》（改短）、《水仙》（以上各曲常弹）、《梧叶舞秋风》《玉树临风》《捣衣》《广陵散》（曾改短）《龟山操》《潇湘水云》（曾改短）、《搔首问天》《胡笳十八拍》（曾改短为《文姬思汉》）、《湘妃怨》（即《湘江怨》）、《静观吟》《凤求凰》《渔歌》《清夜闻钟》《塞上鸿》《慨古吟》《阳春》《白雪》《秋江夜泊》《乌夜啼》《梅花三弄》《仙珮迎风》《洞庭秋思》《怀古》（即《怀古吟》）、《张良进履》（即《圯桥进履》）、《金门侍漏》《忆故人》共三十余曲之多，我听他弹过《秋江夜泊》《乌夜啼》《仙珮迎风》《洞庭秋思》《归去来辞》《醉渔唱晚》《平沙落雁》《凤鸣丹山》《释谈章》《金门侍漏》《怀古》《湘妃怨》《静观吟》《凤求凰》《渔歌》《清夜闻钟》《塞上鸿》《慨古吟》《阳春》《白雪》《水仙》《梅花三弄》《忆故人》等二十三曲（《平沙落雁》卢先生称之为《雁落平沙》）。自作曲：《物外神游》《思亲操》《黄叶寒蝉》《月下吟》《云树苍茫》《逍遥游》《草堂春雨》《午夜焚修》《怀圣引》《孤鸿》《蝶恋花》《怀故都》《月夜醉花阴》《金婚曲》《茅亭赋》《碧云深》《长相忆》《玉楼人远》《飞觞赋》《渔父辞》《秋夜诵》《清庙之音》《乐天年》等二十三曲，我听过《月下吟》《云树苍茫》《逍遥游》《午夜焚修》《孤鸿》《月夜醉花阴》《蝶恋花》《碧云深》《乐天年》《怀故都》《怀圣引》等。己酉年（1969年）6月，卢先生曾经编了一本《春雨草堂琴谱》油印出版，二十四开本、一百九十页。其内容包括卢先生的琴论，并选辑古今人所作有关琴的诗词、制琴方法、指法等等，深入浅出，极便参考。所收琴曲分为三种：一种为自作曲，收了《物外神游》《思亲操》《黄叶寒蝉》《月下吟》《逍遥游》《草堂春雨》《午夜焚修》《怀圣引》《孤鸿》《蝶恋花》十曲，其中卢先生最喜欢《孤鸿》；第二种是改编古曲，收了《醉渔唱晚》《广陵散》《释谈章》《潇湘水云》《文姬思汉》（改自《胡笳十八拍》）；第三种是历代名曲，收了《水仙》《雁渡衡阳》《雁落平沙》（《平沙落雁》）《凤鸣丹山》《渔樵问答》《归去来辞》《塞上鸿》《搔首问天》《乌夜啼》《捣衣》等曲。自清以来，琴人都极少作曲，民国以来，更为少作，卢先生此书是油印，印数不多，又是非卖品，流传不广，我得到他的同意，把其中自作曲十首影印在《琴府》下册《近代琴文集》中，附在卢先生的文章之后。凡抄谱者的笔误，都已改正。卢先生的外孙朱小竹小姐亦弹琴，详另条。

藏谱：

①《抒怀操》。线装一册一卷。清程雄撰。清刊黑口本。每半页六行。此书是程雄将平日朋友所赠词三十多阕谱成琴曲。书成于康熙二十一年壬午（1682年）左右。台北"故宫博物院"图书馆所藏四库全书则名之为《舒怀操》，附在程雄所撰的《松风阁琴谱》之后。四库全书的是抄本。

②《松风阁琴谱》。线装二册，二卷。清程雄撰。清三槐堂刊本。

③《五知斋琴谱》。线装五册。八卷（有缺页）。清徐祺撰。清乾隆丙寅重刻本。首册题"琴谱大成燕山周子安汇辑乾隆丙寅新进姑苏忠信堂藏版""栖心琴社丛刊五知斋琴谱本俷藏"等字样。"进"即"镌"字之误。内有《雍正二年序》《康熙再壬寅黄镇仲安甫序》《康熙六十年辛丑周鲁封序》《乾隆二年仲冬长至后十日西湖后学黄琨次瑶氏拜跋》。按：《五知斋琴谱》在乾隆丙寅重刻过二次，此为其中一种，另一种香港大会堂图书馆有一套，题"怀德堂藏版"。

④《自远堂琴谱》。线装八册。十二卷。清吴灴辑。嘉庆七年（1802年）原刊本。有"嘉庆六年十月自远堂藏版"字样。现居台湾高雄市的胡莹堂先生亦藏有这种版本一套。我在《琴府》上册所影印的《自远堂琴谱》是用"校经山房成记书局石印本"，错字极多，远不及原刊本的正确。但我以前借不到完整不残缺的原刊本，惟有先印石印本。

⑤《悟雪山房琴谱》。线装七册，四卷。清黄景星撰。清道光十六年原刊本。有《道光十五年乙未古冈悟雪山人黄景星序》（第一册首数页有残缺）。

⑥《琴学入门》。线装一册。中华图书馆石印本（即《琴府》上册所影印的版本）。《琴学入门》是清张鹤撰，这种石印本应有三册，现只存第三册。即原书所称"卷下第二集"。

⑦《蕉庵琴谱》。线装二册，四卷。清秦维瀚撰。光绪四年原刊本。

⑧《朱跂惠鄂公祠说琴》。线装一册，抄本。清朱启连著。朱启连字棣垞，又字跂惠。清末人，工于隶书、草书，亦能琴。原籍浙江萧山县。是革命先烈朱执信先生的先翁。《鄂公祠说琴》并未刊刻（这个抄本是卢先生命他的书记抄的），1960年12月1日贺光中教授曾经根据原稿的副本发表在"东方

学报"第二卷第一期。贺教授写的跋说:"《鄂公祠说琴》不分卷,清朱棨垞撰。棨垞名启连,其先萧山人,清同光间馆粤,因家焉。工诗古文辞,尤精琴。著《棨垞集》,既刊行矣。复撰《说琴》以示初学,稿存于家。民国癸丑,嗣君执信奔走革命,手泽散佚,为陈君叔举所得,会棨垞女会只亦擅琴,幸获录副,以授余,爰付学报,用广琴学之传。"

按:《鄂公祠说琴》内附有《校正姜白石琴曲》,是把宋姜白石的琴曲《古怨》校正,我在《琴府》上册收集《古怨》的各种刊本时,把《东方学报》的几页也影印了作为附录。但说朱棨垞先生"懂得琴"尚可,贺教授说他"精琴"则似夸大了。试看东方学报《鄂公祠说琴》便知。校正姜白石琴曲不但校不出原曲的真面目,尚弄出新错误来,读者不可不注意。

⑨《今虞琴刊》。十六开报纸平装一册。1937年今虞琴社编印。这是民国早年有关琴坛的重要资料总编,内容极为丰富,很值得重视。承卢先生好意,我已借来印入《琴府》上册。

⑩《梅庵琴谱》。线装一册,三卷。民国王宾鲁撰。再版本。此书是梅庵派的专书,以收梅庵派的琴曲(如《关山月》《玉楼春晓》《长门怨》《风雷引》等)为主,亦收有传统的古曲(如《释谈章》《搔首问天》即《水仙》《平沙落雁》等),则经过王先生改动,指法及拍子与别人所弹稍不同。此书初版于1931年,每曲附有点拍,再版数百册(加了各曲的简谱),亦已绝市,今年承卢先生将他的再版本借给我,我稍为增订内容,印行了第三版。

⑪《春雨草堂琴谱》。卢先生撰的琴谱。内容见前文介绍。

藏琴:前后藏过二十七张以上,现在斋中尚存十五张

① "百衲"

卢家炳先生藏百衲琴一

仲尼式。深猪肝色及有黄色并列，料原为黑色，因年代久远，褪成此色，颇美丽而古拙。螺钿徽。长方池沼（用斑竹镶边）。有凤眼。黑木轸。玉足。断纹细密而复杂，琴面有小牛毛小蛇腹等多种断纹，琴底有小蛇腹断纹。这张琴的面板是用六角形小木块拼成的，略如下列形状：

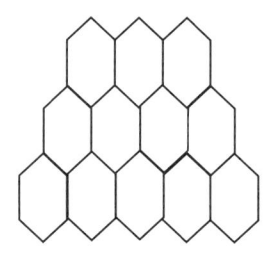

手工精巧，每片小木长约一寸多，胶合牢固，底板则是完整一片。琴底

铭文如下

　　甲："百衲"（唐按：字是小篆，刻在颈部，字内填金色）

　　乙："百衲斯成五音斯备，清浊☐☐☒乎天地。"

　　（唐按：二行刻在龙池两旁，字内填金色。因琴过于古旧，左行三、四、五字看不出是什么字，去年卢先生又买到一张明朝人仿造的百衲琴，据该琴的铭文，可以知道这一行是"清浊纯和合乎天地"。这二句据说是唐朝斫琴家李勉所作的琴赞。

　　丙："千山毓秀，万木含☒。历汉唐宋，片羽☒☒。良工☐☐，集腋为裘。风清☒白，山高水长。契衲子之神游，挟飞仙而☒☒。"

　　（唐按：这一段题识是用漆写的，因历年久远，部分字已不能认识。最末第二行"而"字下、及最末一行似皆有缺字，到底缺多少字，则无法确定，故此我作☒号。

　　这一张琴卢先生以为是唐琴，即古书上说李勉所造的百衲琴。去年卢先生所买的另一张"百衲"，也是仲尼式，面板亦是小木拼成（但并非六角形小木，而是 ⌘ 形小木，其拼法如下： ✿ ），底板琴颈亦刻"百衲"二字，龙池两旁也刻有"百衲斯成五音斯备""高浊纯和合乎天地"（高浊乃清浊之误）。龙池对下刻"唐沂公李勉赞"，凤沼内衲音左旁刻"按唐沂公式斫"字样，龙池有"大明万历岁次戊子……获古杂良材雅制"。（详细情形请看下文有关此琴的说明。）这第二张"百衲"是明朝人按照唐李勉（沂公）的百衲式琴而仿制的，并且说明龙池旁二句铭文是李勉所作的琴赞，卢先生因为他所得到的第一张百衲比较第二张明朝百衲断纹、音色、铭文各方面都古雅得多，即认为第一张百衲就是唐朝李勉所制的百衲。这张旧百衲，音色的奇、古、透润、断纹的细密、外表的古旧,显然在一般明琴宋琴之上,若说这张是唐末琴,我是相信的。但至于是不是李勉所造的一张百衲,则我未敢断定。《琴府》上册插页有这张百衲琴的彩色照片。请参看。

②八极引

仲尼式。面板浅猪肝色。螺钿徽。琴头镶有长方形玛瑙一片。长方池沼。象牙轸,象牙足。断纹极古旧而细密,主要是小蛇腹断纹,底板龙池下方并出现十数个小圈,即世人艳称的梅花断。从龙池往内看,面板木色已变成黄红色。底板颈部有"八极引"三字,是用螺钿镶成的。"引"字下又有印文二方,曰"石西行印""乐窠"。第一方阴文篆字,第二方是阳文。

这张琴的断纹、音色、木质都很古,琴面的漆色,已由黑色褪成猪肝色及黄色,十分均匀,年代极古,又有梅花断,故卢先生认为是唐琴,我则不敢断定,但我以为这张是宋以前的琴,是无疑问的。若说是唐琴,似亦不为过。拙作《古琴展览》(近代琴文集已收)另有说明及照片,请参看。

③鸣凤

样子接近明末清初人所说的连珠式。琴身极为长阔。深猪肝色。白玉徽。池沼作⧖形。白玉轸,白玉足,轸足都有雕花,轸的雕花尤其可爱(据卢先生说,这一套玉轸足原本是在"八极引"琴上的)。有大小蛇腹及牛毛断纹,极细密。护轸曾经折断,已经修复。夏天马先生的大作《名琴观赏记》(已收入琴府下册《近代琴文集》)曾经提及此琴,请参考。但夏先生说此琴"红玉雕成岳山",是错的。我曾经考出此琴铭文是明末潞王朱常涝降清后所刻,隐喻反清复明之意,现将铭文分段介绍于下:

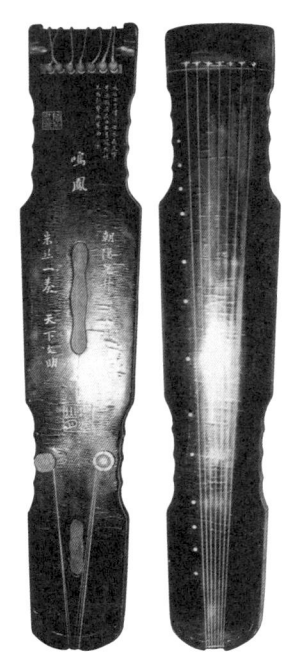

卢家炳先生藏八极引琴　　　　　卢家炳先生藏鸣凤琴

甲："鸣凤"

唐按：这是琴名，刻在颈部。

乙："太古之音，峄阳之木，我民宁兮乐斯复。左日右月凤在竹，不为新声与丽曲。㊞"

唐按：这三行铭文是楷书，刻在"鸣凤"二字的右上角。"中和"印章是阴文。按：潞王朱常淓所造的潞王琴都名"中和"，此琴有中和印章，则乃潞王之迹也。"左日右月"即"明"字，"复左日右月"即"复明"。

丙："鸣凤"二字左上角，是小篆阴文印章。约寸半见方。

丁："朝阳旡升，巢凤有声。朱丝一奏，天下文明。"

唐按：这二行铭文刻在龙池两旁。"旡"是"既"字。"朱丝"即琴弦。红色的琴弦名为"朱弦"。此铭文第二句隐藏"朱明"二字，盖明帝姓朱也，此与"都梁"琴以朱色纪念明朝有异曲同工之妙，请参看《近代琴文集》拙著《古琴展览》第十一页。清人咏黑牡丹诗"夺朱非正色"，"朱"指明朝，因此成文字狱，则以朱代明为先民之习惯也。

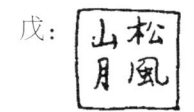

戊：[松风山月]

唐按：此乃小篆阴文方印，在龙池下。

己："大宋绍兴□□匜制"

唐按：此乃龙池内纳音右旁朱笔题识。绍兴乃南宋高宗年号。

卢先生此琴于二十年前购自汪太太（乃革命先烈朱执信先生之妹）。据吴宗汉老师前年在台北告知，二十年前他刚由内地到香港未久，有一位汪太太欲以"鸣凤"琴出售，索价港币三千。当时他收入不多，未能出此高价，且该琴琴面不平，有打弦敉音之病，只还价一千，并未成功。后闻此琴归卢先生，嘱我回香港时看看卢先生家中是否有此琴。然则此琴乃得自汪太太也。夏天马先生《名琴观赏记》一文说此琴乃广东四大名琴之一，非也。广东四大名琴是"春雷""绿绮台""天蠁"及"都梁"，"鸣凤"不在其中。民初杨时百先生说他曾购得宋琴"鸣凤"，为"二十四琴斋"旧物（与此"鸣凤"不同）。并谓宋琴"鸣凤"伪冒者凡数十张（见《琴学丛书》）。此张"鸣凤"

两旁合缝处稍有裂缝，乃年久胶脱之故，并非开而复合之迹，然则腹内题识乃造琴时原题，并非后人开腹增加者。此琴底、面之漆及断纹与琴两旁者一律，则确属原有灰漆，面板木质朽旧、断纹细密，尚可达南宋年代，或非伪制也。此琴音色下准颇松透，而稍有燥味，惜琴面不平，有敌音。

④鸣蜩

仲尼式，猪肝色。琴颇长大。有凤眼。螺徽。角轸。玉足。底面有大蛇腹断纹横过琴面，纳音与底板之间可容二指余，腹槽宽大，故声音洪亮，而不空虚，透润匀圆，不可多得。面板为坚木制成，已稍有虫蛀。查坚木所造的琴，例如汪振华先生的"逍遥游"（楠木），何觉先生的"都梁"琴（都梁木，即檀香之类），音色都较归于清刚，而此琴居然透润苍松，可见年代极古，虫蛀尤其可证，我以为此琴必是明朝以前物。龙池内纳音二旁有墨书二行云："新会高大休重修，时光绪己亥春日。"

字极草率，且已褪色，"休"字不清楚，亦似"林"字，卢先生弹此琴数十年，从未发觉腹内有此题字，高氏为何人，亦待考。光绪己亥即光绪二十五年，公元1899年，距今73年。由此题识可知"鸣蜩"琴在清末曾剖腹重修，大抵底面灰漆亦换过，故物虽极古，而只出大蛇腹断纹也。

此琴原为朱执信先生家藏，归卢先生已多年。"鸣蜩"二字则先生之父朱棣垞先生以漆写成。棣垞先生著有《鄂公祠说琴》，已见上文"藏书"条。夏天马先生《名琴观赏记》一文，说此琴"依其规制，蜩或凤之先河"，则殊误。"鸣凤""鸣蜩"二琴式样不同，气质亦异。鸣凤二字为古人所刻，"鸣蜩"二字则近世以漆增上，所以虽皆以"鸣"为琴名，亦非相关。夏先生说此琴"漆色灰黝"更非。卢先生另一张明琴"九霄环佩"之形式、大小、气质、断纹

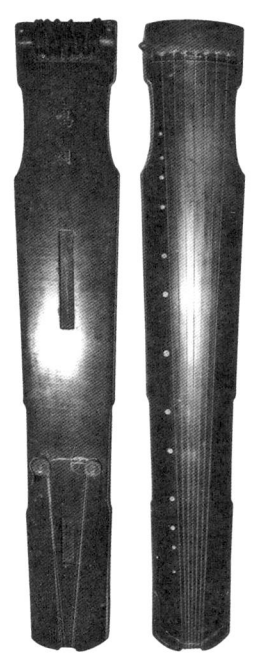

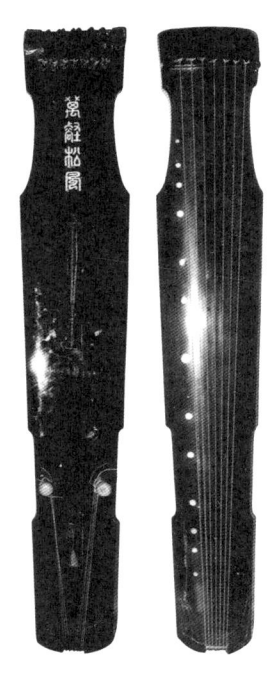

卢家炳先生藏鸣蜩琴　　　　卢家炳先生藏万壑松风琴

与此琴极近，如说二者为姊妹琴，尚勉强可从。

⑤万壑松风

仲尼式。黑色。螺钿徽。象牙轸。象牙足。有凤眼。此琴近世曾经重换灰漆，故无断纹，但由池、沼往内看，面板已经虫蛀，木色极古旧，音韵在普通明琴之上，当是明以前物。底板颈部刻"万壑松风"四篆文，字内填金色。琴面由十徽至琴尾处有裂痕，乃因跌撞而成，卢先生甚感痛心，幸经修复。护轸曾折断，亦已修好。此琴在香港买得。

⑥九霄环佩

仲尼式。有凤眼。猪肝色。金徽。角轸。角足。龙池处底板面板之间可容二指，腹槽宽大，故此音色洪亮，此琴音色为卢先生斋中现存十余琴之最精者，亦我所见六十张古代琴之中最精者。松透圆润，几乎九德具备，上准触手成音，随心所欲，实是宝物。古人说琴之佳者有金石之声，金石之声尚只言其音质，此琴由一至七弦散音，宛若有钟磬声，钟磬声则不止金石"声"，且直有"韵"矣！此琴底面有大蛇腹断纹，横过琴面底板。颈部刻一阴文方印为"九霄环佩"四篆字，其下又有较小阴文方印"家炳藏"三篆字，此二印都是卢先生买得此琴后请人刻的，刀法甚弱。龙池内纳音两旁各有墨笔楷书一行，文曰："大明甲子获古良材，益国潢南道人雅制。"

然则此乃明益王琴也。面板是用六角形小木片胶合而成，与前述之旧百衲琴拼法、木形皆相同。前人述琴每云"百衲式"，须知百衲式只是造琴之方法，琴之形式则另一事，此琴乃是百衲式制造，而琴式为仲尼式。此本是容心言先生之物，据心言先生哲嗣容思泽先生说，十多年前因心言先生穷病，以一百二十元港币出让，尚以二十元雇工匠修理，故实收一百元，近以重金欲赎回亦不可矣。

有明一代，好琴的王子共四人，曰宁王（朱权、臞仙、编有《神奇秘谱》）、曰衡王、曰益王、曰潞王，皆善于斫琴（当然是命工匠代造，自任监制，并非亲自动手）。传世者宁王琴最早，也最少，衡王琴次之（梁在平先生有一张）。益王琴甚多，制作甚精，潞王琴年代最晚，琴亦最多，手工佳而音韵不佳，故法眼高超的老琴家颇不重视潞王琴。多年前台北某店有潞王琴一张出售，知者介绍章梓琴（志荪）老先生去买，老先生曾藏琴廿四张，见多识广，闻说所售者是潞王琴，即说："潞琴无佳者，不必买了。"此其例也。卢先生这张益王琴制作精妙，音韵高古，冠角焦尾甚美丽，题"大明甲子"制，即明世宗嘉靖四十三年甲子，1564年，琴龄已408年矣。传世益王琴多张，

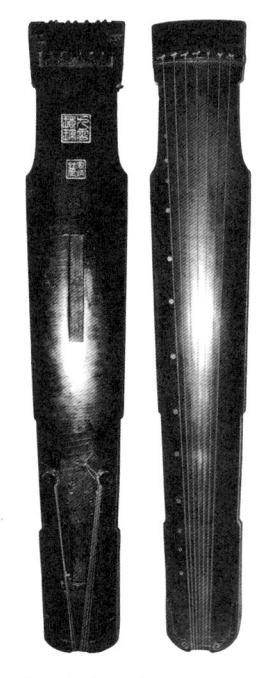

卢家炳先生藏九霄环珮琴　　　　　卢家炳先生藏海天秋琴

皆制于此期间，题大明甲子者尤多，可知此年益王得到古良材，故命工制琴特多也。民国初年，益王琴之存于世上者有：

　　招学庵藏一张，无琴名，"大明壬申"年制（《今虞琴刊》页二七四）

　　庄湛岩藏一张，无琴名，"明嘉靖甲子"年制（《今虞》页二七六）

　　孙森藏"清庙之音"，"大明隆庆己巳孟冬之吉制"（《今虞》页二七九）

　　孙森藏一张，无琴名，"大明甲子"年制（《今虞》页二八〇）

　　杨时百藏一张，"霜天铃铎"，"万历己卯"年制（见《琴学丛书》）

　　日本安东守敬氏藏一张，亦名"霜天铃铎"，"万历己卯"年制（此琴为明末朱舜水携至日本，高罗佩氏《琴道》书中有照片。《近代琴文集》张世彬先生《琴乐东传散记》一文亦有介绍）。

加上卢先生此琴，共已七张，此外恐尚有存者。

⑦海天秋

仲尼式。黑色，有凤眼，螺钿徽。角轸，角足。琴面为小蛇腹断纹，底板为小蛇腹及小冰裂断，木质甚旧，为坚、重之木，故音色清亮。以木质断纹、音色视之，乃明或明以前物。"海天秋"三字刻在底板颈部。此琴所用漆灰，部分地方已呈灰白色，一点点状，有人以为是八宝漆，非也。

⑧"秋蝉"

仲尼式。有凤眼。角轸，角足。此琴原为朱色，后来加漆成黑色，琴头部分漆脱落，又出现红色。卢先生说琴上原有断纹，加漆后断纹已隐去。从龙池往内看，面板木色古旧，可见确是古代琴，料为明琴也。琴音清雅有古味，底板颈部刻"秋蝉"二篆字。此琴买于香港。

⑨"韶凤"

仲尼式。深猪肝色。螺钿徽。有凤眼。白玉轸、足。断纹在大流水及大蛇腹之间。底板颈部刻"韶凤"二篆字。龙池右旁刻楷书四行："应天合地，调摄阴阳。鸣岐鸣韶，来仪凤凰。陶情养性，山高水长。念兹在兹，德音莫忘。"

龙池左旁刻楷书一行云："太玄师惠存。辛巳年夏五月弟子冯汉辉敬献。"下有"冯"（阳文）"汉辉"（阴文）两联珠方印。（按：太玄是卢先生道号。辛巳即1941年。）

⑩"玉壶冰"

仲尼式。有凤眼。螺徽。此乃卢先生之先翁卢老先生之遗物。原为黑色，卢老先生命人自中山县带到福州重漆为朱色，自此音韵破坏，卢先生不曾上

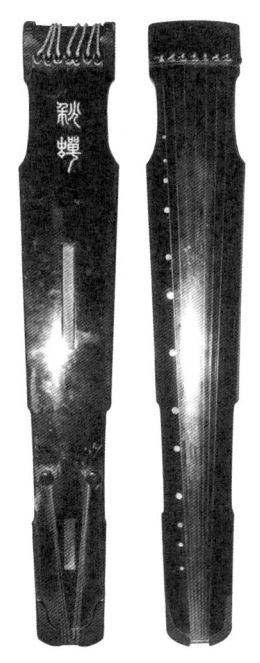

卢家炳先生藏秋蝉琴　　　　　卢家炳先生藏韶凤琴

弦，只悬于壁上作为先人之纪念。面板为桐木，冠角、承露、岳山都为黑色。底板颈部刻"玉壶冰"三字。

⑪"寒泉漱石"

此为膝琴（即比普通琴为窄、薄、短半尺），仲尼式。黑色。有凤眼。螺徽牛角轸足。琴面有小蛇腹及牛毛断纹，琴底有小流水断纹。面板桐木，已变成金黄色。四十年前以二十一元买得（附剑一把）。因琴腹窄小共鸣不佳之故，音量不足。底板颈部有"寒泉漱石"四字，字体近草书。此琴买于香港。梁铭越先生有一琴名"漱石寒泉"，形式大小字体相同，似是一对。另请参看《近代琴文集》拙著《古琴展览》第十页说明。

以上十一琴，为1969至1970年在卢先生家看到之琴，另有"秋声""青

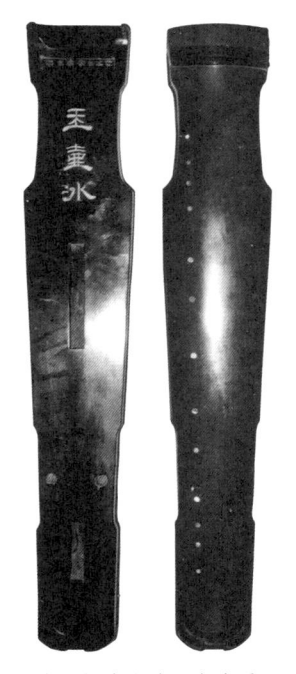

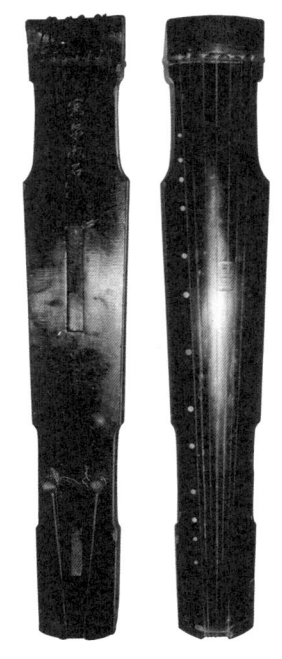

卢家炳先生藏玉壶冰琴　　　　　卢家炳先生藏寒泉漱石琴

山""松风",实共看到十四张,但"秋声"售与谭医生,"松风""青山"让给本人,故这三琴不在此叙述。1971年春,卢先生又买到四张琴,述于第十二至十五号。

⑫"百衲"2

仲尼式。黑色。有凤眼。金徽,白玉轸足。底面有小蛇腹断纹,琴底断纹尤其细密。此琴为百衲式制成,用 ◯ 形小木拼成,作 ◯ 状接合,每片小木长约一寸半,制作精美,木质甚硬,故音色清而欠松,卢先生称之为"病态美人"。琴底颈部刻"百衲"二字,龙池二旁刻:"百衲斯成,五音斯备,高浊纯和,合乎天地。"

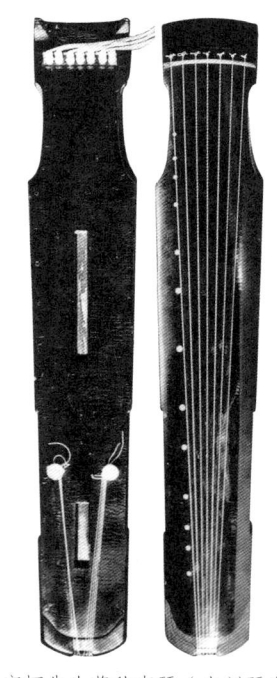

卢家炳先生藏百衲琴 2　　　　卢家炳先生藏秋声琴（未刻琴名）

龙池下刻铭文二行及篆印一方："唐沂公李勉赞 [豫章/少川]"。

龙池内纳音二旁刻字二行："大明万历岁次戊子秋八月望之吉，□□□？□？□少川获古杂良材雅制。"

凤沼内纳音二旁亦刻字二行："南□□□桂按唐沂公式斫。"

按：万历戊子即万历十六年，1588年，距今已四百岁。卢先生原有另一更古旧的百衲琴，见前。这一张新买的明朝百衲显得很新、很光洁完整，比较起来，上文的一张古旧、高妙得多，若说是唐琴，或北宋以前琴，是很可信的。又此明"百衲""高浊"之"高"字乃误字，应作"清"。

⑬ "秋声"

仲尼式。黑色。有凤眼。螺钿徽,象牙轸足。底面断纹极为美观,作 ⦅⦆ 形,乃小蛇腹断纹之特异者也,无以名之,卢先生欲称为水波纹。木质坚硬,并非桐木,故音色清刚有余,松透不足,卢先生名之为"秋声"(以前另有一张"秋声"已售给谭医生)而尚未刻琴名,龙池内纳音两旁倒刻铭文二行(即将琴倒持,琴尾向天读之):

"大明万历庚戌钱塘汪舜卿仿大唐雷氏式斫于西湖之琴室□圍修"

万历庚戌即万历三十八年,1610年,雷氏兄弟乃唐朝造琴名手,室字下尚有模糊之朱笔字迹云"……修","修"上之字已擦去,可测知是"重修"。或者原题一铭,后擦去而改刻也。

⑭ 无名旧琴

明琴。样子近乎宋人《太古遗音》所说的凤势式,及清人之所谓"连珠式"。其式如:

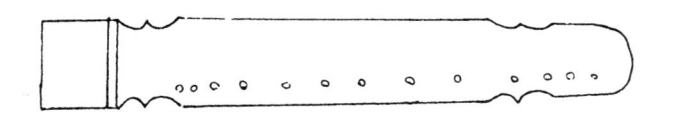

琴为黑色。有凤眼。螺钿徽。黑黄色角轸、角足。圆池方沼。琴面为小蛇腹断纹,琴底断纹则如蕉叶断纹,亦颇细密。木色金黄,音色极松透,在中等明琴之上,惜音稍燥。泛音极好。但下准断纹偶有凸出琴面,弹奏时出㪇音。此琴原为容心言先生家藏,在广州售与某君,去年又归卢先生。琴颇长大,音色雄壮。卢先生颇宝之,因闻琴来自大良,故日常暂称之为大良琴。

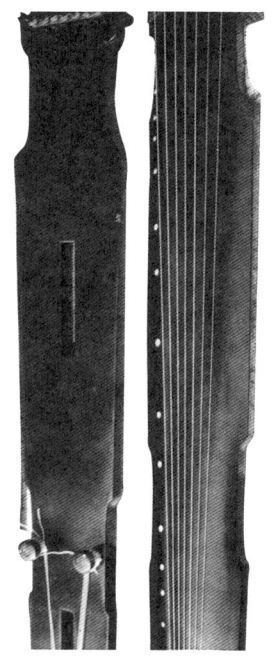

卢家炳先生藏无名旧琴

⑮无名旧琴

仲尼式。黑色。有凤眼。螺钿徽，黑色角轸足。此琴为极坚木制成，故重量为他琴之数倍。因是坚木，故音色清丽而不松，且因是古物，故无躁音。池沼内纳音极薄。底面大蛇腹断纹横过琴面，每一寸、半寸左右一条，以其木质、断纹、音色视之，乃清初物。无铭文题识。按：我在台北梁李若兰夫人家看到一张"贺云"琴，外形、大小、重量、制作、断纹、音色、木质，与此琴如出一模，皆为重如铁之琴，几疑是姊妹琴！"贺云"琴有道光年间琴人重修重漆之题识，而断纹尤近似，"贺云"为道光年间重漆，断纹较疏。卢先生此琴断纹稍密，故我以为清初物。

以上第十二至十五琴，即卢先生去年买到的四琴。然则卢先生斋中现有琴十五张。此外卢先生尚有不少琴，历年来送与兄弟、子女、朋友者，述于后。

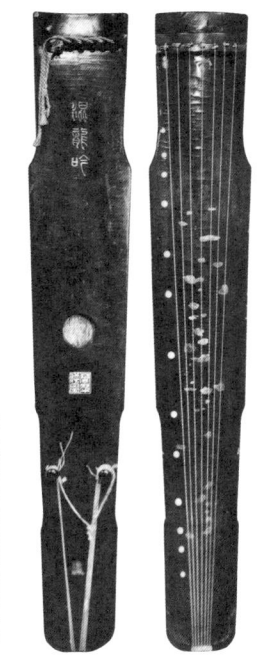

卢家炳先生旧藏混龙吟琴

⑯秋梧

古琴。象牙轸。送与二女卢紫红,在澳门被偷去。

⑰一天秋

玉轸足。送与五女卢紫霞。

⑱海云

象牙轸足,琴颇长大,送与五女卢紫霞。卢先生说是宋琴。

⑲流泉

送与画家张白英先生。卢先生说是唐琴。

⑳混龙吟

前三四年与友人何觉先生交换琵琶一个,1970年何先生售给一个旅美华侨,姓名不详。此琴料是明或以前琴,圆池方沼,琴面小蛇腹断纹,琴底是小蕉叶断纹，腹槽极狭，池中不容一指。琴面有三十余处漆灰剥落，可见木板，且断纹凸出琴面，弹时打弦，出敔音，不修磨不能弹奏。底板颈部刻小篆"混龙吟"三字，池下为阴文小篆方印"奢摩他室"：

"奢摩他室"为近世已故曲学大师吴梅先生之斋名，"奢摩他"为梵语，意为静止，心不散乱。今年我在香港中文大学遇曲学教授汪经昌教授，汪先生为吴先生传人。据汪先生说，吴梅先生生前好琴，藏琴甚多，然则此琴曾为吴先生庋藏也。

㉑鸣鸾

此琴颇长大，有断纹。现归谢方回女士，请参看谢女士条。

㉒石泉

旧琴。多年前已被友人让给饶宗颐教授。

㉓太古遗音

此琴久无下落。

㉔万壑松涛

送给二弟卢家章先生。

上述二十四琴，加上让给谭医生的"秋声"，让给我的"松风""青山"，则卢先生前后藏琴最少达二十七张之多，疑尚有一二琴，已不忆矣。

〔增补〕

《近代琴人录》中关于卢家炳先生和他的藏琴已经写得很详细了。卢生让给我的"青山"琴经我剖修改善音韵后让给台湾陈雯师妹。"八极引"琴由卢氏后人售到台湾,前几年在香港拍卖时琴主坚持要定为唐琴才肯出手。我编《琴府》时年少妄学鉴定,听信卢生意见定"八极引"为唐斫。此次与藏琴家沈兴顺兄看预展时细弹研究,认为可能是宋明物,有点古味但非洪松一路。

卢先生藏廿余琴的其中几床特好音的如"九霄环佩""鸣蜩",我十余年前有幸获电视台老辈演员卢舜燕介绍,得与卢先生女儿茶叙时见数琴彩照,她说还在珍藏。

卢家炳先生1980年去世,享年九十六岁。卢氏在世时未正式录过唱片,前数年有一美国人电我,说他在搜集卢先生的琴录音要出CD,希望我能帮忙,其后该有心人终出版卢氏CD一张。

1974年盛师运策(献三)下葬那天香港打8号台风,我冒暴风雨送棺上山时失足滑入坟穴水中。卢先生出殡日居然打10号台风,全港交通停顿。我来拜祭,见灵堂中空荡荡,只有他家人和数位友人。卢先生曾任教于元朗中学,1952年退休创立卢氏英文书院,又曾自创"天启道",如非台风则送殡者必定很多。

所谓卢先生创天启道者,我一向去元朗郊外卢家都在周六,长谈只涉琴,从未闻卢先生说及宗教。有一星期天我郊游元朗,未经约定闯卢府擅上二楼。本以为会琴声盈耳,谁料入室见数十乡民农妇跪地膜拜。卢先生穿天启道黄袍,散发舞桃木剑追奔抓病鬼,说放入衣袖。跪拜纳金者赫然有曾扮演黄飞鸿、拍过黑白电影数百套的功夫大明星关德兴,有由我签约聘入中文大学教粤曲的著名粤曲粤乐家王粤生老师!我才知能者无所不能!

赖咏洁

女。今年二十六岁。广东增城人。唐健垣之夫人。请参看唐健垣条。

赖咏洁女士

骆香林

男。今年七十八岁。福建人，台湾出生。现址是台湾花莲市福安四十二号。骆先生是花莲县文献委员会主任委员。为诗人，又为摄影家，又为藏石家。久闻骆先生藏有一琴，去年 8 月中得友人陈安鸣先生之介绍，愚夫妇与孙毓芹先生到花莲拜访骆先生伉俪。（时值吾人并朱元明小姐南下访问琴人之最后一站，朱小姐未有同行。）骆先生府中藏雅石无数，皆骆先生历年到各地搜集，并亲自打磨成为各种天然图画的艺术品。吾人日常看过不少雅石上的山水云烟，惟看了骆先生的十二生肖等创作，方才惊叹雅石艺术之绝妙。骆先生又嗜摄影艺术，为拍奇景，骆先生不分昼夜登临东西横贯公路达百次之多，其照片则放大、剪接、上彩色，辑成一套专集，吾人拜观数小时，几忘却看琴矣。骆先生伉俪和气慈祥，又甚文雅，吾人谈至最后一分钟，方赶计程车往车站，则客车已升火待发矣。骆先生并不弹琴，只能听琴。

藏谱：

《春草堂琴谱》。孚华书局本，与《琴府》上册所收者同。

藏琴：

无名古琴

仲尼式。黑色，金徽。有凤眼。长方池沼。玉轸（第四轸为木制）。此琴五六十年前曾经重修重漆，琴面原有小冰裂断纹又已透出，但不太明显。琴底则未见现出断纹。纳音颇薄。面板灰漆中有铜末。琴头底部（嗓）穿破一洞，长一寸，阔半寸，可看见琴头内部是空的。琴头及底板颈部有破补之迹。木色古旧，料是明琴。散音泛音甚佳，音色为明琴之中等。龙池内纳音两旁有题识："鹭江陈总贤重修，温陵许寅亮改斫。"

"总贤"二字已漫漶，暂如此读。据此则此琴曾经一人重修，一人改斫。据骆先生说，此琴乃五十年前自诗人林占梅处让来，该林先生尚有唐琴云。我以前在台北旧书肆见到一本《大东书画册》旧印本，前附有作者席地盘膝弹琴图，所弹琴为仲尼式，作者似姓林，该琴名似为"幽涧泉"。骆先生所说的琴人也许即该林先生。

谢方回

女。年约五十。地址是香港九龙亚皆老街一三八号翠华楼二期十二楼B座。谢女士为四川眉山人，婚唐君毅教授。唐教授现任教于香港中文大学新亚书院。谢女士多年前从蔡德允女士学琴，能《平沙落雁》《渔樵问答》《关山月》《湘江怨》《良宵引》等。去秋我由台北回香港，得见谢女士，合奏《普庵咒》《梅花三弄》等曲。女士鼓琴拍子稳定，指力亦足。

藏谱：

不详。

藏琴：共二张。

①鸣鸾

仲尼式。黑色。螺钿徽。长方池沼。有凤眼。象牙轸。黑色角足。底面有小蛇腹断纹横过琴面，形如蕉叶断纹。料是明琴，琴颇长大。此琴原是容心言先生之物，三十年前以赠卢家炳先生卢先生特别从广州请来刻工，在琴底刻铭，命名"鸣鸾"。后来因容先生老病，又送回给容先生。容先生以售给饶宗颐师。饶师觉得音色不佳，将之退回，换取另一无名古琴（即《近代琴人录》饶先生藏琴第三张），后容先生又将此琴让给谢女士，价钱似是四百港元。谢女士此琴上有卢先生铭文，其故在此。底板由轸池至龙池及龙池至雁足之间有裂痕。音色尚松，卢先生每提及此琴，都说是怪琴，"有钢琴音"云。底板铭文如下：

甲："鸣鸾""大玄"

"鸣鸾"二字篆书刻于颈部，乃琴名，卢先生所取。大（太）玄及印章"大玄"即卢家炳先生的道号。

乙："此琴清亮，卖于凡嚣。烽火漫天，戎事遍地。爱护难周，终恐有失。自宜藏诸名山，聚于所好。谨缀短铭，以赠大玄。大方家命名永宝，○○□。辛巳年端午，鲁庵刻。鲁何"

按：此铭共五行，刻于龙池之右，字为草书。"卖于凡嚣"四字不知有读错否。"宝"字下有二字及一印章已填平,不辨何字。何鲁方印,为篆书阳文。辛巳即公元 1941 年。

丙:"伊兹事之可乐,固圣贤之所钦。课虚无以责有,叩寂寞而求音。含绵邈于尺素,吐滂沛乎求心。言恢之而弥广,思按之而逾深。庚辰孟秋。□□"

按:此段铭文共五行。庚辰即公元 1940 年。"秋"字下原刻二印已填平,字不辨。

②无名古琴

仲尼式,黑色。螺钿徽。长方池沼。象牙轸足。有凤眼。无铭无款。底面断纹细密。通称小蛇腹断纹,而近乎蕉叶式断纹(此断纹名称不见于古书,乃容思泽先生及我之提议)。琴身漆色光莹,焦尾手工极好。音色清刚而不松。

谭先生

旅美华侨。似是医生。据说在美国曾从吕振原先生学琴,前年从美国飞到香港收购古琴,我未曾见面。他的住址,可试向吕振原先生及贝洛先生打听(我曾听贝洛先生提到谭先生,料有他的住址)。据知谭先生从香港钟同先生的同发古董店买到古琴一张(此琴我见过)。又从卢家炳先生处买到"秋声"琴,一并运到美国。其经过情形不大详知。前年 7 月初,我和内子由台北回香港,到港数日即往元朗拜访卢先生,先生藏琴多而精,但因先生本身能弹琴,经济情况又很好,各琴多已预定留给儿女及孙辈,所以不敢开口请先生让琴。

谭先生藏秋声琴　　　　　　　　谭先生藏无名旧琴

过了几天我再访卢先生，则已不见了"秋声"琴，我试问了卢先生，他说："言之痛心，前几天老友钟同带一位谭先生来看我，把我拉在一旁说谭先生在美国学弹琴，要发扬中国文化，而没有古琴，硬要我出让一张琴。我听说他要发扬中国文化，一时心软，就让了给他，现在想起就心痛。"其经过大约如此。卢先生说"秋声"数十年前以大洋二百五十元买入，现以港币二千元让出。

藏谱：

　　不详。

藏琴：两张。

　　①秋声

　　仲尼式。黑色。螺钿徽。长方池沼。有凤眼。象牙轸。角足。底面的断纹近乎小蛇腹及蕉叶断纹，颇为特殊，每每一条横过琴面，断纹样子很可爱。此琴音色沉洪，惜琴面断纹鼓起，按弦走音时略有敁音。

②无名旧琴

落霞式。黑色。螺钿徽。长方池沼而圆角。象牙轸、象牙足。琴面有大、小蛇腹断纹，琴头有冰裂断纹。底板有小蛇腹断纹，此琴以港币二千元左右买自香港钟同先生的同发古董店。琴的两旁各鼓出十一个半月形，明清琴人名之为落霞式，台北梁丹丰女士亦有一张落霞式琴，名为"火凤"。谭先生此琴无铭文，制造年代不详，料为明末琴。我曾在钟同先生处试音，韵味普通，上准一至四徽处部分灰漆稍剥落不平。

顾丰毓

男。二十三岁。原籍台湾台中。现址是台湾台中县神冈乡神冈路四十八号。顾先生是艺术专科学校的学生，去年已毕业。1969年冬起顾先生跟吴宗汉老师学琴。到去夏毕业为止，已学了《仙翁操》《秋风词》《关山月》《湘江怨》《阳关三叠》《归去来辞》《玉楼春晓》《极乐吟》《良宵引》《凤求凰》《风雷引》《长门怨》《普庵咒》《梅花三弄》等曲。顾兄能吹箫，弹琵琶，二胡尤其擅长。是台北有名的青年乐人。我和顾兄认识

顾丰毓先生

顾丰毓先生藏无名新琴

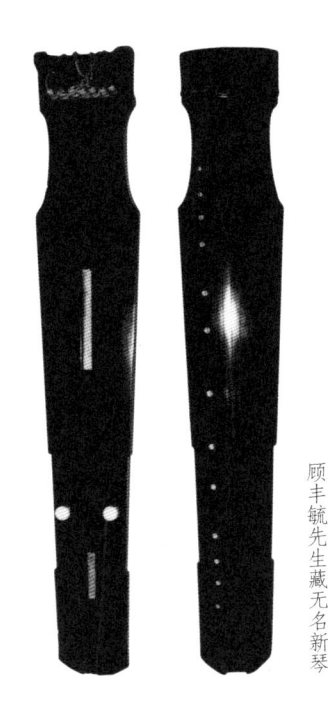

二年多，聚会合奏不下数十次，极为愉快。顾兄对乐理根柢既深，学琴时自然得心应手。老师师母常常说他很聪明。但顾兄分心练琵琶、二胡的时间较多，琴比较少练，上课又常常迟到、缺课，老师对此点深表不满。去年顾兄竟把所学各琴曲的抄本遗失了，尤其令老师失望，常常说他"懒""不可靠"。但顾兄人既聪明，琴也弹得稳重可取，老师师母常说："这孩子就是不肯多练！"爱护之情是溢于言表的。去年六月廿九日在台北实践堂举行的古琴古筝欣赏会中，顾兄在《普庵咒》大合奏中担任古琴独奏，很是成功。

藏谱：

所学各曲的抄本。

藏琴：

无名新琴

仲尼式。黑色。象牙徽。长方池沼。有凤眼。木轸。木足。无断纹，无铭文。琴龄约五年，是津式琴。

饶宗颐

男。今年约五十七岁。原籍广东潮安，字选堂。号固庵。现址是：

Prof. Jao Tsung-i,

Dept. of Chinese Literature,

Faculty of Arst,

Singapore University, Singapore 10.

饶宗颐先生

饶师在1968年夏以前，设教于香港大学中文系凡十余年，著作极多，为著名文史学家，对甲骨卜辞、楚文化、楚缯书、敦煌学、词学方面造诣特别深，于书画古琴尤甚爱好。1967年春，我因香港中文大学李棪斋教授的介绍，得从饶师问甲骨文字。我自1965年听过管平湖氏所灌琴曲唱片《流水》之后，就立下了要学琴的决心，苦于找不到琴师，一直不能如愿（请参看《琴府》上册《自序》），久闻饶师能琴，于是乘机请饶师传授。饶师说琴学非一朝一夕可成功，琴曲亦不是人人皆觉入耳，要先试清楚我对琴的兴趣是否的确够浓，学琴是否愿下苦功，才决定教不教我。饶师的试验方法很是特别，他

1993年5月1日，香港快报《钻研甲骨文与民族音乐 唐健垣抄书感动饶宗颐》

每每在晚上十时前突然来一个电话说："健垣，今晚天气凉快，湿气不重，琴身琴弦干爽，琴音必好，即来听琴！"我一接电话即如奉纶音，喜不自胜，但愿能坐飞机赶去，多听一曲也好。饶师的一位及门高棣黄继持兄及另一位香港大学毕业生张德球兄亦想听琴，曾数度结伴前往欣赏，饶师的府上在半山区，远离市尘，当时又值骚动时期，暴动分子随处放置土制炸弹，途人有若惊弓之鸟，公共交通车辆多已停驶，要去饶师处只有坐计程车，来回车费达港币十五元，合台币一百元。路上的阻碍，家长的责难，那是不必说了。有一次车子在路上碰倒一个小孩，半途又遇骚动，计共换车四次方能到饶师处。饶师家中藏书数万册，恍如书城，藏琴凡五张，最好的为"万壑松"。另二琴为"解愠""石泉"，一为无名古琴（即《古琴展览》说明第四页的一张），另一张已忘记其名。当时饶师曾鼓《潇湘水云》《搔首问天》等操。弹琴之外，饶师常指示有关古琴的各种学问，我对古琴各种断纹、掌故、琴史的粗浅认识，肇端于此时。饶师曾出示减字琴谱及清同治年间琴人庆瑞的极旧照片，各样

1994年，饶宗颐与唐健垣摄于饶府

事物都是十分新奇，而又极具古趣。至九月间，我因考上台湾师范大学国文系，乃拜别饶师，到台北求学。1968年夏，饶师辞港大教职应新加坡大学之聘，举家赴新加坡，行前赠函说他留下无名明琴一张在港，欲借给我学琴之用。我即在1969年春回香港取到古琴，得以跟吴宗汉老师伉俪及沈蔡德允老师学琴。可以说，我之能及早学琴，乃是饶师之助。是年夏我又回港度暑假，刚抵家门即闻家母说饶师由新加坡回港一行，当天正要飞回新加坡。我正有很多事情要向饶师请教，乃赶到他居停的酒店，果见饶师已整装就绪，和亲友门生二十多人在酒店前候车要到机场去。我随众人同车至机场，飞机尚有三小时方启航，饶师即让众人入机场餐厅分两大桌坐下聊天。当时我正计划编印琴书，有许多关于琴的史料、版本问题欲请教饶师，好不容易才碰到饶师回港，若将那万分宝贵的三小时拿来闲谈，岂不可惜？一急之下乃不顾一切，挤坐饶师旁边，将所有问题一一提出，幸而饶师博闻强记，无论版本、人名，如数家珍，真是闻师一席话，胜读十年书。我的疑难得以解决，固然高兴万分。其他亲友及门生却不免暗责我把老师独占了。及今想来也觉自己年少唐突，对在座前辈有简慢不恭之嫌。饶师为《琴府》作序，有句曰："岁己酉夏，余自港言旋新加坡，唐生由台来谒，时余已整装就道，生赶至机场牵衣话别，语琴絮絮不休，人莫不以病痴子目之，而余独感其向学之诚。"即述此事也。我是次回港度假，除深庆得晤饶师，畅谈琴事之外，又幸购得"动静清和"琴一张、明蕉叶琴一张，稍后乃将饶师的明琴转借给黄继持兄暂用。1970年6月，饶师应台北"故宫博物院"之邀来台北出席古画讨论会，愚夫妇借此良机，得再聆教益。时我编印琴书之资料已粗就，饶师过目之后很是赞许，即为命名为《琴府》，并许诺为《琴府》写一遍序文。到1971年夏《琴府》上册付梓，饶师从美国寄来序文，对愚夫妇奖誉溢于言表，使我们既惶恐又高兴。

饶师跟容心言先生学过《搔首问天》《塞上鸿》《水仙》《潇湘水云》等操。近日旅居新加坡，琴友疏落，不知尚有抚弄否。所著《楚辞与词典音乐》中的一章《楚辞与古琴曲》及论文《宋季金元琴史考述》都已收入《近代琴文集》，请琴友参看。

藏谱：

因1967年饶师在港时我未曾作记录，所藏琴书名目不详。据饶师说，他共藏有古今琴谱三十多种。以饶师藏书之富，搜集之勤，现代海内外出版的琴书必定齐备，清代琴谱亦不缺乏，昔年且得荷兰高罗佩氏赠送明版琴谱一套。

藏琴：共五张（按：饶师1967年在港时我尚未动编印琴书之念，故对饶师所藏各琴未有作过记录，现在无从详述，只能略记一二，诚属憾事）。

①万壑松

此琴约十多年前从影星顾媚小姐的尊翁处买到。琴颇旧朽,修复后可用。据吴宗汉老师、蔡德允老师、容思泽先生、吕培原先生等人说,这张琴音色极好。饶师说此琴即郭北山旧藏的"万壑松"。郭北山是宋人,事见宋朝周密《志雅堂杂钞》(《琴府》·《古人琴说辑》有收)。假如这张"万壑松"正是郭北山时的一张,则其年代就很古了。

②解愠

这一张琴是什么式样,我已记不清楚,似是黑色,底板颈部刻有"解愠"二字。此二字出自相传是虞舜作的诗篇《南风》:"南风之薰兮,可以解吾民之愠兮。"琴制自何年则不详。

③无名古琴

仲尼式。黑色。螺钿徽。角轸。角足。长方池沼。有小蛇腹断纹。此琴断纹及木质都很古旧,和其他有准确年代可考的琴如"都梁"及卢先生的几张明琴比起来,其年代最少在明代或者可上推明初或元朝。琴身极轻,下准音色很松透,惜略有躁音。这张琴传自容心言先生。据容思泽先生说,饶师起初是选购他家藏的"鸣鸾"琴,后来觉得不好,将"鸣鸾"退回,而换了这张无名古琴。1968年饶师举家赴新加坡,独留此琴在港借给我用,我在1969年春取到带至台北。这时起便借此琴跟吴宗汉老师学琴。是年暑假我又回香港,购得两琴,其一即本条上文所说的"动静清和",另一琴则为明祝公望斫造之蕉叶琴,和吕培原先生所购到的蕉叶琴俨然一对。我既有了自己的古琴,遂将饶师之无名琴借给王正平兄,他也借此琴跟吴宗汉老师学得数曲。1970年夏,我将饶师之无名古琴带返香港,又借给黄继持兄暂用,可说是物尽其用了。

饶宗颐先生藏无名旧琴

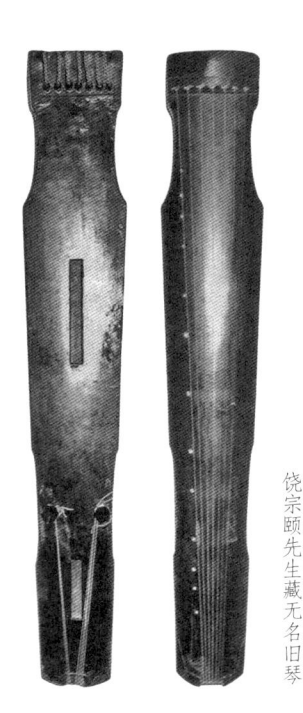

④石泉

古代琴，这张琴的样子我并无记录。此琴以前原为卢家炳先生所藏。

⑤古代琴一张，名字不详。饶师在 1969 年 12 月 15 日给我的信中说"陈兰甫手制，有铭文颇长"。据容思泽先生说，此琴与"万壑松"一起从顾先生处买到，其价共为港币八百元云。吾友何觉先生曾送给我一张照片，内容是一张清琴底板铭文的拓片，有陈兰甫的铭文数行。何先生乃是饶师的老朋友，不知此琴是否即彼琴，此拓片已收入《琴府》下册。陈兰甫即是清末名学者陈澧。

〔增补〕

我得饶老师青眼相加，随他学甲骨文、古琴，1966年至1967年，基本每周一次去饶家问学。

饶师学究天人、经史、考古、敦煌、诗赋、书画，无所不包，学界把他跟季羡林、钱钟书并称为"南饶北季"或"南饶北钱"。他其实很寂寞，就像金庸小说里的独孤求败，罕有人能与他交流学问。他不教大学生基础课，博士生才偶尔能向他请教。我当时虽然只是个中学生，但我提的问题涉及甲骨文、"四书五经"、《庄子》《列子》等等，且有一定深度。饶师常惊讶："为何你问到这么详细？"有时他直接答我，有时就去书房找资料。他家藏书十二万本，每本都看过。几分钟后他拿来一本书，翻开指着几十年前的圈注给我看："呐，你看，这里有你要的答案。"

饶老师讲究睡子午觉养生，在子时（半夜23时至次日1时之间）打坐半小时然后弹琴。我小学就弹筝、拉二胡、听广东音乐，饶老师弹到精妙处我亦能领会，所以他引我为小知音，很愿意讲解琴意，但不是教我弹琴。

饶师住在半山，公交不便，少有人上门拜访。多数只我一个人听课听琴，半夜告辞只能坐的士，车费是省下几天中午饭钱。有时和饶师学生黄继持教授同去，回家车费就沾他光了。（参看黄继持条）

饶师弹琴之外，还指示我研究古琴的四个层次，曰：技、艺、学、道。

技：掌握左按右弹的指法，发挥琴的共鸣，音高节奏准确，弹得流畅，技是最基本的要求；

艺：弹琴手敏而心闲，神宁而意远，两手如龙翔凤舞不僵硬，能传达作曲者之意趣，修炼自身之性灵，感人而非娱人，养气而非动气，于是技成而为艺；

学：上下求索，转益多师，博观文史，读音律书以知晓乐理琴理，知琴器琴曲的流传、演变；

道：古琴是大乐，琴音是德音。《白虎通》曰：琴者，禁也。禁淫邪之心，扶元化之气，鼓琴练涵养而非止练音乐，调弦在调气而非在调音。鼓琴使人胸怀磊落，弦上贞洁，中和在内，清光外发，渐可问道！

饶师"技、艺、学、道"的高论，使我受益终身！

饶师指点宋明清琴、明清琴谱，教我欣赏琴器断纹、琴派、琴曲。饶师说："世衰道微，战乱不竭，琴人星散，太音将绝。你先前想学琴而老师、琴谱、好琴都不易得，世上像你这样的人还少吗？他日你学琴有成，如能教人、斫琴、编书流传琴谱琴人讯息，方便人寻师访友，那不仅是个人的修养，乃是己达达人的功业！"如何编书呢？饶老师说："以杨时百、查阜西为榜样，仿《今虞琴刊》而加详。"

遇到饶老师是我的大福缘，否则我可能研究学问，在学校教甲骨文、考古，未必如此深入琴学。

2018年2月6日饶宗颐老师以一百零二岁高龄仙游，永远感念老师！

古琴分派简表

派别	师承或渊源	有代表性的琴曲	上一代的代表人	现时代表人
泛川	张孔山	《流水》《潇湘水云》《普庵咒》《醉渔唱晚》《孔子读易》《忆故人》《平沙落雁》（南平沙）	杨紫东	龙琴舫、吴浸阳、顾梅羹、夏一峰、沈草农、招学庵、查阜西、蔡德允
诸城	1. 王心源 2. 王冷泉	《捣衣》《搔首问天》《长门怨》《风雷引》《关山月》《春闺怨》《平沙落雁》	1. 王露 2. 王燕卿（梅庵派）	1. 詹澄秋 2. 徐立孙、吴宗汉
广陵	徐祺（大生）	《樵歌》《龙翔操》《梅花三弄》《平沙落雁》	秦维瀚	张子谦、刘少椿
九疑	黄勉之	《渔歌》《梅花三弄》《渔樵问答》《平沙落雁》《水仙》《鹿鸣》	杨时百	管平湖、杨葆元
岭南	黄景星	《碧涧流泉》《怀古引》《乌夜啼》	郑健侯	杨新伦
新浙	苏璟	《渔歌》《高山》《平沙落雁》《潇湘水云》	范师竹、释开济	张冶（味真）、根如和尚、徐元白
浦城	祝凤喈	《平沙落雁》《水仙》	张慕槎	郭同甫
凤阳	不明	《梅花三弄》《忆故人》《醉渔唱晚》	马秋潭	计钟山

因诚而成

1967年，饶宗颐先生指示二十岁的唐健垣老师，日后琴艺有成，要"己达达人"，编一个小册子，内有琴谱、琴人联络方式等。1971、1973年《琴府》上、下册分别出版，小册子变成了3000页的巨著。

唐老师多方寻找历史上最重要琴谱的善本，凡12部，古谱字大，将数千页缩印为1500页，是为上册，更耗费了极多的精力修描、校注：

《幽兰》《琴况》全篇点句读；

《神奇秘谱》以万历本为底本，与嘉靖本和十多种明清琴谱参校。原书上有的文字糊成一团，他用白粉勾描，使笔画显露，字迹漫漶的，用黑笔描出，修成一部"《神奇秘谱》之最清晰版本"；

《太古遗音》《龙湖琴谱》均为孤本，藏于台北图书馆。根据规定，若借馆藏图书出版，其说明、考证须由馆方专家撰写。唐老师认为专家能考证版本流传，但难于从琴学角度指出书中的得失、予以补正。于是和新婚夫人赖咏洁一起，用半年时间，将两部书精抄，详加校注287条。

唐老师编纂《近代琴人录》的初衷是：便利各地想学琴的人按址找到老师、琴友、琴谱。三年间寻访到整整100位琴人，详细记录他们的事迹，密密麻麻的小字抄写了162页，记录每个人的通讯方式、师承、会何曲、藏何谱、藏何琴等等。又另外做了两个长长的统计表，一是列出54部琴谱，每谱的藏书者和版本，二是列出104曲，每曲的曾学习者，更方便读者检索，以决定是否去拜访、投师。

一些关于琴的杂记、随笔，散见于唐宋元明清的大篇幅全书、丛书中。这些大部头的书价格昂贵，而且难于查阅。唐老师就把其中关于琴的数万字抽取出来，辑录成《古人琴说辑》，又用数万字加以校注。

《琴府》收入了配有五线谱的《古琴曲集》。但懂五线谱的琴人百无二三，于是唐老师伉俪把整本62曲全部译成简谱，凡281页，并且与古谱参校，列出原书的346处讹误。

以上种种似乎都可以少做或不做，之所以一一做出，目的只有一个：便利琴人。

四年前，内地版《琴府》开始筹备出版，我和师弟何奕楠参与校稿。在此过程中，我常常惊叹唐老师的学养之厚、见识之高，我这个中年人隔着半个世纪的时空，在跟那位青年学习。我也强烈感受到他的真诚，他对琴学诚，对琴人诚，对自己诚，才能不避繁难艰辛，让这部巨著具有极强的实用性。

饶宗颐先生在《琴府·序》中写道"他日港澳台地区及海外琴学大行，当拜生琴籍流传之赐，而生之所造，亦寖寖焉追踪杨时百而上之，余将拭目以俟之矣。"

五十年来，《琴府》实质性地推动了港澳台地区及海外地区古琴的发展，被盛赞为"古琴之《资治通鉴》"，有极高的研究价值。

唐门弟子安葆岩　拜撰
2023年6月于深圳　琴府

图书在版编目（CIP）数据

琴人寻访录 / 唐健垣著． — 增订本． — 重庆：重庆出版社，2023.12
（现代琴学丛刊 / 严晓星主编）
ISBN 978-7-229-16371-6

Ⅰ．①琴… Ⅱ．①唐… Ⅲ．①古琴－演奏家－事迹 Ⅳ．① K815.76

中国版本图书馆 CIP 数据核字（2023）第 052000 号

琴人寻访录
QIN REN XUNFANG LU
唐健垣　著

策划主编	严晓星
责任编辑	王　娟　孙峻峰　黎若水
责任校对	刘小燕
装帧设计	孙峻峰　杨　琴

重庆出版集团　出版
重庆出版社

重庆市南岸区南滨路 162 号 1 幢　邮政编码：400061　http://www.cqph.com
重庆新金雅迪艺术印刷有限公司印制
重庆出版集团图书发行有限公司发行
E-MAIL:fxchu@cqph.com　邮购电话：023-61520656
全国新华书店经销

开本：787mm×1 092mm　1/16　印张：22.5　字数：298 千
2023 年 12 月第 1 版　2023 年 12 月第 1 次印刷
ISBN 978-7-229-16371-6
定价：228.00 元

如有印装质量问题，请向本集团图书发行有限公司调换：023-61520678

版权所有　侵权必究